戎光祥研究叢書 9

鎌倉幕府の御家人制と南九州

五味克夫
Gomi Yoshio

戎光祥出版

目次

第1部 鎌倉幕府の御家人制

第一章　鎌倉御家人の番役勤仕について

鎌倉時代、御家人役と一口にいっても、その勤役の種類及び内容は各御家人によって異なっていた。一体鎌倉幕府の御家人役には「軍役并関東御公事」とあるように戦時平時の軍役と恒例臨時の課役とがあったが、その賦課の範囲については所役の種類によって一々異なっていた。いまこれについて平時の軍役ともいうべき鎌倉幕府の諸番役について、その制度の内容を明らめつつ、若干の考察を加えてみよう。

一、京都大番役

京都大番役ははじめ内裏大番、大内大番等と呼ばれ[1]、「沙汰未練書」に「大番トハ　諸国地頭御家人等内裏警固番役也」とあるように主として内裏・院御所諸門の警固役であったが、その制度は既に前代からそなわっており、衰廃した衛士上番の制度にかわる内裏警固役として諸国武士の交替勤仕すべき公役とされていたようである[2]。文治元年、源頼朝は平家や木曽義仲に代わって京都警固の実質的権限を掌握すると、新たにその麾下に加わった御家人を督して内裏大番役を勤仕させることになった[3]。文治三年八月、頼朝の消息には「時政下向之時、東国武士少々差置候訖、其外も或為兵粮米沙汰、或為大番勤仕、武士等在京事多々候歟」とあって、大番勤仕の為に諸国武士の在京せるもののある事を示している(4)。そして当初は文治三年九月、北条時政奉書に「惣諸国在庁庄園下司惣押領使可為御進退之由、被下　宣旨畢者、縦領主雖為権門、於庄公下司等国在庁者、一向可為御進退候也、速就在庁官人、被召国中庄公下司押領使之注文、可被宛催　内裏守護以下関東御役」とあるように単に御家人のみに限らず、前代の例に倣って公役として広く国中の庄園下司等にも賦課したようであるが(5)、後には「吾妻鏡」建久三年六月二〇日条の、美濃国御家人宛政所下文に「当国内庄之地頭中、於存家人儀輩者、従惟義之催、可致勤節也、就中近日洛中強賊之犯有其聞、為禁遏彼党類、各企上洛、可勤仕大番役、而其中存不可為家人之由者、早可申子細、但於公領者不可加催」とあるように御家人のみの所役とし、非御家人に対する催促、及びその参加をとどめ、その性格からして御家人役中の重事として扱われることになった(6)。

　御家人の大番勤役中の統制には当初京都守護とよばれる幕府親近の御家人がこれにあたったようであるが、その支配力はさして鞏固ではなかったらしく(7)、承久の乱には大番役勤仕の御家人にして守護の統率下に院方に加担するものが少なくなかったようである(8)。ために戦後、六波羅探題の設置によりその強力な統制がしかれることとなり、以後在京の大番衆は六波羅探題、守護の管轄下におかれることとなった。「吾妻鏡」嘉禎三年六月二〇日条に「京都大番勤否事、及厳密沙汰、可尋注進之旨、被仰六波羅幷諸国守護人」とあり、寛元二年六月一七日条に「新田太郎為令勤仕大番在京、是為上野国役之故也、而称所労、俄遂出家、但不相触事由於六波羅幷番頭城九郎泰盛等之由（中略）可被召放所領」とあるのもその一例であるが、更に大番役勤仕の終了証明書（覆勘状）が六波羅探題から侍所所司に宛て、一々発出される定めであったことからもその間の事情がうかがわれる。侍所は御家人の統制機関として、その軍役についても管轄したと思われ、大番役の結番、賦課は勿論のこと、大番役に関する訴訟についてもその管掌するところであったようである。[9]このようにして、承久の乱以後は侍所・六波羅・守護の三つが御家人の大番役勤仕の統轄機関であったといえよう。そしてその勤役の制度についてもこのころから漸く整ったのであり、法令、細則も屢々出されるようになったのである。

大番役の勤仕は国役として国単位に各守護人の催促に従うべきであり、守護は番頭として直接管国御家人統率の任にあたることになっていた。この時代初期の西国守護人の補任状には普通大番催促の権限附与に関する条項が記されており、[10]また貞永式目「諸国守護人奉行事」には守護の権限として「大番催促、謀叛、殺害人付夜討強盗山賊海賊等事」のいわゆる大犯三ヶ条について定めるところがあった。そしてその条項において大番役が「守護所役」とされているのは右の如き守護の権限に基づくものであった。[11]

次に大番役の勤仕手続きについて述べれば、まず幕府から結番の順序に基づき大番役の催促状が、概ね勤仕期日半年乃至一年程度以前に勤仕せしめんとする国の守護又は御家人（惣領）宛てに発出されるのが一般のようである。即ちひとしく大番役を勤仕する御家人でありながら、或いは幕府から直接催促状をうける御家人もあれば、或いは催促状は守護のみに宛てられ、自らは守護を通じて催促をうける御家人もあったのである。しかしこの種の史料はきわめて乏しく、その制度全体を明らかにすることは出来ないのであるが、残存する四史料をあげていささか推測を加えてみよう。

表１の四例の中、(イ)と(ハ)は薩摩国守護島津氏に宛てられたもので、島津氏はこの御教書に副えてさらに具体的な指令を管下の諸御家人に与えている。即ち(イ)の本催促状には「明年内裏大番事、自五月至于七月上旬十五日、以薩摩国

御家人等可令勤仕之、兼又日向大隅幷壱岐島可寄合也、可令此旨下知給之状、依鎌倉殿仰、執達如件」とあるが、これをさらに管国御家人に宛てたと思われるものに「（前略）みけうそくたしつかハす、一けんの丶ちにハ、かへしつかはすへきなり、大番やくのおくたしふミおなしくくたしつかハす、ほうをまいらせらるへきなり、いそきけんさんニいれむかためなり、あなかしこ〳〵」とある。[12]（ロ）と（ニ）とは上総国御家人深堀氏に宛てたもので、何れも「随番頭足利三郎之催」「寄合頭人足利入道跡」の如く、守護足利氏の催促に随い勤仕すべき事を令している。

即ちこれは御家人の幕府より直接催促状をうけた例である。以上の二形式を念頭において、更に大番役勤仕終了の証明書（覆勘状）について検討を加えてみよう。これについても史料はきわめて乏しいのであるが、今残存の七史料をあげてみると、表2の如くである。この中、（イ）（ロ）（ニ）は京都の六波羅探題より鎌倉の侍所所司に宛てられたもので、（ハ）は守護より、（ホ）（ヘ）（ト）はそれぞれ守護所及び守護代より勤仕者たる御家人に宛てられたものと思われる。即ち覆勘状には、六波羅探題→侍所所司、守護→御家人の二形式のあったことがわかる。各御家人は勤役の証拠として何れか一方の交付を受けたものであろう。そしてこれをさきの催促状の二形式、幕府→御家人、幕府→守護→御家人とあわせて考える時、催促状の第一形式及び第二形式はそれぞれ覆勘状の第一形式及び第二形式に関連するものと思われる。即ち直接幕府から催促状を

表1

	発出日	勤仕期間	受取人		史料
（イ）	建保三年一〇月四日	建保四年五月～七月一五日	薩摩	島津左衛門尉	旧記雑録
（ロ）	正嘉三年二月二〇日	文応元年正月一日～六月晦日	上総	深堀太郎	深堀記録証文
（ハ）	弘長二年七月	弘長三年七月一日～十二月晦日	薩摩	島津大隅前司入道	比志島文書 国分氏文書
（ニ）	文永五年二月二六日	文永六年正月一日～六月晦日	上総	深堀太郎	深堀記録証文

表2

	発出日	発出者	受取人	勤仕者		史料
(イ)	文応元年八月七日	左近将監時茂	平三郎左衛門尉	上総	深堀太郎跡五郎左衛門尉行光	深堀記録証文
(ロ)	弘長二年正月九日	同	平三郎左衛門尉	豊後	都甲左衛門尉惟家	都甲文書
(ハ)	弘長四年正月二日	島津忠時	比志島太郎	薩摩	同上	比志島文書
(ニ)	文永六年七月二五日	散位平 陸奥守平	平左衛門尉	上総	深堀太郎跡左衛門太郎時光	深堀記録証文
(ホ)	弘安二年一〇月一五日	僧 僧 左衛門尉 沙弥		播磨	広峯兵衛大夫家長子息長祐代官	広峯文書
(ヘ)	弘安八年一〇月四日	左衛門尉 沙弥 左衛門		美濃	鷲見三郎入道宝仏跡	鷲見家譜
(ト)	正安三年七月二日	良意	和田修理亮	和泉	同上	和田文書

うける御家人の場合は探題→侍所所司形式の覆勘状をうけ、守護から催促状をうける御家人の場合は守護→御家人形式の覆勘状をうけるのではないだろうか。そしてこの相違は後述する様に勤仕御家人それぞれの立場に基づくものと考えられる。島津氏は守護であると同時に惣地頭として小地頭・名主たる管国御家人を管掌したから、その統率力は二重に強力であったといえよう[13]。そしてこの関係は、島津氏の場合のみでなく、守護＝惣地頭の西国諸国において同様にみられた事であろう。覆勘状(ホ)(ヘ)(ト)の場合は守護＝惣地頭の関係ではなかったが、何れも守護は得宗または北条一門であり、その統率力も強かったと思われる[14]。

一体鎌倉幕府の御家人を東国、西国の御家人に分けてその相違を述べる事は厳密性を欠く惧れなしとしないが⒂、大番役の勤仕については、「新編追加」所収天福二年五月一日の関東御教書に、「西国御家人者、自右大将家御時、守護人等注交名、雖令催勤大番以下課役、給関東御下文、令領知所職之輩者不幾、依為重代之所帯、随便宜或給本家領家之下知、或以寺社惣官之下文、令相伝歟」云々とあり、同じく文暦二年正月二六日の御教書には「西国御家人中、於所領知行之輩者、随守護所催、可勤仕京都大番之処」云々等とあることから考えて、一般に西国御家人の勤仕は東国御家人のそれと較べて、その手続きにおいても守護の権限が強く働いていたのではないかと思われるのであり、さらに「吾妻鏡」宝治二年正月二五日条に、「京都大番役事、西国名主庄官等類之中、有募御家人之者、如然之輩随守護人雖令勤仕之、可賜各別請取否事、再往及御沙汰、於平均者難被聴之、依其仁体可有用捨之趣、可被仰六波羅云々」とあることから考えても、西国御家人には将軍の見参にも入らず、関東下文の交付もうけず、単に守護の交名注進のみで御家人身分を取得する者が少なくなかったことが推測され、彼等については大番役の催促状、覆勘状共に守護から発出される第二形式がとられたのであろうと思われる。但し西国御家人の中でも覆勘状例(ロ)の如く、「其仁体」により第一形式のとられる御家人もなかったわけではない。一方東国御家人については史料が深堀氏の場合のみに限られ、これだけを以て全体を知ることは到底不可能であるが、尚、東国の場合、守護の権限が西国の場合に比してさほど強くなく、また有勢御家人が比較的多かったこと等から、大番役勤仕にあたっては催促状、覆勘状共に主として第一形式がとられたであろうと考える。

大番役の勤仕期間について三浦博士は承久軍物語の記事に拠って、前代三年の勤仕期間であったのを頼朝が六ヶ月に短縮したのであるとされているが⒃、これを裏付ける積極的な史料は皆無でその真否を確かめ得ない。ただ勤仕期間に関する史料の初見は前掲建保四年の薩摩国の場合で五月から七月上旬一五日迄、三ヶ月半であり（この年は六月が閏年で二月ある)、それ以前の史料には勤仕期間を明記したものは見当たらない。建久八年一二月三日、大隅・薩摩二国の守護として大番催促の権限を附与せられた島津忠久[17]は、同月二四日、薩摩国地頭御家人二四名に宛て大番催促状を発し、翌年三月中に上洛すべきことを令している[18]。恐らくこの時代の初期には大番役を御家人に勤仕させる場合、まずその国の守護に大番催促の権限を与え、守護は直に管国御家人を催して勤役する形式をとっていたようであり[19]、勤仕期日及び期間については未だ明確には定められていなかったと思われる。六ヶ月勤仕の制が明らかになるのは承久乱後の事で、「北条九代記」文暦元年甲午条に、「京都大番御教書云、為京都大番人、自明年以六箇月定一巡、被結十二番守、早為一番自明年正月至六月可被在京状、依仰執達如件」とあり、また上総国御家人深堀氏は同年正月一日より六月晦日まで大番役を勤めているから、およそこのころより六ヶ月勤仕の制は整えられたのであろう。

右の御教書によれば六ヶ月の期間で一二番の結番とあるから、六ヶ年で一巡する訳である。次に史料に見える結番は、「吾妻鏡」宝治元年一二月二九日条で「京都大番勤仕事結番之、各面々限三箇月、可令致在洛警巡之旨被定下之」とあり、二三番の勤仕代表者の名が挙げられている[20]。これも三ヶ月宛、二三番であるから、やはり六年で一巡する訳である。このように六ヶ月一番の制は三ヶ月一番の制に改められた如くであるが、以後文応元年八月七日の深堀氏の覆勘状には六ヶ月の勤仕とあり、再び旧に復していたものと思われる。しかしその後、文永六年七月二三日の若狭国太良庄地頭代陳状案[21]、及び同年八月一六日の雑掌申状案によれば[22]、文永六年若狭四郎入道の大番役は四月二日から七月七日迄とあって、九五日間で約三ヶ月であるが、これも正式には四月一日より六月晦日迄の勤番であったろう。その後しばらく三ヶ月の勤仕期間であったらしいが[23]、この時代末期には再び六ヶ月の制に復したらしく、正安三年七月二日の和泉国御家人和田氏の大番役覆勘状によれば六ヶ月の勤仕となっている[24]。ただ文永六年の若狭氏の三ヶ月勤番の場合、他方で深堀氏が一月から六月まで六ヶ月勤番しており、同年代でも勤仕期間に六ヶ月、三ヶ月の相違のあったことがわかる。しかしこの場合、両者互いにその国を異にするのみならず、勤仕場所も院御所、内裏とそれぞれ相違していることに注意すべきであろう。六ヶ月といい、三ヶ月といい、共にその倍数であり、約数であるから勤仕期間の改定は容易に可能であったと思われる。

表3

	勤仕期間	勤仕者名	勤仕場所	史料
（イ）	文応元年 正月一日～六月晦日	深堀太郎	新院御所 西面之土門	深堀記録証文
（ロ）	弘長二年 七月一日～一二月晦日	都甲左衛門尉惟家代官	院御所 西面之土門	都甲文書
（ハ）	文永六年 正月一日～六月晦日	深堀太郎跡（内二ヶ月）左衛門太郎時光	五条内裏 西対南妻	深堀記録証文
（ニ）	文永六年 四月二日～七月七日	若狭四郎入道代官	新院御所 殿上口	東寺百合文書
（ホ）	弘安二年 七月一日～九月晦日	広峯兵衛太夫承長代官	内裏姉小路 南唐門	広峯文書
（ヘ）	弘安八年 七月一日～九月晦日	鷲見太郎安吉 鷲見三郎諸安	内裏二条面 土門	鷲見家譜
（ト）	弘安八年 七月一日～一〇月一日	和田修理亮入道性蓮代官	院御所万里小路棟門	和田系図附録文書
（チ）	正安三年 正月一日～六月晦日	和田修理亮	内裏棟門	和田文書

現存の史料の中、その勤仕場所の明らかなものをあげると、表3の如くである(25)。このように大番衆の役務は内裏、院御所諸門の警固が主であったが、この他、行幸の供奉(26)、行幸先の警固にも任じ(27)、また大楼守護(28)、或いは辻々の篝屋守護等をも分掌したようである(29)。大番衆の勤仕の状況については当時つぶさにその実況を目撃している諸公卿の日記に屢々記されているが、その短い文章からも彼等が或いは盗賊の追捕に、或いは強訴のため入洛してくる僧兵の防御に、次項で述べる在京人（篝屋守護人）と共に、いかに活躍したかがうかがわれるのである(30)。

一体鎌倉時代の武家文書の中で、大番役に関する史料はその数きわめて乏しいのであるが、特徴的なことはその史料が全国的に散在しているということである。即ち北は陸奥国より、南は薩摩国に至る間の多数の国及び御家人が結番次第、催促状、覆勘状等の直接史料、及び訴訟文書、譲状、田地売券等の間接史料によって大番役の賦課をうけ、または勤仕したことを明らかにしている。そしてこれによっても大番役が全国御家人の勤仕すべき所役であったことが推測される訳である。しかし貞永元年には在京御家人の大番役免除が定められ、建治元年には異国防御のため、一旦大番役は停止となり、これは間もなく旧に復したものの、以後鎮西及び西国（一部）に所領を有する御家人は異国警固番役を勤めることとなり、この時代、再び大番役を賦課されることはなかったようで、以後彼等の大番役勤仕の史料をみないのであるが、なおそれが臨時的措置であったことは、筑後国御家人荒木宗心の永仁五年一〇月二二日の惣配分状に[31]、まず異国警固番役に関する規定を記したあとで、「もしきやうとおうはんいてきたらんときハ、えうかいはんやくのふんけんをうて、そうりやうあらきにくわて（加てカ）、きんしせしむへきよし」と大番役に関する規定を書き加えていることからも推測される。

このように特定の事由で大番役を免除された御家人があったのであるが、更にこの他にも大番役を勤仕しない御家人が少なからずあったようである。そのことは侍所沙汰篇に京都大番役事として「雖未役国、未役人、有其沙汰、可被結延年限」とあることからも推測出来るが、これは大番役の制度自体、その勤番周期が比較的長かった事にも原因があるようである。即ち前に述べた如く、六年一巡の結番であれば、同一御家人への賦課は最短六年目のことであり、それに結番も一巡毎に改変されたであろうし、それも全ての国、全ての御家人を番に結んだ訳ではなかったから、時に六年経て再び勤仕する国、御家人もあり得るし、一〇年、二〇年後に勤仕する場合もあり、また当然、長年にわたって一度も賦課を受けぬ御家人もあった訳である。上総国御家人深堀氏の場合、文応元年の勤仕から数えて九年目の文永六年に、次回の番役を勤めているし、[32] 若狭氏の場合は正治二年の勤役の後は承久二年迄なかった事が知られ、その間二〇年を経過しているし、[33] また当時の説話集たる「沙石集」には、「五条の橋に大番衆とおぼしき武士（奥州御家人）、勢々として行逢ぬ。（中略）さて十年計過て次の大番に此の女房を相具して上けり」とあり、[34] この時代の大番役は各御家人にとって大よそ一〇年前後のしかも不規則な周期によって勤番が行われていたと見てよかろう。したがって各御家人一代の間に大番役の勤仕は一度か二度、時には皆無で、数代に一度というような事例も少なくなかったであろう。

大番役の勤仕は前にも述べた如く、国役、守護所役として、原則として国単位、守護単位の勤役であり、一番毎に一国乃至数国の御家人が守護の統率下に寄合勤仕する訳であった。[35] しかし西国御家人の場合はおおむね守護の統率下に大番役を勤仕したであろうが、東国御家人の場合は必ずしも守護の統率下に服さない有勢御家人が少なからず存在したと思われ、彼等の中には独自に一族単位の勤役をしたものもあったのではないかと考えられる。「吾妻鏡」建長二年一〇月七日条に「京都大番間事、有其沙汰、諸御家人等、或褊惣領、或背守護人之間、属其方可令勤之由、近年頻望申、緯已濫吹之基也、於向後者、若随守護之催、若属一門上首可勤之、任雅意事、不可有免許之由云々」とあることや、建長五年、「経俊卿記」所載関東御教書に、「来十二月廿二日法勝寺阿弥陀堂供養門守護武士」として、

　　南大門
　出羽二郎左衛門尉　隠岐三郎左衛門尉　武田・小笠原之外、可相具甲斐国大番衆
　鎌田兵衛入道　同三郎入道
大見河内守

西二階門
因幡守　周防前司入道　大宰少弐
西北門
武田一門人々　島津大隅前司
北門西脇
小笠原一門人々　豊後四郎左衛門尉　同三郎左衛門尉　同四郎　同十郎
（後略）

とあって、甲斐国有勢御家人たる武田、小笠原氏が他の大番衆と別個の行動をとっていることからも推測されるが、また鎌倉幕府の戦時の軍編成が、（イ）守護と管国御家人、（ロ）守護とその一族及び管国御家人、（ハ）一門上首とその一族、の三形式をとっていたことから、平時の軍役たる大番衆の編成にも右の三形式の存在を類推することは謬りではあるまい[36]。

次に各御家人の大番役の勤仕についてみると、まず幕府及び守護から催促をうけるのは各御家人の惣領であり[37]、惣領は勤役にあたって更にその負担を庶子に配分したのである。即ちこの時代を通じて大番役をはじめとする諸御家人役は、原則としてすべて惣領が統轄して勤仕し、庶子はこれに寄合うべしとされ、所領の多少にしたがってその負担を配分したのである。これは当時の譲状等に多くその規定が記されているところであるが、大番役の負担については、具体的に勤役の直接分担、用途の分担の二つがある。前者については庶子は、（イ）勤仕期間中の一定期日を分担するか、（ロ）惣領の統率下に勤役するか、（ハ）惣領の代番を勤めるか、の三形式があったと思われる[38]。大番役の勤仕が代人を以て行われた例は少なくなかったようで、鎌倉時代以前にも熊谷直実は姨母夫、久下直光の代官として勤役したことが見え、建長三年二月六日の藤原能綱譲状には、「正治元年正月十三日に故君御死去あつて、はしめて日本国はからひとさためらる丶時、京に大番あるへしとさためられて、ひきのはうくわんのほるところに、よしつなちハなかしようしてゐまいらぬ間、よしつなをたいくはんのほせてとまるといへとも（後略）」とあり、(39)「石志文書」貞応元年一二月二三日の守護所下文、「潔（石志次郎）訴申舎兄山本四郎見、背親父故壱譲状、押領松浦庄石志村木患子原内畠地、奪取苅麦、以所譲得田地擬立別名由事」に見の言分として、「京都大番役可勤仕之由、依令申、為父之代官為上洛、以去正月六日罷向今津之処、父所労承及大事之由、同十四日帰松浦」とあり、弘長二年八月の薩摩国御家人宛の大番催促状には、「但寄事於老耄出家、立代官事御誡候也」とあり、無暗に代官を立てる事を禁じているのも、当時大番役の勤仕が代官を以て行われる事が多かった事実を示しているものと思われる。弘安二年、播磨、広峯兵衛太夫承長も子息長祐を代官として勤仕させている。これらはおおむね父の所役を子が代勤する例であるが、代官の例はそれのみではない。即ち「吾妻鏡」貞永元年四月四日条に、「京都大番事、有其沙汰、国中地頭中、雖令居住他国、於先々勤来之輩者、催加代官、可令勤之由、被仰守護人等云々」とあるが、この時代多くの御家人が所領を諸国に散在して所有していたから、当然大番役勤仕の所領とその居所とが異なる場合もあり、その際は代官を以て勤仕させる訳であった。(40)文永六年七月廿一日の若狭国太良庄地頭代陳状案によれば、地頭若狭氏に代わって代官藤原忠頼が大番役を勤めている。また弘安八年十月七日の大番覆勘状によれば、和泉、和田修理亮性蓮は庶子明盛、盛家の分共に、代官範定を以て勤仕させている。このように代官の範囲は単に血縁関係者のみに止まらなかったようである。

次に後者の用途の分担については、各御家人毎に所領田数の多少に応じた配分がなされていたようで、例えば筑後、

「近藤文書」永仁五年一〇月二二日宗心譲状には、「おうはんやくのときハ、ちやうへちに一くわんもんあてのせにを、そうりやうにいたすへき也」とある。女子の大番役勤仕については、「松浦文書」に延応元年、肥前国御家人山代三郎固の後家が大番役勤仕の為に在京していることが見えている。しかしこれは家長としての特殊な場合で、一般は用途を惣領の下に負担するに止まった(41)。

大番役の負担はさらに一般の百姓にまで転嫁された。即ち大部分の御家人は地頭職、下司職等に補任されていたから、その職分に基づいて権力の及ぶ範囲の一般百姓に負担を転嫁するようになり、領家・百姓と種々悶着をおこすこととなった。そしてこれは単に大番役のみに限らず、他の御家人役についても同様であった。このため幕府は度々法令を下して、御家人役の一般百姓に対する負担の転嫁を制限し、大番役、将軍上洛用途等の負担を除く他の御家人役は御家人自らの得分において負担すべきことと定めたのである(42)。大番役については当初、夫役雑事のみをみとめたが、後には段別雑事の賦課を容認している。即ち建長六年一〇月一二日の関東御教書に、

一、西国京都大番役事

新補地頭等宛段別課役之条不可然、長門国大峯庄条々御下知内、可充彼用途之由被載之云々、縦其外間雖有如然之御下知、於自今以後者、如前々夫役雑事之外、一向可被停止也、以此趣可被加下知、

とあるが、文応元年一二月二五日の沙汰では、

一、京上役事付大番役

諸国御家人、恣云銭貨、云夫駄、宛巨多用途於貧民等、致呵法譴責於諸庄之間、百姓等及佗傺、不安堵之由、遍有其聞、然則於大番役者、自今以後、段別銭参百文、此上五町別官駄一疋、人夫二人、可宛催之、於此外者

一向可令停止也、令定下員数以後、於日来沙汰所々者、就此員数不可加増也、

となっている(43)。この間の事情を物語る恰好の例は文永六年の若狭氏の大番役勤仕の場合で、彼が地頭職を有する東寺領太良庄に段別銭二五〇文を賦課したのに対し、領家側雑掌・百姓は先例の人夫役以外の負担を新儀非法として争っている(44)。このような紛争は諸所で行われたと思われるが(45)、その解決策の一つとして、この時代後期には下地中分による両者の所役分担の例が屡々見られるようである。例えば紀伊、「歓喜寺文書」嘉暦二年九月三日の下司と雑掌との和与状に、「和与歓喜寺御領今者橋寺御管領紀伊国和佐庄内下村□（雑掌）道覚与当村下司孫太郎入道智性本名恵性相論御年貢幷下地以下所務条条事」として、「於役夫工米以下仏神役等者、領家御方下司方各半分宛可令勤仕之、次大嘗会幷御即位奉幣河原御祓以下於公家役者、任被定置之法、為領家御分沙汰、不可被懸下司方、次大番幷所所驚（警）固、流人官食、早打雑事以下於武家役者、一向為下司役、全不可奉懸領家御方」とあり、下司と雑掌との間に公家役と武家役との所役負担の明確な区分を定めている。

表4

吾妻鏡	建暦二年二月二九日条	一ヶ月不参	三ヶ月勤め加う
式目抄所引追加	文暦二年正月二六日条		清水橋修理
〃	文暦二年七月二三日条	一ヶ月遅参	二ヶ月勤入
吾妻鏡	仁治元年一一月二八日条	〃	過怠用途千疋未作篝屋料

前述の如く大番役は各御家人にとっては一〇年乃至数一〇年に一度程の勤役ではあったが、その勤仕期間中、及び往返の間はすべて御家人の自賄であったろうから、食糧その他の入費は相当必要としたであろう。そのため大番役の賦課をうけた場合、勤役を懈怠する者も少なくなかったようで、幕府も屡々法令を下し、罰則をもうけてその勤仕方を督励し、一方では御家人所領の保護につとめる等種々意

を用いている。[46]罰則の規定については表４の如くであるが、[47]前掲の文永六年、若狭氏の場合も、走湯山造営役の負担を口実にその免除方を訴え、許されずに勤仕した例であり、「吾妻鏡」弘長三年七月一三日条には、上洛供奉を命ぜられた足立太郎左衛門尉が「御上洛供奉、京都大番両役之間、一事有恩許者、早可参勤之由申」との例をみる。

以上、鎌倉時代における京都大番役の制度の概要について述べた訳であるが、この所役が、種々の除外例はあるにせよ、原則として全国御家人の勤仕すべき役であり、又広汎にその実施をみた点において、御家人役中の随一の大役たるにふさわしいものであったといえよう。そしてまた、地方武士の京都上番の制は京・地方文化の交流に少なからぬ役割を演じていたろう事は推測に難くない。[48]

註

（1）京都大番の称呼が多く用いられるようになったのは承久以降のことで、このころより大番と呼ばれるようになった他の番役、即ち鎌倉大番と区別する意図もあったのではなかろうか。

（2）三浦周行『続法制史の研究』（岩波書店、一九二五年）八二六頁以下。なお「玉葉」、「吉記」、「山槐記」等当時の公卿の日記に若干史料が散見する。

（3）摂津、「多田院文書」元暦二年六月一〇日　親能書状。

（4）「吾妻鏡」文治三年八月一九日条。

（5）「吾妻鏡」文治三年九月一三日条。

高野山史編纂所「高野山文書」（一〇）建久八年正月　隅田八幡宮公文所下文に「可早守傍例兵士役事」として「右当宮御領者諸国在之、而云兵士役大番事、云造東大寺夫役、敢無其催之処、今有此沙汰云々」とあるのは、逆に大番役が公役として御家人以外にも広く賦課された事を推測させる。

（6）大番役の賦課に対しては庄園領主のはげしい反対があり、幕府の方針もそれによって少なからず左右されたと考えられる。
　大日本古文書「高野山文書」一七一七号　建久八年八月一九日　鎌倉将軍家御教書案。

　高野山史編纂所「高野山文書」（一〇）建保三年八月二四日　隅田八幡宮公文所下文。

　「新編追加」一二五〇、天福元年五月一日「一、西国御家人所領事（中略）抑雖仮名於下司職、非御家人列者、守護人更不可令催促大番役、若充催其役者、可為本所之欝訴之故也、（後略）」。

　大番役の重視された事は、所役免除の地にも大番役のみは賦課したことや、たとえば「吾妻鏡」建久三年一〇月一五日条　土佐国佐女牛若宮領の場合、「長楽寺文書」一　文永五年五月三〇日　源頼有譲状「京都大番ハ大事の御公事たるによりてふけんにしたかひてかめわう丸かは、幷こけふんにもはうれいにまかせてそのようとうをはいふんすへし」、また当時の文書に多く「京都大番以下御公事」の如く、大番役の名の常に筆頭に記されていることからも推測される。
（7）京都守護人の大番衆統制を示す史料はたとえば、「吾妻鏡」承久元年閏二月二八日条。
（8）たとえば「醍醐雑事記」一〇　裏文書には、淡路国内膳庄下司代が守護佐々木氏に大番役のため催されて上洛、乱に及んで洲俣に出陣したとある。また菊池武朝申状には先祖能隆が大番役の為、叔父両人を進めおき、院宣に随い合戦に臨んだとある。
（9）佐藤進一『鎌倉幕府訴訟制度の研究』（目黒書店、一九四六年）二四一頁、二四五頁。
（10）大日本古文書「島津家文書」一―一一号　建久八年一二月三日　前右大将家政所下文。「吾妻鏡」正治元年一二月二九日条。
（11）「御成敗式目」第三条。「新篇追加」寛喜三年五月一三日御教書。
（12）『鹿児島県史料　旧記雑録前編』一―二四一号　宮里八郎宛一一月二一日附御教書副状。
（13）『鹿児島県史料　旧記雑録拾遺　諸氏系譜三』「比志島文書」一三一号　文永二年五月七日　関東御教書。これによると薩摩国の御家人名主は守護地頭兼帯の地なる故に、自身勤番の外に守護（惣地頭）の下に京都大番夫雑事をも出さねばならなかった。
（14）当時播磨国の守護は得宗であり、美濃国の場合も北条氏一門が守護であった。㈹㈺の文書発出者の連名は、得宗または北条一門の家政機関（公文所）の職員の連記ではなかろうか（佐藤進一『鎌倉幕府守護制度の研究』一五頁）。
（15）東国、西国の区分については、佐藤進一『鎌倉幕府訴訟制度の研究』一四頁、二三五頁以下に明瞭である。即ち東国は三河（後遠江）、信濃、越後（承久以後越中、能登を加う）以東、西国は尾張（後三河）、飛驒、加賀（承久以降）以西である。東国御家人、西国御家人の区分は大体、右の東国に本領を有する者、西国に本領を有する者の別と解して謬りあるまいが、なおこれらの呼称は同時に御家人の出自をも示していると思われる。

(16) 三浦周行『続法制史の研究』八三四頁。

(17) 大日本古文書「島津家文書」一―一一号。

(18)『鹿児島県史料　旧記雑録前編』一―一七五号

(19) 和泉、「和田文書」建久七年一一月七日　承元三年六月一六日　将軍家政所下文。

(20) 二三名中大部分は守護と思われるが、なお守護と推定し得ないものもある。或いは一門上首として一族を随え勤番するものか。しかしこの結番の実施には疑問が存する。即ち「島津家文書」一―五五五号　鎮西下知状に薩摩国日置北郷弥勒寺庄下司宗太郎の申状があって、その中に「如遣真忠曽祖父弘純建長四年五月六日当国守護人大隅守忠時法師法名道仏状者、京都大番役六箇月勤仕畢、於帰国者可任意云々」とあり、薩摩即ち島津忠時の結番は、建長三年一二月より同四年四月までと推測されるが、さきの結番次第に随えば、三番目、宝治二年七月より九月までとなり、全く一致しない。

(21)「東寺百合文書」エ一四～一六。

(22)「東寺百合文書」な一一～一五。

(23)「広峯文書」弘安二年一〇月一五日、「鷲見家譜」弘安八年十月四日、「和田系図附録文書」弘安八年一〇月七日、覆勘状。

(24)「和田文書」一。

(25) その他「花園天皇宸記」に、

北土門番衆　　応長二年二月二八日条。

四足門番衆　　正和二年四月二五日条。

万里小路門番衆　正和三年閏三月四日条。

北門番衆　　文保元年五月九日条。

等のあったことが見える。

なお承久以前、源頼政の子頼兼は常時大内守護（当時皇居と大内裏とは別）に任じていたが、その依嘱により、幕府は御家人をして結番輔佐せしめた事がある。「吾妻鏡」建久元年六月二六日条、同二年五月一日条、「玉葉」同年四月二六日条。

(26)「吾妻鏡」建仁元年二月三日条。

(27)「経俊卿記」建長五年一二月二二日条。

(28)「和田文書」一、「和泉国御家人就大番勤仕自十月十四日至于同十七日大楼守護兵士支配事」。これは部分的な兵士の派遣であろう。大楼とは六波羅牢舎（佐藤進一『鎌倉幕府訴訟制度の研究』二三〇頁）。

(29)「東寺百合文書」イ一〜二四　寛元四年正月一九日北条重時書状「東寺車宿跡地唐橋南大宮東角篝屋事」に、「於篝屋雖被止大番衆之勤役候、以在京武士可守護之由被下関東御教書候之間」とある。

(30)「明月記」、「平戸記」、「勘仲記」、「花園天皇宸記」等、また「古今著聞集」一六「興言利口」の説話は勤仕の実況を面白く記している。

(31)筑後、「近藤文書」。

(32)「深堀記録証文」一。この間に勤役の事実がなかったという積極的な証拠はないが、先の六年一巡の結番から考えて、九年目の勤番と認めてよいであろう。

(33)「東寺百合文書」エ一四〜一六　文永六年八月二日　太良庄雑掌重申状に「当地頭親父若狭次郎兵衛尉忠季建久六年補任当国守護、正治二年遠敷郡三方郡被補二郡惣地頭、其時大番勤仕之、雖然人夫召仕之外無別煩、建仁三年出羽前司家長遠敷郡内給九箇所地頭（太良庄此内也）、十七箇年雖令知行無其煩、承久二年次郎兵衛入道忠季守護地頭共以返給之、其時当地頭舎兄兵衛尉忠時大番勤仕之、是又人夫召仕之外無煩、三代之例如此」とある。

(34)「沙石集」二ノ四「薬師観音の利益によって命全き事」。

(35)建保四年、薩摩国の場合は「日向大隅幷壱岐島可寄合也」で四ヶ国の勤番であり、また文永六年の深堀氏と若狭氏、弘安八年の鷲見氏と和田氏の勤役が重なっており、それぞれ上総・若狭二国、美濃・和泉二国の寄合勤番であったことが推測される。また守護の管国が数国に及ぶ時、その管国御家人の寄合勤仕する場合も当然あったろう。

(36) 佐藤進一『鎌倉幕府守護制度の研究』（要書房、一九四八年）附録「光明寺残篇小考」。三形式とは軍陣の編成に、「陸奥守遠江国（中略）武田三郎一族并甲斐国小笠原信濃入道一族」等とあるのをさす。

(37) 当時、非御家人たる庄官、名主が御家人身分を取得する為に守護に属して大番役の勤仕を望む場合が屢々あったから、幕府においても守護の大番催促について種々定めるところがあった。「新篇追加」には、「一、所載式日御家人事　右新補地頭所々内下司職之輩者、大番役別不可催促、亦無地頭所々下司以下庄官自本為御家人者、可催之、若亦所領有相違者不及駈催也」とあり、「吾妻鏡」文応元年一二月二五日条の規定には「一、地頭補任所々内御家人大番役事　先々御家人役勤仕之輩者、可為守護催促也」とある。

(38) 相田二郎「異国警固番役の研究」（『歴史地理』五八、一九三一年）二四八頁。大番役についても異国警固番役の場合と同じことがいえよう。

(39) 『諏訪史料叢書』一六「諏訪古文書集　下」。

(40) 所領を二国に有している場合の大番役勤仕の例として、「尾張文書通覧」文永八年一二月二二日　加治豊後左衛門入道宛関東御教書に「京都大番事、於豊□国□聖別符者、相加武蔵番　可令勤仕之歟、依仰執達如件」とある。

(41) 『諸家文書纂』九「万沢家文書」正応二年三月一五日　源頼長譲状。朝河貫一編「入来文書」二〇　平明重譲状。

(42) 「吾妻鏡」宝治二年一一月二九日条　弘長三年六月二三日条、「新編追加」弘安元年二月二〇日　椀飯役事、「新式目」正応三年新制条々七ヶ条　弘安七年　三八ヶ条。

(43) 「吾妻鏡」。

(44) 段別雑事二五〇文の内訳は、馬草銭一〇〇文分　糠四〇文分　薪五〇文分　炭五〇文分　雑菜精進二・干鯛一〇文分の割であった（「東寺百合文書」エ一四～一六　文永六年四月　地頭代催促状）。これに対し領家側は段別雑事を止め、夫役雑事のみの負担を認め、その賦課も日別雑事として若狭氏の所領一八ヶ所、三四三町余を勤仕日数九五日で割り、日々その田数につき夫役雑事を銭貨でなく現物で進める事を主張している（同エ一四～一六　文永六年八月二日　雑掌重訴状案、同な一一～一五　雑掌定宴申状）。

地頭側では「大番者一年中不退勤仕之役也、然者不撰農業難月之折節令勤仕役也」といい、かつ段別雑事の賦課は傍例なりとしてその抑留を非難している（同エ一四〜一六　地頭代陳状案）。

(45)「田代文書」二　正和四年五月　和泉国大鳥庄上条地頭就大番雑免年々非法条々事。「東大寺文書」（第三回採訪）一一　永仁六年一〇月一〇日　東大寺領播磨国大部庄百姓等申状。

(46) この時代中期頃より御家人の所領を喪失する者が次第に増加し、御家人役の勤仕にも支障を来たすこととなったから幕府も種々法令を下してその保護につとめた（小野武夫『日本庄園制史論』有斐閣、一九四三年、二二五頁以下）。

「東寺百合文書」ノ一〜八　建長二年六月　若狭国御家人申状「凡当国御家人等元卅余人之跡也、而或寄事於左右不帯上御下文、背御禁制、惣領知行之人私令没官之、而不勤仕其跡之役、或又依領家預所之押領令滅失、若又乍相伝所領、寄事領家本家自由対捍、是皆承久以後之事也、而間僅所残御家人十四人、大番已下之折節関東御公事令勤仕之条難堪次第也、（後略）」とある。大番役は勿論御家人所役として御家人の身に宛てて賦課されるのであるが、しかし所領がなければ当然勤仕は不可能である。「大番以下田率所課」（「志賀文書」一〇　建治二年四月　志賀泰朝陳状）の語があるように大番役もまた御家人の所領役といえる。ただこの役は勤仕期間が一定しているから、所領の大小による差違は引具する従兵の数におよそあらわれたと思われる（「和田文書」一、「和泉国御家人就大番勤仕自十月十四日至同十七日大楼守護支配事」には、二丁五反別兵士一人定めとあり、以下各御家人について所領と差出すべき兵員数をあげている。しかしこれは特殊例で、一般の大番役勤仕にはこのような明確な標準が定められていたとは思われない）。

(47) 大番衆はまた罪人を預けられ、勤仕終了後召連れて下向させたが、往々罪人の逃亡することがあり、幕府はこれについても罰則を定めた。侍所沙汰篇「一、所召置京都犯人事、一、大番衆令逊失召人罪科事」。また侍所沙汰篇追加には、「就天福元年八月十五日六波羅御注進十七箇条、被関東押紙内」として、「一、大番衆令逃失召人事（略）押紙云、可令修造清水寺橋也」とある。

(48) たとえば「法然上人行状絵図」に正治二年、大番役のため在京の東国御家人薗田太郎成家が法筵に列して上人に帰依し、帰国後、家子、郎従をも出家させたと記しているのはその一例と見ることが出来よう。

二、篝屋番役

「吾妻鏡」文治二年三月二七日条には、源義経の没落以後、入京して洛中の警固にあたっていた北条時政が帰東に及び、一族家人三十余名を残してその後の警衛にあたらせたことがみえている。また、文治三年一〇月八日条には、京都に派遣された下河辺行平、千葉常胤を通じ陳状を提出した在京武士が五三名を数えた事がみえている。その後、種々の事由で上洛在京する御家人も少なからず、「吾妻鏡」建仁三年一〇月三日条には、平賀朝雅上洛の際、西国に所領を有する輩を伴党として在京せしめたとある。彼等は一般に在京武士、在京健士と称せられ、洛中警固に任じ、事ある時には召に応じて内裏・院御所の守護にも応じたのである。幕府もその任の重要性を認めて、建久四年二月二八日「京都警衛勤厚御家人等者、其賞可超過関東近士之趣」を令している。[1]これら在京武士の統轄にあたったのは京都守護人であったが、[2]彼等の多くは在京の有力御家人に比し、その勢力にさして相違があったとは思われず、恐らく洛中守護武士の代表者として、公武間の指令伝達にあたる程度のものであったろう。また、在京御家人にして院西面の武士となり、承久の乱には院方の有力武将として活躍したものもあった。[3]ために乱後、彼等は常時、六波羅探題の鞏固な統制下におかれることになったのである。[4]

在京御家人（このころより多く在京人と呼ばれるようになる）に関する諸制度の次第に整えられるようになるのも乱後、六波羅探題が設置されてから後の事であった。大番衆も広義の在京御家人に他ならなかったが、普通在京人とよばれる場合、両者は明らかに区別され、後者は「沙汰未練書」に「在京人トハ　洛中警固武士也」とあるように、特に幕府の指令をうけて洛中の警固に任ずる御家人をさしてよんだようである。しかし一方では六波羅評定衆以下、主として政務を管掌する御家人も在京していたのであり、彼等もまたひとしく在京人とよばれていたらしい(5)。

「吾妻鏡」貞永元年一二月二九日条に「在京御家人者、大番不能勤仕之由被定」云々とあり、また寛元元年一一月一〇日条には、「在京御家人等大番役勤仕免否事、有其沙汰、縦令就西国所領下向其所於時々指出者、不可、准不退在京奉公、不退祗候六波羅者、尤為奉公可免其役云々」とあり、在京御家人の大番役勤仕が免除となった事をしめしているが、それは彼等の任が常時京都にあって、市中の警衛にあたり、或いは六波羅に出仕する性質によったものであろう。即ち彼等の中の多くはそれぞれ洛中辻々に設けられた篝屋に詰め、警固の役にあたることになっていたようである。篝屋とは「沙汰未練書」に、「篝屋トハ　在京人役所也」と記しているように、在京人の京都警衛の勤仕場所であった。篝屋の初見は「北条九代記」暦仁元年六月一九日条に、「為洛中警衛、於辻々可点篝之由被仰御家人等」とあるのがはじめだが、それに先立つ事一月半、嘉禎四年五月二四日の東寺執行宛関東御教書には、「為洛中守護可被居置武士於縦横大路之末ニ候、而当寺領唐橋南、大宮東角其便宜候」とあり、既に在京人の京都警衛の勤仕場所が辻々に設けられていたことがわかる(6)。また、同年五月二二日の北条泰時の紀伊国御家人、湯浅兵衛入道宛の書状に、「八条殿政所之跡半分爾屋を造て被守護候はんする事（中略）一家人々よりあいて、屋をもつくり宿直をも結番して、各可被勤行之由」とあり、同年一〇月には「八条辻固湯浅御家人等事」として三番に分かって二月宛の勤仕を令していることから考えて(7)、在京人による辻々警固の制度がこのころにはじめられたとしてよいであろう(8)。そして二年後の「吾妻鏡」仁治元年一一月二一日条に、「為鎌倉中警固、辻々可焼篝之由被定、省宛保内在家等、定結番、可勤仕之旨、被触仰保々奉行人等」とあるのは、明らかに京都辻々篝屋の制に倣ってはじめられたものと思われる。

その後、篝屋に関する法令は頻繁に下されている。たとえば「吾妻鏡」延応元年四月一三日条には、「於篝屋打留物具事、可被充行其守護人者」とあって、篝屋警固御家人の没収品はその得分として与えることと定め、仁治元年一一月一九日条の評定においては洛中群盗蜂起について篝屋守護者并在地人に懈緩の疑ありとし、六波羅に令して篝辻毎に太鼓を置き、在家毎に続松の用意をさせ、保官人の下知に従わぬ在家は処罰させる事にし、その太鼓は京畿御家人役として用立てさせる事を定め、翌仁治二年六月一〇日条（推定）には、「篝火夏間可被成燈炉否事」を問題にしている（鎌倉幕府追加法七二二条）。篝屋の造作については湯浅氏の場合の如く、各御家人に賦課したようであるが、或いは用途の賦課に対捍する御家人もあり、或いは地所の問題もあって未設置の篝屋も少なからず、幕府もその設立に腐心した。たとえば「吾妻鏡」仁治元年一一月二三日条に、「洛中未作篝屋等事有議定」として「被省宛其用途於御家人等、而本新補地頭不叙用御下知者、可被召所領之旨、先日雖被載式目、被召所領者、就之所々訴訟無尽期歟、仍可被召篝屋用途也、仮令五十町可召銭五十貫文之由被定、但地頭得分也、不可成土民煩云々」とあり、翌二八日条には、「京都大番勤否事、被経沙汰、是有遅参不法輩之由、依有其聞也、仮令一ヶ月令遅参者、被召過怠用途千疋、可被宛未作篝屋料云々」とあって、造作用途の徴収につとめ、或いは下知違背の御家人に科として篝屋の造作を命じたりした(9)。また土地の獲得については、「吾妻鏡」寛元元年閏七月六日条に、「洛中辻々篝屋雖被定員数并立所、依無其地一両所于今未作云々、仍今日有沙汰、彼地事、以承久没収注文、尋出便宜之地、可被相博之由、被仰六波羅」とあるように、種々努力をはらっている。このため後には洛中四八ヶ所の篝屋を完備するに至ったようで、「太平記」に「四十八ヶ所ノ篝」と見え、建武年間の二条河原落書にも「町ゴトニ立篝屋ハ」云々とその状景を記している。

一方、篝屋の機能を発揮するために料松用途その他の諸懸りを要したが、これらについては別に定めるところがあった。即ち、「厳島文書」嘉禎四年六月二〇日　多賀江二郎入道宛関東御教書に、「為京中守護、可被懸篝於辻々料松事、以美濃国日野村、伊予国周敷北条地頭得分内、辻一所松用途銭拾貫文、寄合多賀江兵衛尉、随分限毎年可致沙汰也」とある。この御教書の日附は、先の篝を点ずべき旨の指令に遅れること僅か一日の事であり、幕府が篝屋の制度の運営に意を用いていたことを知るのであるが、さらに「吾妻鏡」仁治元年六月一一日条には前武州亭評議三ヶ条の一として、「篝屋用途勤仕所々犯過事、於謀反殺害者、可召渡守護所、自余事者、不可有沙汰者」とあり、また同年一二月一二日条には洛中辻々篝松用途の事として、「被定役所処対捍之由、依有其聞、随多少可令充造篝屋、且可注申交名之由」を六波羅に令していることが見え、翌仁治二年九月一一日条には、「洛中警衛事、及厳密沙汰、可懸篝於辻々、続松料物用途、毎年一所別千疋被付之、於彼用途弁償之地者、可停止関東公事幷守護入部之由」を令している。即ち篝屋料松用途として辻一所宛、年一〇貫文と定め、一所につきそれぞれの篝屋料所を設定したようで(10)、指定をうけた御家人が所領役として負担することとなり、代わりにその所領（篝料所と呼ばれる）に対しては他の御家人役の賦課を免除し、守護使入部停止の特権をも与えたのである。

篝屋の守護に任ずる武士は当初大番衆も参加していたようであるが(11)、後にその勤番は停止され、在京人のみがそれぞれ篝屋を割り宛てられ、勤番守護に任じた如くである。当時の勤番の制度については史料が乏しく明らかでないが、唯例外として紀伊国御家人、湯浅氏の場合については比較的史料がまとまって残っているので、以下これについてしばらくみてみよう。

湯浅氏はもと平家の有力な家人で、平家の没落後、源氏に帰属し、鎌倉幕府の御家人となったが、爾後その立場は幕府によって相当重視されていたらしく、[12] そのことは文治二年五月六日の頼朝の能保宛書状には、「自今以後京なんとに、ものさわかしき事なと出来候之時者、子息等をもかはり〳〵可令参仕之由所申含也、便宜之時、殊可被召仕候」とあり、また、大江広元書状には、「関東別事なく候上ニ、在京の人々新妙（ママ）之御気色にて候也、且ハとかみ殿御上洛候上、太郎冠者も候へハ、御在京の事不及左右候也、返々よろこひ思給へ候」とあること等からも知られるのであるが、[13] 嘉禎四年の篝屋の制度が定まってからは、前述したように在京人として、「八条殿政所之跡半分爾屋を造て」宿直結番にあたるべきことを命ぜられ、同年一〇月にはその結番次第が一族間で定められている。さらに正元元年一〇月の阿氏河上庄地頭湯浅光信訴状案によれば、預所の新儀非法を訴え、八条殿番役の勤仕しがたき由を述べているが、[14] この八条殿番役とあるのは恐らく前掲の八条辻固番役に他ならず、篝屋番役と思われる。また、文永六年三月の湯浅入道智眼申状案には従来の持地押小路堀河敷地の返付を要求して、「智眼依為在国身、指当不罷入之間」云々といい、同年六月の申状案には、「不返給而自然送年月畢、而可在京奉公之由、蒙仰之後、彼敷地大要之間、可返給之旨、為本地主令言上之条、定不背物儀歟」と述べているが、[15] これに随えば、湯浅氏は一旦在国の御家人として京都を離れたが、再び指令を受けて、在京番役を勤仕することになったと思われる。建治元年一二月の阿氏河庄地頭湯浅宗親陳状案によれば、雑掌非法の条々をあげ、その中で「打止八条櫛笥篝屋役事」の一条を記しているが、これは領家側が湯浅氏の勤役に種々妨害を加え、番役の勤仕に支障を来たしたことを述べたものであり、[16] 翌建治二年三月一四日の阿氏河庄公文所注進状には反対に領家側が地頭の非法をあげて、「八条篝屋役事、被准大番之上、土民何可難渋哉、但大番役事、為撫民、於六波羅殿、平均被定用途之分限了、固可守其法歟」と記している。これによれば篝屋番役は大番役に准じて扱われ、勤仕の御家人はやはり用途の負担を一般百姓に転嫁したようで、このため領家側と

の紛糾をまねくこととなった如くである。[17] 正応二年一二月の湯浅入道宗重法師跡本在京結番事には、

一番　田殿庄下方（加大豆田五ヶ日定）『他門』　正月九日まで
二番　田仲庄『他門』　同月十九日まで
三番　糸我庄　同月廿七日まで
四番　石垣河北庄（加長谷川村定）　二月廿七日まで
（中略）
十七番　藤並庄『他門』　二月六日まで
右、守結番次第、無懈怠、可被勤仕之状如件、

とあり、一七番に分かち、一族間で所領に応じて勤仕日数を分配している。[18] 以上湯浅氏についてみたのであるが、湯浅氏は篝屋の内一所、八条櫛笥篝屋の守護を一族間で結番勤仕していたのであり、他の在京人についても同じく諸所の篝屋守護を分掌していたものであろう。

現存の史料によって篝屋及びその勤番者をあげれば表5の如くである。

先にもみたように在京人は必ずしも篝屋番役を勤めたわけではなかったが、逆に篝屋番役勤仕の者は在京人に限られたようである。[19] また在京人は多く西国御家人、及び西国に所領を有する御家人の中から選定されたようで、そのことは前掲建仁三年、平賀朝雅上洛の際の措置や、建長元年八月二三日の六波羅探題宛関東御教書に「京都人数可入者、召上西国近国地頭御家人等、可被（令カ）在京之状、依仰執達如件」とあり、[20]「長府毛利家文書」弘長二年三月一七日付庄四郎入道宛関東御教書に、「六波羅無人数之間、所被差上人々也、早為其内、可令在京者、依仰執達如件」とあること

表5

暦仁元年七月九日	一条大宮大路兵士屋（篝屋）		百錬抄
仁治二年四月二五日	安居院大宮篝屋		吾妻鏡
寛元四年正月一九日	唐橋南大宮東角篝屋		東寺百合文書
建治元年一二月	八条櫛笥篝屋	湯浅宗親	高野山文書
建治二年六月一四日	三条大宮篝屋	近江前司藤原行清入道	八坂神社記録
弘安五年一〇月二六日	朱雀辺篝屋		勘仲記
正応三年三月四日	二条京極篝屋	備後守	増鏡
永仁二年正月一四日	二条京極篝屋		勘仲記
嘉元元年一二月二四日	四条烏丸篝屋		毛利家文書
正中二年九月一二日	五条東洞院篝屋		花園天皇宸記
元弘元年	大炊御門油小路篝屋	小串五郎兵衛尉秀信	太平記
同	五条京極篝屋	加賀前司	同
建武元年三月一日	三条東洞院篝屋		小西文書

等から推測されるが、さらに前掲寛元元年、在京人の大番役免除を規定した際、「縦令就西国所領下向其所於時々指出者、不可准」と記しているのは在京人が一般に西国に所領を有していたことを示すものと考えられる。在京人選定の基準については明らかでないが、或いは湯浅氏の如く、幕府と比較的関係の深い御家人が任ぜられたのではあるまいか。

在京人の篝屋番役をはじめとする種々の警固役勤仕の状況については、当時の公卿の日記等に屢々その記述をみるが、何れも当時、その存在が洛中の警衛に必須のものであったことを示している[21]。また建治元年には異国防御のため一旦大番衆の勤役を止め、在京人をして代番せしめる等の事もあったから、幕府もこれら在京人の警固役を重視し、在京役勤仕の御家人に対してはそれぞれ恩賞を施し[22]、弘安七年五月二〇日の三八箇条には、「在京人幷四方発遣人々、進物一向可被停止也、其外人々、進物可被止過分事」、「在京人幷四方発遣人、所領年貢可有御免事」と定めて[23]、その負担の軽減をはかり、勤役の完全な実行を期待したのである。

註

(1)「吾妻鏡」。

(2)「吾妻鏡」文治四年一二月六日条。

(3)「吾妻鏡」承久三年七月二日条。

(4)「建治三年日記」一二月一九日条「在京人等事　背六波羅下知者可注申交名」、一二月二五日条「番役幷篝屋事　奥州越後左近大夫将監両人差代官可令奉行」。

(5)「金沢文庫古文書」二　嘉元三年五月六日　倉栖兼雄書状「評定衆在京人已下」、光明寺残篇　元弘元年一〇月某日条「先帝於六波羅南方、評定衆以下在京人奉警固之」、この他西国の守護、及び守護代の在京の例も多い。

(6)「東寺百合文書」イ一～二四。これよりさき、「三代制符」寛喜三年一一月三日の後堀河天皇宣旨に「一、可令停止京中強盗事」として「仰左近衛権中将藤原朝臣、令在京郎従、分居諸保」保長坊令を助けて非常に備えしめるとあり、在京御家人の諸保に分駐して警備に当たっていたことを推測させる。

(7)「崎山文書」。

(8)「葉黄記」寛元四年一〇月一三日条「依故泰時朝臣之計、此八九年洛中要害所々有守護、武士終夜挙篝火、万人高枕了、而皆停止云々、不知是非」。即ち篝屋の制が一〇年たらずで一旦中止された事があったようである。

(9)「吾妻鏡」仁治二年四月二五日条「若狭四郎忠清依御下知違背之科、可造進安居院大宮篝屋幷膳所屋之旨、今日同被仰付」。

(10)篝四八ヶ所とすれば都合四八〇貫文の用途となる。一例として、「毛利家文書」四―一三七一号　正和四年三月一日　長井出羽左近大夫将監宛、備後国信敷庄四条烏丸篝料所安堵の関東御教書があげられる。

(11)「東寺百合文書」イ一～二四　寛元四年正月一九日御教書。

(12) 奥田真啓『武士団と神道』(白揚社、一九三九年) 七七頁。なお湯浅氏の出自、御家人としての性格については、安田元久『初期封建制の構成』(国土社、一九五〇年) 一二三頁以下に詳しい。

(13)「崎山文書」年未詳七月十三日、大江広元書状 (『鎌倉遺文』一八〇四号)。

(14) 大日本古文書「高野山文書」五　一一五八。

(15) 同　　同　　一一五六、一一五七。

(16) 同　「高野山文書」六　一四六五。

(17) 同　　同　　一四三六。

当時在京役のため上洛する御家人は一般に京上夫以下公事夫役を百姓に負担させたようである。

(18)「崎山文書」。また、同文書　弘安二年三月一九日「大楼番兵士幷篝用途事」として、田殿分兵士三人、銭百五十文の催促状があるが、これは「番勤仕之時、可致沙汰」とあり、篝屋番役の勤仕にあたり、所領の多少に応じて兵員、用途を一族間で分担したものと思われる。

(19)「太平記」等に多く「篝幷ニ在京人」の如く区別して記している事はこれを物語る。

「武家名目抄」職名部二六下に、「京畿の武士、各篝屋一所を預り、其門族家人を率いて守護を勤め、非常の事あれば直に事に従へり」とあり、大日本史料五―一一「安斎随筆」一八に「四十八ヶ所篝」として一篝の役人数を五〇〇人とし、勤仕国を山城国以下西国四一国としているが、何れもその根拠を知らない。村山修一氏は『日本都市生活の源流』(関書院、一九五五年) 八四頁で「安斎随筆は篝屋人数を (中略) 一万四千余人と推定したが、一年間に上記湯浅氏の場合の如く、二ヶ月交代で勤めるとすれば一時には二千三百余人となり、各篝屋に配すれば五十人弱となる」と推論されている。これは「増鏡」一一、浅原為頼乱入の条に「二条京極の篝屋びんごの守とかや、五十余騎にて馳せ参りて」とあるのとほぼ同数である。しかしこれのみではなお臆測の域を脱しえない。

(20)「尾張文書通覧」「林茂蔭家文書」。

(21)「平戸記」弘安五年二月一日条。

「花園天皇宸記」元亨四年六月二〇日条。

篝屋番衆の大楼守護勤仕は紀伊湯浅氏の場合にみられるが、これは大番衆のそれが和泉、和田氏の場台にみられるのと同じく兵員の分遣にすぎなかったのであろう。また山門衆徒の防御にもあたった。「勘仲記」弘安五年二月一日条に、「武家奥州申関東云、可奉防由奉勅定、時村下知在京武士了、可被罪科彼等者、向後如此重事之時、下知定不叙用歟、（中略）仍為自身之代官間、有宗無双之輩等、被選其人可被流刑云々、篝屋武士等悉免除」とある（また「管見記」弘安六年三月一日条）。畿内近国の悪党鎮圧にも動員されたらしく、「東大寺文書」（第三回採訪）東大寺衆徒等重申状に、「（前略）速仰在京人篝屋等、所残之交名清高法師以下之輩、悉被召出其身、欲被処遠流重科矣」とある。さらに元弘の乱に際しては、或いは「俣野彦太郎幷藤沢四郎太郎若党十余人、楠木相向之処、去月廿六日合戦五人手負了、我身者為本在京人固内裏、可守護之由依被仰也」の如く内裏を固め（楠木合戦注文）、或いは「隅田高橋ヲ両六波羅ノ軍奉行トシテ、四十八箇所ノ篝幷ニ在京人、畿内近国ノ勢ヲ合セテ天王寺ヘ被差向」の如く追討軍として出陣している（「太平記」六）。
(22)「小野文書」正応元年一一月二一日　将軍家政所下文、小野又次郎在京奉公の労により地頭職宛給（出雲）。「小早川家文書」同、小早川政景在京奉公の労により地頭職宛行（備前）。
(23)「新式目」。

三、鎌倉大番役

鎌倉大番役は単に鎌倉番役ともいい、主として将軍御所（幕府）諸門の警固役である。またこの番衆は侍所につめ、侍所別当、所司の統轄下に勤番したから、侍所大番、侍大番とも呼ばれた。一体幕府営中の警固役は初代将軍頼朝の開設以来備わっていたと思われるが、その名称が大番と名付けられ、またその制度が整備されるに至ったのは、承久元年、藤氏（摂家）将軍下向後のことであり、さらには承久乱後の京都大番の制度の整備にともなうものであったと考えられる。鎌倉大番の史料の初見は「吾妻鏡」貞応二年五月一四日条、頼経物忌の記事で、「台所番衆、幷侍大番勤仕之輩者可参籠」とあるのを以てはじめとする。[1] 次に見えるのが「吾妻鏡脱漏」嘉禄元年一二月二一日条で、「次東西侍御簡衆事有其沙汰、若君御幼稚之間、就御所近々、可著到于東小侍之由、御下向之始、被定上者、不及子細、但西侍無人之条、似背古例乎、仍於相州以下可然人々者、差進名代、如門々警固之事、連日夙夜可令致其勤也、遠江国已下十五ヶ国御家人等、以十二ヶ月依彼分限之多少而可省宛、雖為自身出仕之日、可進名代於西侍号之大番之由、議定畢、是右大将軍之御時、称当番或亘両月、或限一月、長日毎夜令伺候之例也」とある。しかし、遡って頼経の鎌倉に入った承久元年七月二八日の条には、「有宿侍等定、於前代者、可然輩皆雖著到于西侍、当時墎内不及手広之間無侍、仍各候小侍、可令昵近守護由云々、則今日所始補小侍別当也、陸奥三郎重時、年廿二云々」とあり、これらによれば将軍御所の宿侍として承久元年、東小侍を定め、しかるべき御家人の全てここに著到することとなっていたのを嘉禄元年にいたって旧来の西侍を復活し、新たにここに著到すべきものとして遠江国已下一五ヶ国御家人等を結番勤仕せしめることにし、また東小侍に宿侍するしかるべき人々もその番に当たった時は代官を派して共に門々警固の事を行わせることにしたのである。即ち頼経の下向以前、御家人は全て（西）侍に祇候していたのであるが、新将軍の下向に及んで（東）小侍に移り、（西）侍は一時無人の如き状態となったので、嘉禄元年には西侍、東小侍とそれぞれ勤番者を定め、西侍は諸国交代勤番の御家人の侍するところとし、東小侍は「可然人々」の侍するところとしたのであり、諸門警固役の如きは前者において勤仕させることになったのである。そして、この西侍の勤番役を「号之大番」した訳である。

　以上述べた事によって、大番の称呼は新将軍頼経の下向に伴い、その侍所の番役に付された名称であったと思われ、このことは前代以来、摂関家に大番舎人の番役勤仕の制度が存在した事情と関係があるものと推測される。即ち侍番役を大番と称するためには源氏将軍に代わって摂家将軍、及びその後の親王将軍の赴任をまたねばならなかったのではないだろうか(2)。また、勤仕場所としての東、西両侍の分離は政務機関としての侍所、小侍所の分離でもあり、従来侍所の所管であった将軍御所の近侍役、供奉随兵役は小侍所の職掌として移管されたのである。

　鎌倉大番の制度の整ったのは、前掲嘉禄元年一二月二一日の制定以後の事であろう。従来迄の警固役については頼朝の時に一ヶ月乃至二ヶ月宛、しかるべき御家人をして勤仕せしめていたとあるが、この年にいたって内裏大番に準ずべき諸国御家人の交代勤番制度が定められた訳である(3)。番役の賦課範囲については「遠江国已下十五ヶ国御家人等、以十二ヶ月依彼分限之多少而可省宛」とあるが、ここに遠江国已下一五ヶ国とはこれを東国の中に求めるべきであろう。鎌倉大番役に関する史料は京都大番役のそれよりもさらに乏しいのであるが、なおその史料の残存状況からみて東国御家人の勤役としてほぼ間違ないと思われる。即ち遠江・駿河・伊豆・相模・武蔵・上総・下総・安房・常陸・下野・上野・信濃・甲斐・越後・陸奥・出羽の諸国の中と考えることは出来ないであろうか。次に、「以十二ヶ月依彼分限之多少而可省宛」とあるのは一年間を分かって、以上諸国の御家人に所領の多少に応じて配分したものと解すべきであろう。「税所文書」正安四年六月一三日の常陸国税所左衛門入道誠信遺領相論の和与状に鎌倉大番役事として、「右番役誠信跡廿ヶ日也、而宗成懸于誠信物遺跡、随分限可勤仕之由（中略）雖然、以和与之儀、自今以後者、宗成分九ヶ日（加符中田在家分定）親幹拾壱箇日（加大橋郷親幹知行分定）各可勤仕者也、京都大番役可准拠之矣」とあるが、これによれば税所氏の鎌倉大番役勤仕期間は二〇日間であることがわかる。これは京都大番役の勤仕期間が一御家人につき三ヶ月乃至六ヶ月と定まっていることと較べて著しい相違であり、恐らく各御家人とも所領高に応じて勤仕期間の相違があったと思われる。即ち結番は一年毎であり、一年一二ヶ月を前記諸国御家人の加番者が各々数日乃至数ヶ月宛交代勤仕したものと考えられる。また一年毎の結番とすれば、勤番の周期は御家人により、毎年勤仕のものもあり、隔年または数年毎の場合もあったであろう。しかしこれを京都大番役に比較してみる時、その勤仕期間が短い割に、勤番回数は多かったと思われる。「金沢文庫文書」海北兵部房明円陳状案（上総）に、「（前略）弁領家年貢（永仁三年分）或□□□（勤仕カ）（侍）所大番（永仁四年正月分）一月畢」とあり、「秋田藩採集文書」一　嘉暦四年正月二〇日の蓮生譲状（陸奥）に、「かまくら大はんをつとめんには三郎丸と年かへにのほるへし」とあり、「守矢文書」一　元応元年七月一二日の関東下知状（信濃）に、「如泰経家経所捧侍所之申状者、為白河十郎頭本、為諏方上宮今年七月御射山御頭寄子之上者、可被免当年鎌倉番役」とある等はこの間の事情を推測させる史料とみてよいであろう[4]。

勤仕の手続きについては、この番役の統轄者が侍所であることはいうまでもないが、諸国守護が勤番の催促、統制に果たした役割については明らかでない。或いは京都大番役の場合、西国の守護に比し、東国の守護の御家人統制の権限は弱かったと思われるから、東国御家人のみの勤役であるこの番役については、守護の統制機関としての機能を過大に評価することは謬りであろう。なお鎌倉大番役の史料は私見の限りでは、今までにあげたものの他に、

『諸家文書纂』九　万沢（甲斐）正元二年三月一五日　後家分永代譲状
「小早川家文書」一（相模）正安元年六月七日　相論裁許状
「長楽寺文書」二（上野）正和三年五月二六日　源朝兼田地売券
同（同）正和四年二月二二日　源光田地売券

同　（同）　文保二年一〇月六日　源義貞田地売券

等であり、その勤仕国がすべて東国であることを推測させる。しかるに内裏大番役は東国御家人と雖も勤仕しているから、東国御家人は鎌倉大番役と京都大番役の二つを勤仕せねばならなかった訳である。(5)この点についてさらに注意すべきは鎌倉大番役が東国御家人一般の所に常時居住したことであろう。一体東国御家人には原則として鎌倉役とされての御家人と在国の御家人との二つに分けることが出来ると思うのであるが、在国の御家人については、この大番役勤仕のため、鎌倉に参候することによって直接幕府の統制に服する機会が与えられていた訳である。一方、鎌倉に常時居住していたと思われる御家人（便宜上これを在鎌倉人と名付けよう）は家地をそれぞれ鎌倉に有し、幕府の諸政を分掌し、また種々の所役についたと思われるのであるが、彼等はまた前述の東小侍に祗候すべき御家人であり、「可然人々」と呼ばれた特定御家人に他ならなかったのであろう。(6)しかし彼等についても鎌倉大番役は勤仕せねばならなかったのであり、その勤仕の日（小侍所諸番役等）と重なる時には代官をして勤番せしめる事を認められていたのである。以上の如く、ともかく原則として東国御家人のすべてが勤仕すべき所役とされたことは、この番役が将軍（幕府）に対する御家人の直接的奉公の第一として遇せられていたことを示すものと思われる。(7)

なお、鎌倉大番役の勤仕状況についても「吾妻鏡」に二、三の記事があるのみで明らかではないが、概ね諸門の守護を主要な任務としていたようである。(8)また、賦課をうけた御家人がその負担を一族、庶子に配分したことは当時の譲状等にみるところであるが、それらについては京都大番役の場合に準じて考えてよいであろう。(9)さらに異国警固番役勤仕の御家人が京都大番役を免ぜられたように、東国御家人でも鎮西、西国の所領に下向して異国防御の任につくものは、当然鎌倉大番役も免ぜられたのである。(10)

註

（1）牧健二「武家的奉公の初期形態」（『法学論叢』四三―四）（註）五八に、「台所衆並侍大番」とある侍大番は東小侍の番役なりとある。この時は未だ西侍の大番の制が定められる以前のことであるから、東小侍の祗候人の侍番役を大番と名付けたものと思われる。台所番衆については、「吾妻鏡」寛元四年一二月二八日条に、「今日追入之者迯参幕府台所、敵人追付之、内参入、于時松田弥三郎常基昼番祇候之間、両方共搦取之」とあり、御所内番衆の一つであることがわかる。

（2）摂関家の大番役については、牧健二「摂関家の大番役及び大番領の研究」（『史林』一七―三・四、一九三二年）に詳しい。

（3）「吾妻鏡」文治二年正月一〇日条「摂津国貴志輩事、所被加御家人也、但止関東番役等、可勤左馬頭能保宿直之由被定云々」。当初、東国御家人のみに限らず、西国御家人の中にも鎌倉に下向し、番役を勤仕するものがあった。この事は建久四年十月廿九日条の遠国より参上の御家人に米穀を供与したとの記述によっても裏付けられる。また建暦二年六月七日条に、「於御所侍所、宿直田舎侍起闘乱」の記事は諸国御家人による侍所番役の制が既に存在していた事を推測させる。なお三浦周行『続法制史の研究』（岩波書店、一九二五年）八三七頁参照。

（4）前掲「税所文書」和与状にまず鎌倉大番役の配分について定め、京都大番役の配分についてはこれに準拠せしめたこと。後掲「長楽寺文書」田地売券は何れも鎌倉大番役の用途の負担額のみについて記し（他の御家人所役、垸飯用途、小舎人用途、御所修理用途等と併記）、京都大番役のそれについては一向に記されていないこと。これらもまた推測の材料となる。

（5）楠木合戦注文、元弘三年千劒城攻撃軍勢の編成には西国諸国の国名と並んで大番衆紀伊手として二四名、大和道として一四名の東国御家人（大半は上野国御家人）の交名をあげている。彼等は当時大番役勤仕のため在京中、たまたまこの攻撃軍に編入せしめられたのであろう。

（6）在鎌倉人、在国人の区分は勿論厳密なものではない。ただ「吾妻鏡」等の記録にたえず名を連ねて出て来る御家人の他に、殆んど名のあらわれて来ない在国の御家人がなお東国にもあったと考えるのである。在鎌倉人も時々暇をとって在国する事もあり（「吾妻鏡」建永元年一一月一八日条）、特定の所役勤仕のため在国を命ぜられる場合もある（「香取文書纂」嘉禎四年三月一五日下総国地頭中宛御教書）。この両者の関係は西国の場合における在京人と一般御家人との関係にも比定し得ると思う。

（7）御家人役は、その成立事情により幕府（将軍）に対する御家人の直接的奉公（私役）と、幕府が朝廷より委任をうけ、または従来公役とされていたものを、実権の掌握にともなって支配することとなり、その負担を御家人役として賦課するにいたったものとがあり、これを前者に対して間接的奉公（公役）ともよび得ると思う。今きわめて大雑把に両者を区分すれば次の如くになる。
1　鎌倉大番役・御所内諸番役・供奉随兵役・御所修造役・垸飯役・舎人人夫役・その他。
2　京都大番役・篝屋番役・異国警固番役・警固役・内裏（院御所）修造役・社寺修造役・社寺祭礼役・防鴨河堤役・駅家雑事・流人雑事・その他。

（8）『吾妻鏡』寛喜二年五月五日条　建長二年一二月一一日条。

（9）前掲「税所文書」和与状、「秋田藩採集文書」譲状、『諸家文書纂』譲状等。

（10）大日本古文書「小早川家文書」一―九七号　正安元年六月七日　鎌倉番役相論裁許下知状「小早河太郎左衛門入道仏心与小早河一正丸代頼弁相論鎌倉番役事」として、「去建治二年為異国警固、可相向之旨、被仰下之間、令居住西国所領畢、彼警固役之仁、被免番役之条、為傍例歟、若無御免者、両役兼帯可為難治之旨、一正所陳申也、（中略）爰嫡庶西国居住之条勿論、然者警固役輩被免番役之事、無異儀之間、仏心不可勤仕矣」とある。

四、将軍御所内諸番役

鎌倉大番役が東国一般御家人の勤仕であったのに対して、将軍御所の宿衛に任じ、種々の番役を勤めるものは、概ね在鎌倉人ともいうべき東国特定御家人の中から選ばれたようである。小侍所の設置は承久元年藤氏将軍下向の際であり、別当に陸奥三郎重時が補任され、侍所より分かれて宿衛、供奉等の事を管掌するようになった。頼朝は御家人中、弓箭達者のものを選び、毎夜寝所の近辺に祗候せしめたとあるが[1]、小侍所設置以前も侍所勤番衆の中、「可然」御家人は将軍の側近に祗候し所役を勤めたものであろう。「吾妻鏡」建保元年二月二日条に、「昵近祗候人中、撰芸能之輩、被結番之、号之学問所番各当番日者、不去御学問所、令参候」とあり、学問所番が定められ、藤氏将軍下向後の貞応二年一〇月一三日条には、「撰可祗候近々之仁、被結番、号之近習番」とあり、六番三名宛、一八名の番衆が定められ、嘉禎三年三月八日条にはさらに近習番の結番が三番六名宛で行われている。以後これら御所番衆の結番は度々行われたが、これを「吾妻鏡」の記事によって表示すると表6の如くになる[2]。

これら御所番役勤仕の者は、「吾妻鏡」康元元年一二月二五日条に「小侍所番帳事有其沙汰、於廂等近々事者、於御前直宜有御計、小侍所者本所也、為惣人数事之間、殊可糺父祖之経歴、三代不列其人数者、雖為勤役公事之御家人、輙不可有御許容之旨、被定之云々」とあり、文応元年正月二〇日条に「於御所中、被定置昼番衆（中略）都以堪一芸之輩、於時依可有御要、被定結番、去比御要之時、無人之間、殊以此御沙汰出来、仍仰小侍衆、於芸能之輩目六、度々被仰合相州禅門、治定云々」とある様に、何れも小侍所を本所として、その番帳に記載されている者の内より選定されるのが普通であったようである。文応元年七月二三日条に、「被下廂御簡於小侍所、廂与小侍、毎其番自一番至六番不参差、為同日之様令結番之、可書改之由」とあるのは、小侍所番帳に記載され、そこに祗候する御家人が、廂（御所）番役をも勤仕する場合、その日と小侍所に祗候する日と重なるように結番を改めたというのであり、小侍所番帳に基づいて御所諸番役の結番も定められたことが推測される。

小侍所番帳については「吾妻鏡」仁治二年一二月八日条に、「小侍所番帳更被改之、毎番堪諸事芸能之者一人、必被加之、（中略）陸奥掃部助被相触此趣於人々云々」とあるが、これによれば更にこの後以前に小侍所番帳は作られており、前掲文応元年七月二三日条の記述から、その結番は六番で、小侍所に祗候すべき御家人のすべてを六番に分かって番帳に記し、各々月に五日宛の出仕と定めていたものであろう。(3) 宝治元年六月五日条に「(三浦)泰村以下為宗之輩二百七十六人、都合五百余人令自殺、此中被聴幕府番帳之類二百六十人云々」とあるが、同年七月一日条には「御所中番帳被改之、若州一族幷余党数輩、已依有其闕也、為陸奥掃部助実時奉行、清撰新加衆、及清書云々」とあり、この幕府番帳とは小侍所番帳をさすものと思われ、三浦一族の乱によって、番帳より除かれるものが多く、また御所諸番役の結番も変更を余儀なくされたものと推測される。

小侍所番帳に記載される御家人は前掲「吾妻鏡」康元元年一二月二五日条に「殊可糺父祖之経歴、三代不列其人数者、雖為勤役公事之御家人、輙不可有御許容」と定められているように、一定条件を備える必要があった。この為、小侍所御簡衆としてその番帳に記載されることは御家人としての名誉であり、「吾妻鏡」も小侍所番帳に新たに加えられる御家人

表6

名称	年月日	番数	毎番人員	番衆総員	勤番順序
近習番	寛元四年九月一二年	6			
〃	建長二年一二月二七日	6	16	96	六日毎勤番 子・午勤仕の如し
昼番	文応元年正月二〇日	6	13	78	〃
御格子番	建長四年四月三日	6	12	72	
〃	正嘉元年一二月二九日	6	10	60	
問見参番	建長四年一一月二一日	6 (1)(5)	5 3	5 15 (20)	〃
〃	正嘉元年一二月二四日	6 (2)(4)	4 3	8 12 (20)	〃
廂番	〃	6	10	60	〃
〃	文応元年二月二〇日	6	12	72	五日宛勤番 自一日至五日の如し

について一々その名を記している。(4) 彼等は概ね東国御家人であり、父祖の先例に基づき、もしくは別命によって編入せしめられた。そして単に惣領のみならず、庶子、一族も一人として記帳されたようである。「吾妻鏡」文応元年七月二五日条には「小侍番帳事有其沙汰、於書様、雖為次第不同之儀、何無所思哉、聊立次第可書改之由、被仰下云々、和泉前司行方、武藤少卿景頼等為奉行也、是日来結番之躰、不守官位、不論嫡庶、且依宿老、且随勤否被書云々」とある。また小侍番役及び御所番役の勤仕についてはそれぞれ恩賞の施行、罰則の規定があった。(5)

　政務機関としての小侍所はまた将軍出行の際の供奉随兵役を統轄した。将軍の出行は鎌倉及び近在の社寺参拝、家人宅への訪問、狩猟、遊山等屢々行われたが、その目的によって供奉の規模形式はそれぞれ異なっていた。将軍上洛の際は殊に大役で自然、賦課の範囲も広く、用途の負担は単に一部の御家人のみに止まらなかった。(6) しかし実際供奉を勤める御家人については、何れの場合でも一定の基準がみとめられるようである。供奉随兵役の中、毎年恒例の大役は鶴岡八幡宮八月一五日の放生会で、多数の御家人が催されて所役を勤仕した。手続きはまず小侍所において供奉せしむべき御家人の役名並びに交名を注し、将軍の許に差出してその点検をうけ、それに随って御家人に催促状を発するのであった。(7) しかし臨時の供奉随兵役については、「吾妻鏡」寛元元年七月一七日条に、「臨時御出供奉人事、依不知其参否、毎度相催之条、且遅引基也、且奉行人煩也、兼令存知之、聞御出之期者、不論昼夜、為令応御要、可結番之旨、被仰陸奥掃部助之間、以当時不祗候人数、令結番之、前大蔵少輔行方於小侍加清書、所押台所之上也、又就在国等、雖不加此人数、於時随令参上、可被召具之、雖為此衆、若有数輩同時故障者、可催加番人之由」定められ、御供結番の事として上旬、中旬、下旬共四九名宛、計一四七名の御家人が結番されているし、また建長六年正月七日条には「来十日、将軍家依可有御参鶴岡八幡宮、今日、被廻供奉人散状、是以垸飯之間出仕輩之中、所被撰定也」とあり、康元元年正月五日条には「将軍家依可有御行始于相州御亭、注今日出仕衆八十五人之交名被覧之、就御点、以三十八人為供奉」とあって、臨時出行の際には、出仕の御家人をして供奉せしめていることが見えている。

これらの事実によって、供奉随兵役勤仕の御家人は多く小侍所番帳記載の御家人（当時加番衆たると非番衆たるとを問わず）であることが推測される。当時彼等は年間を通じて鎌倉滞在の期間が多かったと思われるが、その期日は不定期で結番を定めておかぬ限り臨時の供奉には間に合わぬ場合もあったのである。その他種々の事情で勤役不可能の御家人もあり、その催促にあたる小侍所でも恒例、或いは時日の明確な将軍出行の際には、あらかじめ余裕をもたせて催促するようにしていた。在鎌倉人と在国人との関係については前にふれたが、供奉人は概ね前者の所役であったことは「吾妻鏡」弘長元年正月二五日条に「来月七日御息所依可有御参鶴岡八幡宮、注供奉人数可進覧、但於如田舎人者、不可書加之由、被仰小侍所」とあること等からも考えられる。(8) 以上の考察によって、鎌倉将軍御所内諸番役は概ね東国特定御家人の勤役であったとしてよいであろう。

註

（1）「吾妻鏡」養和元年四月七日条。

（2）この他「吾妻鏡」文応元年七月二九日条に「中御所番衆者、可著到廂御所」とある。

（3）勿論後にもふれるように番帳記載の御家人はすべて出仕するとは限らず、非番在国の者もその中に含まれていたものと思う。

（4）建長五年六月二五日条、同年一〇月二三日条、同六年三月一二日条、康元元年四月一八日条、同年七月五日条、正嘉元年五月二二日条、文応元年二月二日条、同年二月四日、一〇月八日、一一月八日、一二月一七日条、弘長元年一一月二二日条、同三年四月一六日条。

（5）「吾妻鏡」建長二年一二月一五日条には「幕府小侍宿直奉公辛労之類等、今日多以浴新恩」とあり、同年同月二七日条には「結番事治定、自今已後、至不事輩者、削名字、永可止出仕之由、厳密被触廻之」とあり、さらに建長六年十一月十七日条には「御所中近習之輩者、可免面付公事之旨」とあり、文永二年閏四月二〇日条には「御所無人之由、依有其聞、先可注進当番不参衆、可被処罪科之旨、左典厩今日被遣御使於小侍云々」とみえている。

（6）将軍上洛の際は東国御家人の中から供奉人を選定し、下向の際は在京人並びに西国有勢御家人をこれに加えた。上洛用途の負担は全国御家人の所役として賦課し、さらに京都大番役の場合と同様に、一般百姓への負担の転嫁を制限つきで容認した（「吾妻鏡」弘長三年三月一三日条、段別一〇〇文、五町別官駄一疋、夫二人の規定）。

（7）「吾妻鏡」建長五年七月七・八日条。

（8）「吾妻鏡」承元元年八月一七日条、建保六年一二月二六日条、当初から供奉随兵役勤仕の御家人は一定の条件を備える必要があった。なお「吾妻鏡」所載の御家人交名について個々に検討してみると、何れの場合についてもその勤仕者は殆んど一定していたようにみうけられる。

五、異国警固番役

異国警固番役は蒙古襲来に備え、筑前、長門等の要害に交代勤役し警固の任につく所役で、今まで述べて来た諸番役とは聊か趣を異にした準戦時の番役といい得よう。この制度の内容については既に相田二郎氏が詳細に論じられたことがあるので[1]、今はこれを要約し、若干の点について補足説明するに止めたい。

番役の発端は文永八年九月、蒙古襲来に備えて鎮西に所領を有し、しかもその地に居住せぬ御家人を自身または器用の代官（多くその一族）をしてそれぞれの所領に赴かせ、防御に当たらせた事にはじまる。(2) 第一回の蒙古襲来は文永一一年一〇月の事であるが、それ以前の警固番役は鎮西居住の守護少弐、大友氏等が主に九国御家人を指揮して大体一番一ヶ月の勤仕を行ったと思われる。(3) 文永の役の翌年、建治元年二月の警固結番によると「春三ヶ月筑前国肥後国夏三ヶ月肥前国豊前国秋三ヶ月豊後国筑後国冬三ヶ月日向国大隅国薩摩国」とあり、(4) 九国を四番に分かち、一番三ヶ月の勤仕と定めたが、その制は長く行われなかったようで、(5) 間もなく警固の受持場所（役所）が国毎に固定するに及び、(6) 各国ともそれぞれ地頭御家人等を三番または六番等に結んで連年勤仕せしめることになり、漸く警固番役の制度も整うようになった。(7)

かくして弘安四年、再度の蒙古襲来を迎え、幸いにしてこれを退け得たのであるが、その後二〇余年を経て嘉元年間には勤番制規にも変更があったようで、以後一ヶ年を以て在番期間の標準とし、番数に応じて数年毎に一度、一回一年の勤仕と定められた如くであるが、(8) また「二階堂文書」元徳元年一二月二五日の鎮西御教書には「(異賊警固番役) 彼役者、嘉元以来被止畢」とあり、漸くこのころから制規が弛められ、従来の連年勤仕の勤番制度が行われ難くなったことを思わせる。この間、警固番役の実施された地域は鎮西九国のみならず、西国にも及び、建治元年五月、安芸国守護武田信時宛関東御教書によれば、長門・周防・安芸・備後の四ヶ国は結番して長門国要害警固に当たるべき事とされ、(9) 同二年八月の御教書によれば、「以山陽南海道勢、可被警固長門国」と定められた。(10) これら西国に所領を有する御家人がそれぞれ下向を命ぜられたのは、鎮西に所領を有する御家人の場合より少し遅れ、文永一一年、蒙古軍の壱岐・対島への侵攻が報ぜられてから後の事のようであるが、何れも蒙古襲来に際しては守護の催促に随って御戦の忠を尽くすべき事を命ぜられていた。(11) 蒙古襲来の危険性は弘安の役後も久しく続き、異国警固番役は前述の如き制度の変遷はあったものの、この時代を通じてなお続けられていたのであり、一方鎮西御家人の上洛は一切止められ、防御の任に専心すべき事とされていた[12]。

建治元年九月七日、幕府は蒙古の使者杜世忠を竜口に斬ったが、その後異国警固の事についても積極的に措置を講ずることとなった。「北条九代記」同日条に「其後警固事有沙汰、鎮西撰補守護人器用、発遣海辺国々、止京都大番役、被差置在京人、公家武家減省公事、行倹約、休民庶、皆是為軍旅用意也」とある。即ち一旦諸国御家人の大番役勤仕を止め、在京人をして一時内裏、院御所諸門の警固にあたらせることにしたのであろう。しかし、既に述べたように諸国御家人の大番役は間もなく復活したと思われるが、以後鎮西御家人はもとより、鎮西所領に下向の東国御家人についてはその勤役を免除されたようで、またその範囲も単に鎮西諸国に止まらず、異国警固に任ずる一部西国（山陰、山陽、南海道諸国の一部）にも及んだと思われる[13]。鎌倉大番役についても異国警固のため、鎮西、西国に下向した東国御家人がその勤仕を免除されたことは既にみた通りである[14]。さらにこれら御家人の所役免除は単に京都・鎌倉両大番役に止まらなかったようで、たとえば薩摩国阿多北方地頭二階堂氏は相模より鎮西所領に下向して異国警固に当たることを命せられたが、そのため、とくに年々その所領で負担していた将軍御所用途一五〇貫文を免除されている[15]。また前述の「新式目」弘安七年五月の「在京人幷四方発遣人所領年貢可有御免事」とある規定は主としてこれら東国より鎮西及び一部西国の所領に下向して異国警固の任につく御家人についても適用されたことであろう。

警固番役に附随する所役として石築地の修築、その他の諸役がある。石築地の造作は建治二年三月より三年にかけて行われ、その造作箇所が九国地頭御家人、本所一円之地住人等の所領の多少に応じて分担され、造作後も時々補修を命ぜられた[16]。その他防御施設として垣楯の用意[17]、乱杭の設置[18]、烽火役[19]、さらに高麗出陣の計画に基づく兵員、武器の賦課[20]、梶取水手の徴集等があった[21]。

以上の諸役は単に地頭御家人のみに止まらず（御家人領）、一般荘園公領の荘官以下住人等（本所一円支配地）にも賦課された。非御家人の警固役勤仕については、「島津家文書」弘安九年一二月三〇日の島津忠宗宛関東御教書に「異賊防御事、鎮西地頭御家人幷本所一円地輩、従守護之催、且令加警固用意、且可抽防戦忠功之由」とあり、また「入来文書」元亨元年七月の薩摩国天満宮国分寺所司神官等解状によれば、「博多津石築地幷警固役者、不嫌神社仏寺権門勢家之領、雖被催促之、至当寺社御領等者、併被免除畢、是則天下無双之御廟、国中第一大社故也」とあって、特定の寺社領を除く他、一様に所領知行の輩には賦課されたと思われ、事実、文永・弘安両度の合戦にも御家人以外の武士も戦列に加わっていた。警固番役についても「竜造寺文書」弘安一〇年正月一九日、北条為時催促状に「今年殊有異国用心之間、肥前国中地頭御家人本所一円預所等、六番所令結定也、三月九月可被参勤役所候」とあり、その勤仕の事実が知られる。一体「異国敵賊之警固者、天下一同之大事也」とあるように[22]、本来外敵に対する防御の役はその性格からして当然公役―国役であり、すでに全国の軍事警察に関する公的権限を取得していた幕府が、これを管掌し、種々の警固役を非御家人、及びその所領にも賦課したことは怪しむに当たらない。「島津家文書」元亨四年八月二一日の薩摩国伊作庄日置北郷領家地頭和与状に、「一、異国警固幷筥崎石築地用途事、右、於警固役者、任先例、可為両方沙汰、至石築地用途者、両方寄合、可致等分沙汰矣」とあって、下地中分により公家役、武家役の勤仕区分が定められた後も警固役については領家、地頭双方の負担とされていたこともこの間の事情を物語るものと思われる。ただこの結果、各国守護が軍事の面においても御家人のみならず、非御家人をも統率する権限を得たことは、永仁四年の鎮西探題の設置、北条氏一門の鎮西守護職補任等の一連の施策とともに注目すべきことであろう[23]。

また、守護の統率下に警固役を勤仕した各御家人は原則として他の御家人所役と同じく、一族庶子各々惣領の支配下に属すべきこととされていたようであるが[24]、事あれば戦陣の軍となる準戦時の所役のこととて、一般に庶子はこの所役についてのみ惣領の支配を脱し、直接守護の麾下に入り、各別勤仕を望んだのであり、このことは単に建治年間の著名な豊後、志賀氏の嫡庶相論の場合に止まらず[25]、異国警固に任ずる各御家人共通の問題であり、中には肥前、「小鹿嶋文書」嘉暦四年二月二七日の和与状に「惣領職事　公義家督相承上者、於関東御公事以下者、一向惣領孫次郎公重可為支配候、但至鎮西番役警固以下者、無惣領違乱、為各別、可令勤仕候」とあるように各別勤仕を認められた庶子御家人も少なくなかったと思われる。また、異国警固の所役は勤仕する各御家人にとってその負担は重く、幕府も再度の合戦の恩賞地の配分に難渋する有様で、番役勤仕者の待遇には種々苦慮したのであるが[26]、各御家人についても惣領に対する庶子の独立の傾向が逆に庶子の所役対捍となってあらわれ、石築地の修理その他諸役の渋滞が幕府（鎮西探題）、守護の督励にもかかわらず、所々でみられ、これをめぐる御家人内部の相剋が各御家人について絶えることがなかったようである[27]。

以上鎌倉幕府の主たる五つの番役について、制度の内容、及びその賦課の範囲について概述したのであるが、これを要約すると次の如くになる。

（イ）　京都大番役――全国御家人
（ロ）　在京（篝屋）番役―主として西国に所領を有する特定御家人
（ハ）　鎌倉大番役――東国御家人
（ニ）　将軍御所内諸番役―主として東国特定御家人
（ホ）　異国警固番役――鎮西及び西国（一部）に所領を有する御家人

このように諸番役はその種類によって賦課の範囲を異にしたのであるが、これは単に番役のみに止まらず、戦時の軍役その他の御家人役についても同様である。即ち全国御家人共通の所役、東国御家人、西国御家人、畿内御家人のみの所役、或いは在京御家人、在鎌倉御家人のみの所役の如く、地域によって賦課の範囲を異にする場合もあり、また幕府親近御家人、有勢御家人のみの所役等の如く、御家人それぞれの立場によって賦課の範囲を異にする場合もあった。このように一概に御家人役といってもその賦課範囲は一々異なっており、各御家人についてみればその内容は多様であったから、この時代の御家人制度を明らかにするためには、個々の御家人についてさらに検討を加える必要があろう。

なお、本稿では御家人の区分について必ずしも明瞭に断定し得なかった。東国・西国御家人の区分についても、特定御家人の範囲についても明確に規定するまでには至らなかった。これらについてはさらに厳密な検討を加える必要があると思っている。

註

(1) 相田二郎「異国警固番役の研究」(『歴史地理』五八―一・三・五、一九三一年)。以下同論文参照。

(2) 「小代文書」乾　文永八年九月一三日　小代右衛門尉子息等宛関東御教書、『鹿児島県史料　家わけ』「二階堂文書」九号　同年同月同日　阿多北方地頭宛関東御教書。

(3) 大友史料(「野上文書」)文永九年二月一日　野上太郎宛大友頼泰催促状、『鹿児島県史料　旧記雑録拾遺　諸氏系譜三』「比志嶋文書」七二号　薩摩国千《(比志)》嶋太郎殿代河田右衛門尉宛少弐資能異国警固(博多津)番役覆勘状。

（4）同前「比志嶋文書」八号　文永一二年二月　蒙古警固結番事。

（5）この結番の行われた事を示すものとしてたとえば、大友史料（「豊後野上文書」）建治元年六月　大友頼泰書状。

（6）相田氏は「石築地築営工事が警固番役の季節による分担制規を、警固の場所による分担に馴致し、更にその制規を確立するに至らしめたものと考定」されている。

（7）毎年一国が一所（役所）の勤番を負担するのであり、国内武士を三番乃至六番に結び交代勤仕させたのである。大体一番一ヶ月が標準であったから（肥前、筑前等役所に近い国の場合）六番の場合には一年に二回宛の勤仕となる。「深堀記録証文」弘安一〇年一一月、同一一年五月　覆勘状、薩摩等役所に遠い国の場合は、二ヶ月乃至六ヶ月間の連続勤仕であった如く、恐らく往反の不便を考慮し、一年乃至数年一回の勤番としたのであろう。同前「比志嶋文書」五五・七一号、弘安三年四月一日、永仁二年七月三〇日　覆勘状。

（8）「中村文書」嘉元二年一二月晦日　中村弥次郎宛千竈耀範覆勘状に「被結番九州於五番内、一番筑前国役、一年中自正月迄同十二月被勤仕之」とある。爾後一ヶ年を在番期間の標準としていた事は「武雄神社文書」二　徳治二年三月二三日　平岡為政覆勘状に「肥前国嘉元四年博多在津番役事、一ヶ年内二百六十日被勤仕候畢」とあることからも推測される。

（9）「東寺百合文書」ヨ一～一二　建治元年五月一二日、同ゐ四一～五一　同年五月二〇日　関東御教書。

（10）「東寺百合文書」リ六一～七二　建治二年八月二四日　関東御教書。また山陰地方の御家人が鎮西方面の警固役にあたったことは、大日本古文書「吉川家文書」二―一一二四号　弘安五年九月五日　石見国永安別符地頭兼祐置文により推測される。

（11）「東寺百合文書」ヨ一～一二　文永一一年一一月一日　安芸国守護武田五郎次郎宛関東御教書。

（12）佐藤進一『鎌倉幕府訴訟制度の研究』鎮西探題　二八五頁以下。『諸家文書纂』「野上文書」弘安四年九月一六日　野上太郎宛六波羅御教書に「賊船事雖令退散任自由不可有上洛遠行、若有殊急用者申子細可随左右矣」とある。また「新篇追加」弘安九年七月一六日、鎮西訴訟事。

（13）西国諸国の警固番役については明らかでない点が多い。即ち賦課範囲、勤番時期等不明確である。しかしこの時代を通じてなお存続したであろう事は、大日本古文書「三浦家文書」四号、乾元二年四月二六日　平子重有和与状（周防国仁保庄地頭）、「同文書」九号、元応元年六月二八日　平子重嗣書状等にその規定をみることによっても推測される。また四国の御家人も蒙古合戦に参加しているが、彼等の大番役勤仕を示す史料は以後この時代を通じて見当たらない。ただ、大日本古文書「小早川家文書」二―二八五号　元応二年九月二五日の関東下知状によれば「正応二年八月比、於六波羅景宗申安堵御下文之間、被尋美作前司忠茂之処、遂不支申之上、定心跡大番役勤仕之後、同三年正月、遣書札於忠茂之時、如返状者、番役無為勤仕之条、旁悦存云々」とあり、なお西国（安芸）地頭にして大番役勤仕の者もあったことを知る。大番役の免除は何れも法令で定められた訳ではないから、場合により賦課される事もあったと考えられる。

(14)「小早川家文書」一―九七号　正安元年六月七日　鎌倉番役相論裁許下知状。

(15)『鹿児島県史料　旧記雑録拾遺　家わけ一』「二階堂文書」　嘉暦四年九月二〇日（三六号）、元徳元年一一月二五日（三七号）　鎮西探題下知状。

(16)大友史料（「深江文書」）建治二年三月一〇日　深江村地頭宛少弐経資催促状。

『鹿児島県史料　旧記雑録前編』一―七七三号　建治二年八月の国衙及び守護所連名の文書によると、国中の院、庄、郡のそれぞれについて御家人、名主の名をあげて所領の員数を記し、一丁＝一尺の割で石築地役を賦課し、八月中にその功を終えるべきことを指令している。

(17)「武雄神社文書」弘安四年二月一八日　武雄大宮司宛守護催促状。

(18)大友史料「中村物次郎所蔵文書」　弘安一〇年三月二九日　松浦党中村氏宛守護催促状。

(19)「来島文書」永仁二年三月六日　大嶋又次郎宛越後国司奉書案。

(20)大日本古文書「石清水文書」一―四三四～四三七号　建治二年三月　軍勢幷兵具乗馬注進、同請状。

(21)「東寺百合文書」ア六三～七〇　建治元年一二月八日　武田五郎次郎宛関東御教書。

(22)「金剛三昧院文書」弘安四年三月二一日　関東御教書（『鎌倉遺文』一四二六九号）。

(23)大日本古文書「島津家文書」一―三四号　正応六年三月二一日　関東御教書。佐藤進一『鎌倉幕府訴訟制度の研究』鎮西探題三〇五頁以下。

(24) 大日本古文書「相良文書」一―三二号　正応六年七月二〇日　相良頼氏譲状。
(25)「志賀文書」一〇　建治二年四月　志賀泰朝陳状。
(26) 大日本古文書「島津家文書」一―五〇七号　嘉元三年二月の島津忠長申状には、番役勤仕の困難を述べ、警固料所の宛給を申請している。
(27)『鹿児島県史料　旧記雑録拾遺　諸氏系譜三』「比志嶋文書」一四四号　嘉元四年正月二八日「比志嶋石築地裏加佐幷破損事」、大日本古文書「相良文書」正安四年六月（三六号）　延慶二年一一月（三八号）　肥後国多良木村地頭代陳状。

第二章　鎌倉幕府の番衆と供奉人について

かつて私は『史学雑誌』六三編九・一〇号において、鎌倉御家人の番役勤仕について小論を発表したことがあるが、その後よみ返す毎に不備な点の少なくないことを感ぜずにはおられなかった。久しくその補正を心がけてきたが、ここに機会をえて旧稿の中、後半にあたる鎌倉大番役、将軍御所内番役についてその後知りえた若干の事実を紹介すると共に併せて誤謬を訂正し、私見の一端を述べ、大方の叱正を仰ぎたい。

一、鎌倉大番衆

旧稿において私は鎌倉大番役について大略次の三点を述べた。

1、その名称が付され、制度の整備をみたのは承久元年、藤氏将軍下向後である。

2、勤番衆は東国御家人である。

3、勤番期間は京都大番役に比し短く、勤番回数は多い。

以上三点につきそれぞれ補正を加えたい。

（1）かつて三浦周行氏が「武家名目抄」の説を批判して、鎌倉大番役の実質的創始を幕府開設以来とされたことは正しいと思う。[1] 即ち大番の名称が付され、制度の整備をみたのは明らかに承久元年以降ではあるが、実質的に同内容の侍番役は頼朝の時から既に存在していたとみるべきであろう。それを裏付ける史料は三浦氏の論拠とされる「吾妻鏡」文治二年一月一日条の「関東番役」の記述、及び「吾妻鏡脱漏」嘉禄元年一二月二一日条の西侍の大番について「是右大将軍之御時、称当番或亘両月、或限一月、長日毎夜令伺候之例也」との記述であるが、後述する如く鎌倉大番役の勤番期間は一ヶ月単位と見られ、長番としての侍所宿直番が後に大番とよばれるようになったと考えられる。鎌倉大番の史料の初見は「吾妻鏡」貞応二年五月一四日条で「台所番衆、幷侍大番勤仕之輩者可参籠」とあるが、これについて牧健二氏は東小侍の番役なりとされ、[2] 私もまた東小侍の祗候人の侍番役を大番と名付けたものと考えた。[3] 当時将軍御所に西侍はなかったと思われるからこのような推定を下したのであるが、西侍がなくとも政務機関としての侍所はあった筈であり、その統轄下の侍大番は着到場所が小侍であったにせよ、小侍宿直番とは別に存在したと考えるべきではなかろうか。

（2）東国という語をその後の諸研究を顧慮せずに用いた事については、水戸部正男氏の批判を甘受せねばならない。[4] ただ、石井良助氏が東国＝東海道と断定されるのは如何であろうか。[5] 勿論そのような場合もあるにせよ、当時の用語は六波羅探題設置後管轄の区分として定めた東国、西国を除いては一定していなかったのではあるまいか。むしろ東国＝東海、東山道諸国と解した方が妥当な場合もある。[6] 鎌倉大番役の賦課範囲を示す重要史料、前掲「吾妻鏡脱漏」嘉禄元年十二月二一日条に「遠江国已下十五ヶ国御家人等」とある一五ヶ国を私は旧稿で遠江・駿河・伊豆・相模・武蔵・上総・下総・安房・常陸・下野・上野・信濃・甲斐・越後・陸奥・出羽の諸国の中と考えたのであるが、今では北陸道に属する越後を除き、東海・東山両道の中、鎌倉幕府創立の当初から関係の深い遠江・信濃以東の諸国であると考える。承久三年五月、飛脚を以て幕府が発向を促したのもこれら国々の御家人の各家長宛であった(7)。鎌倉大番役勤仕の東国御家人とはこの一五ヶ国御家人をさすといってよいであろう。しかし侍所番役＝鎌倉大番が東国一五ヶ国御家人の勤仕と定められる以前は如何であったろうか。これについては明らかでないが、当初幕府の方針は御家人を鎌倉において掌握する建前をとったようで遠国御家人の参向は屡々見られるところであり(8)、前掲「吾妻鏡」文治二年一月一〇日条に「摂津国貴志輩事、所被加御家人也、但止関東番役等、可勤左馬頭能保宿直之由、被定」とあるのは、御家人となったものは本来鎌倉に参向し侍所の宿直番役を勤むべきことを示しているのであろう。しかしその実行は困難で、鎌倉に一定期間滞在可能の東国一五ヶ国御家人等の勤番となり、ついには制度として固定するに至ったのであろう(9)。

（3）次に勤仕期間であるが、前掲嘉禄元年の史料に「以十二ヶ月依彼分限之多少而可省宛」とあり、旧稿でも一年間を分かって前記一五ヶ国の御家人に所領の多少に応じて配分したものと解したのであるが、具体的には頼朝の時の先例をおって一ヶ月または二ヶ月の勤番ではなかったかと思う。「金沢文庫文書」海北兵部房明円陳状案に、「或□□(勤仕ヵ)□(侍)所大番永仁四年正月分一月畢」とあるのはこれを裏付けるし、「税所文書」正安四年六月一三日の常陸国税所左衛門入道誠信遺領相論和与状に誠信跡の鎌倉大番役が「廿ヶ日」とあるのはその想定に反するようであるが、税所氏は誠信（忠成）の前、政茂の弟成道の系統（平岡、健児所）と惣庶の関係があるから、これに一〇日を配し、合わせて一ヶ月勤番であったと考えることも出来ようし(10)、また一ヶ月は基準を示すに過ぎないと考えれば二〇日間の場合もあったとしてよいであろう。鎌倉大番役が所領役であり、惣領が庶子を統轄して勤番することは多くの例が示しており(11)、この点次章で述べる御所内番役、供奉役等と著しく異なる点である。また平安時代末か、鎌倉時代初期の史料と推定される「雑筆要集」所収[12]、内裏衛門陣大番宿直人の文例には、

　右衛門陣大番宿直人着到
　　次第不同
　正月源―藤原―二月如上ム木余月准之、
　　一年十二月間也、
右各守結番之次第、無懈怠可令勤仕之状如件、
　　年月日　始之

とあり[13]、一年一二ヶ月、一番一ヶ月宛、一二番結番であることを示している。これと鎌倉大番との相互の連関については明らかにしえないが、次章で述べる近習宿直番等における公武相互の類似性からみて、これを引用して鎌倉大番の勤番期間を一ヶ月単位と類推することも許されるのではあるまいか[14]。

註

（１）三浦周行『続法制史の研究』（岩波書店、一九二五年）八三六頁以下。
（２）牧健二「武家的奉公の初期形態」（『法学論叢』四三―四）（註）五八。
（３）拙稿「鎌倉御家人の番役勤仕について」三（註）一。三浦氏は台所（下）番衆を小侍番役、侍大番を西侍番役と解している。私も旧稿では台所番衆は御所内番衆の一つと解したが、その際引用した史料は論拠とならない。台所は「吾妻鏡」に屢々見え、御家人の出入も多かったようだが御家人の番役であるか否かは断言できない。

（4）水戸部正男書評（『法制史研究』六、一九五六年）。
（5）石井良助「東国と西国―鎌倉時代における―」（『国家学会雑誌』六六―一・二・三合併号、一九五二年）。
（6）これについて詳しく述べる余裕をもたないが、東国、北国とある場合、東国を東海道、東山道、北国を北陸道と解した方が自然であろう。鎌倉時代前半、東国とは次の意味に用いられているようである。1、東海道の場合、2、東海道、東山道の場合、3、東海道、東山道の中、東半諸国（たとえば東国一五ヶ国）、4、鎌倉幕府の管轄範囲（六波羅探題のそれに対して）、5、関東御分国、鎌倉幕府勢力圏（この点については水戸部正男「鎌倉幕府の成立時期に就て」（『法制史研究』一、一九五一年）参照）、その何れにあたるかは個々に検討を必要とすると思う。西国についての石井良助氏の区分も大体の用法を示すに止まり、すべてがこれに該当するというのではあるまい。
（7）『吾妻鏡』承久三年五月一九日条。
（8）同　建久四年一〇月二九日条に「以御倉所納米百石、大豆百石、令施自遠国参上御家人等給」とあるのもその一証であろう。
（9）乏しいながら旧稿に掲げた史料はこの一五ヶ国御家人の勤役なることを示している。
（10）税所氏系図は同文書所収系図及び太田亮『姓氏家系大辞典』による。
（11）旧稿に掲げた新田氏の大番役の負担配分、「小早川家文書」にみえる正安元年の大番役に関する惣庶相論の史料等。
（12）中田薫氏は「雑筆要集」の編纂年代を承久以前、その文例は公家制全盛期のものと想定されている（『法制史論集』三、一一七～一一八頁）。
（13）『続群書類従』一一下　公事部。ほぼ同文が『続群書類従』三一下「儒林拾要」着到三八に見えている。
（14）尚鎌倉市史編纂史料の中、貫達人氏から御教示いただいた次の史料（のちに『南北朝遺文　関東編一』一一五号として収録）も鎌倉大番と断言は出来ないが、これもやはり勤仕期間の一ヶ月単位であることを示すものと思う。提示して後考をまつ。

七月大番用途事

陸佰捌拾参文者

右伊北殿御分皆納如件、

建武元年七月廿七日　良意（花押）

二、御所内番衆

内裏、院御所等における公卿、殿上人等の当番宿直の制は既に前代から存しており、六日毎勤番（子、午の日勤仕の如き）、或いは五日勤番（自一日至五日勤仕の如き）のように定められていた。(1) また内裏、院宮、摂関家等に近習衆の存在したことも史料にしばしばみえている。(2) 鎌倉幕府の御所内宿直勤番の制もそれらの影響をうけていると思わなければなるまい。承久元年、藤原頼経下向に際して小侍所が設置されるまで御家人武士の出仕輩は悉く侍所（西侍）に着到したのであるが、その中さらに選ばれた特定の御家人は近士、近習として将軍の側近に昼夜侍していた。すでに「吾妻鏡」養和元年四月七日条に「御家人等中、撰殊達弓箭之者亦無御隔心之輩、毎夜可候于御寝所之近辺之由被定」とあり、一一人の近士の名があげられているが、その他文治五年、頼朝奥州出陣の際、小山七郎朝光は「退御寝所辺依為近習祗候」とあり、(3) 親能猶子左近将監能直は「当時為殊近仕、常候御座右」とある等、(4) 昵懇祗候人に関する記述は少なくない。次の頼家の時代には小笠原彌太郎（長経）、比企三郎（宗朝）、同彌四郎（宗員）、中野五郎（能成）、細野四郎等をはじめとする昵懇近士があって常に近辺に祗候し、(5) 彼等は頼家の寵遇を蒙るかわりに北条氏をはじめとする宿老御家人の反感を買い、頼家の失脚と共に没落し去った。(6) 実朝の時代には、まず「吾妻鏡」建仁三年一〇月八日の将軍元服の条に百余人の出仕輩の中で結城七郎朝光、和田兵衛尉常盛、同三郎重茂、東太郎重胤等が役送をつとめているが、その割書に「各近習小官中、被撰父母見存之輩召之」とある。この中で東平太重胤、胤行父子については「無双近仕」といわれ、本貫の地下総に帰国して在国が数ヶ月に及ぶや実朝はわざわざ歌を詠じて帰参を促している。(7)実朝は京風を好み、妻も堂上家から招いたので、勢い京下りの官人の祗候するものも少なくなかったと思われる。

これら近習祗候人の番制がいつからはじまったか明らかでないが、次の「吾妻鏡」建暦二年八月一八日の記事は既にその存在していたことを示すものであろう。「伊賀前司朝光、和田左衛門尉義盛可候北面三間所之由、今日武州被伝仰、彼所者撰近習壮士等、令結番祗候云々、而件両人、雖為宿老、為被聞召古物語、所被加之也」。これは近習番の史料の初見であるが、翌建保元年二月二日条には「昵近祗候人中、撰芸能之輩、被結番之号之学問所番、各当番日者、不去御学問所、令参候、面々随時御要、又和漢古事可語申之由」とあって三番六人宛一八人の名がみえている。恐らく前の近習番衆と重複するものもあるのであろうが、将軍の身近に祗候する輩の数十人に及ぶことを推測させる。さらに「吾妻鏡」建保三年六月七日条には「御台所御方祗候人、被定其数、今日於御前被結番之、被撰容儀」とあり、将軍方についで将軍夫人方の祗候人の結番が行われたことを示している。このように特選御家人をはじめとする祗候人は結番されて将軍及び夫人の身辺警固、学芸、諸用の任を務めたのである。(8)

以上の祗候人とは別に御家人出仕の本所たる侍所にも御所警固を主務とする当番宿直の制があった。後の侍所大番がそれであるが、それが、一、二ヶ月に及ぶ長番であったのに対して、その他に小番ともいうべき後の小侍番にあたる一日一夜の宿侍の制があったように思われる。承久元年七月京より下向した幼主藤原頼経を北条義時の大倉亭の郭内南方に新造した御所に迎え入れ、宿侍等について定めた際「於前代者、可然輩皆雖着到于西侍、当時郭内不及手広之間無侍、仍各候小侍、可令昵近守護由」と記しているのは小侍宿侍＝小侍番の開始を意味すると共にその先例としての西侍宿侍の制の存在した事を示唆するものではあるまいか(9)。その後嘉禄元年一二月二〇日、幕府＝将軍御所は宇都宮辻に移されたが、その翌日西侍大番衆と共に東小侍番衆についても定められるところがあった。即ち「若君御幼稚之間、就御所近々、可着到于東小侍之由、御下向之始、被定上者、不及子細」と従来の制度を確認し、「可然輩」は新規の西侍大番には代官を差進することとしたのである(10)。

以後「吾妻鏡」に小侍宿侍＝小侍番の記述を求めると、寛喜元年正月一三日に「武州今夜御所宿侍始也、候小侍給」とあり、貞永元年一一月二八日に「武州為御当番、今夜令宿侍于御所給、（中略）出羽前司、民部大夫入道以下、宿老両三輩候其所」とあり、仁治元年三月一二日に「当番無故不事輩五人被止出仕」とあり、宇都宮五郎左衛門尉（宗朝）以下五人の名があげられているが、この奉行には時の小侍所別当北条実時があたっている(11)。さらに仁治二年一二月五日には「北条武衛、自前武州令拝領一村給、是御所中宿直祗候事、勤厚之故云々、凡前武州現所労之外、毎外六ヶ日夜当番、自壮年于今所令致勤節給也」とある。ここに「毎外六ヶ日夜当番」とあるのは毎月六日の事か、六日毎の事か明確ではないが、当時の通例からみて子、午の日勤番の如く六日毎、一日夜の勤仕ではなかったかと思われる。それから三日後の同年一二月八日には小侍所番帳がさらに改められ、毎番、手跡、弓馬、蹴鞠、管絃、郢曲等諸事に堪能の者を必ず一人加えるべきことを定めている。改めたというのであるからこれ以前に小侍所番帳のあったことは明らかで、何れも小侍所出仕衆の一日夜の宿直番を六番に結番して記載したのであろう(12)。しかし翌日の一二月二九日条に「被定若君御前御方祗候人数、結六番、御撫物御使、幷御格子上下役、悉被分置之、所被模将軍御方之躰也」とあるのは二年前誕生の頼嗣に将軍方と同じく近習番衆をおいたことを示すものであろう。

将軍頼経の近習番結番は貞応二年一〇月一三日、時の小侍所別当北条重時の奉行で近々に祗候すべき者一八人を選び、三名宛六番に結番したのがはじめであるが、嘉禎三年三月八日には御所奉行中原師員の奉行で「近習番幷御身固陰陽師ノ員」を各々六名宛三番、一八名、一名宛三番、三名と定めている。これに準じて頼嗣方の近習番、陰陽師をも定めたのであろう。小侍番と近習番とは重複するものもあったであろうが、別箇のものと思われる。将軍頼嗣の近習番は寛元四年九月一二日、六番に結番され、「其番帳者、左親衛被染自筆、無故不参及三ヶ度者、可被処罪科」と定められた。しかるに宝治元年七月一日条には「御所中番帳被改之、若州一族幷余党数輩、已依有其闕也、為陸奥掃部助実時奉行、清撰新加衆、及清書」とあり、三浦の乱による小侍番衆、近習番衆等御所内番衆の闕失を新加衆を選んで補っている。三浦の乱では北条氏とならんでその優勢を誇った三浦氏の一族、縁者が多く没落したから、その移動は多数に上ったことであろう。(13)

一体近習祇候衆はその職務柄、常時将軍の側近に侍し、親密な関係をもつものが少なくなかった。源氏将軍の時は無論の事、その後でも寛元四年五月、前将軍頼経を擁して事を謀ろうとした名越光時は近習祇候人であったし、(14)宝治元年、三浦の乱の立役者であった三浦光村も貞応、嘉禎両度の近習結番に名を連ね、「自幼少当初奉昵近、毎夜臥御前、日闌退座右」という程の頼経とは親昵の間柄であった。(15)しかしこの名越氏の事件、三浦の乱は御所内番制の内容に変化をもたらす契機となったようである。即ち一言にしていうならば番制の形式上の整備と、実質性の減少である。宝治二年三月一一日には「以堪一芸之輩、可候幕府近習之旨」を令し、建長二年二月二六日には将軍家文武稽古のためそれぞれ数名の常時祇候衆を任命し、さらに同年一二月一五日には「幕府小侍宿直奉公辛労之類等」に新恩を施しているが、現実には同月二〇日の「御所中頗無人、自小侍所頻雖加催促、似無其詮、（中略）今日有其沙汰、於不法輩者、被止出仕、加多年勤厚人於其闕、始而可令結番之由被定之」という状況であった。同月二七日に新規に近習結番が行われ、「自今已後、至不事輩者、削名字、永可止出仕之由」を令し、貞応、嘉禎年度の一八名よりはるかに多い六番一六名宛計九六名の近習番結番をみたことは、一面番制の整備を示すと共に逆に近習祗候人の実質性の減少を意味するものではあるまいか。この傾向は建長四年四月一日、親王将軍下向後さらにいちじるしい。即ち同年四月三日には格子上下衆、六番一二名宛七二名の結番をみ、[16]七月四日には小侍所式条が定められ、一一月一二日には新御所移徙に伴い、小侍所御簡衆につき定められると共に、[17]問見参番衆、六番二〇名が結番され、翌一三日に「御家人等奉公事、毎日勘之、同就其勤否、可有賞罰沙汰」と令している。問見参番とは申次番衆であろう。[18]正嘉元年一二月二四日には「当参人数之中、或可然之仁、或撰要枢之輩」んで六番一〇名宛、六〇名の廂衆が結番された。[19]これは院御所の廂番の制を勅許をえて採用したもので、鎌倉参候の公卿殿上人をそれぞれ各番の番頭としている。また同日、先の問見参番の結番改めが行われたが、これは「此一両年其衆自然懈緩之間、今日更被撰勤厚族、被定之」という事情によるものであった。文応元年一月二〇日には昼番衆、六番一三名宛計七八名が定めおかれた。これは歌道、蹴鞠、管絃、右筆、弓馬、郢曲等諸芸の堪能者を以て結番し、臨機の要にあてんとしたもので、人選は小侍所と北条時頼とによって行われたのであるが、他の御所内番衆の一日一夜番であるのに対して昼間のみの番役であったらしく、やはり内裏、院御所の昼番を模したものであろう。[20]また同年、将軍御息所（中御所）の入御に伴い、中御所番衆が定められている。[21]

以上みたように建長四年親王将軍下向後、種々新規番衆の結番をみたが、これらは何れもさきの小侍番、近習番の分化したものとみてよかろう。小侍所は近習番衆以下御所内番衆の本所とされ、彼等は小侍所出仕の資格を備えた人数の中から選定されるべきであった。康元元年一二月二五日条に「小侍所番帳事有其沙汰、於廂等近々事者、於御前直宜有御計、小侍所者本所也、為惣人数事之間、殊可糺父祖之経歴、三代不列其人数者、雖為勤仕公事之御家人、輙不可有御許容之旨被定」とあるのはこの関係を明らかに示している。即ちその資格とは三代に及ぶ公事勤仕の御家人、いいかえれば譜代由緒の御家人がそれである。勿論御所内番衆の中にはこの他京下りの公卿殿上人、医陰両道の類の如き例外もあった。(22)近習衆に対する優遇は建長六年一一月一七日条に「御所中近習之輩者、可免面付公事」とあり、同年一二月二〇日条には「於近習要須輩等事者、非指朝要顕職者、毎度雖不付成功、可被申請臨時内給」とあること等から知られるが、この場合、近習衆といっても御家人のみではなく朝官、女人もかなりいたようである。(23)御家人の近習結番衆と将軍との関係は前述の如く多くは形式的なつながりに過ぎなくなり、文永二年閏四月二〇日条に「御所無人之由、依有其聞、先可注進当番不参衆、可被処罪科之旨、左典厩今日被遣御使於小侍」とあるのもこのような事情を反映していると思われるが、やはり将軍の成人と共に一部近習御家人との間には親近関係が生まれていったようで、宗尊親王が将軍の地位を逐われることになった一つの理由も右の傾向に対する北条氏宗家の危惧に求められよう。(24)

以上御所内番制変遷の概略を述べてきたのであるが、これを要約すると幕府に出仕する御家人の中、小侍所出仕のしかるべき御家人は結番されて一日夜の宿侍をつとめ（小侍御簡＝小侍番）、また小侍所を本所として将軍側近に侍する近習番衆が選定され、更にこれらが分化して格子上下番、廂番、昼番、問見参番が結番されるに至ったといえよう。このように番の種類は次第に増加をみたが、為に番衆の中、他番にわたって重複勤番するものも少なくなかった。この点について次に述べよう。

まず、小侍番衆以外の御所内番衆の各番相互の関係を示すと表1・2・3の如くである。即ち建長二年一二月二七日の近習番A（以下同じ）九六の中、他の番B―Hに重複するもの五四、重複せぬもの（I）四二（表2）、重複する

表1

	年　月　日	番種別	A	B	C	D	E	F	G	H	計
A	建長 2. 12. 27（1250）	近習番	96								96
B	〃 4. 4. 3（1252）	格子番	33	39							72
C	〃 4. 11. 12（〃）	問見参番	11	3	6						20
D	正嘉 1. 12. 24（1257）	廂　番	20	7	0	28					55
E	〃 〃（〃）	問見参番	4	3	0	6	7				20
F	〃 1. 12. 29（〃）	格子番	23	8	0	14	0	15			60
G	文応 1. 1. 20（1260）	昼　番	30	4	0	17	1	4	22		78
H	〃 1. 2. 20（〃）	廂　番	28	4	0	24	1	2	4	3	66

ものの中、七番に重複するもの（Ⅷ）二、以下六番（Ⅶ）、一、五番（Ⅵ）、六、四番（Ⅴ）、一一、三番（Ⅳ）、七、二番（Ⅲ）、八、一番（Ⅱ）、一九である。またBと重複するもの三三（表3）、Cと重複するもの一一、Dと重複するもの二〇、Eと重複するもの四、Fと重複するもの二三、Gと重複するもの三〇、Hと重複するもの二八である。建長四年四月三日の格子番B以下についても同様にして重複するものと、しないもの、重複するものの番別人数と、番回数別人数をみることができる。番の種類はA近習番、B・F格子番、C・E問見参番、D・H廂番、G昼番の五つであるが（表1）、格子番B・Fの七二、六〇の中二一が重複し（21/111）、問見参番C・Eの二〇、二〇の中三（四）が重複し（3/37）[25]、廂番D・Hの五五、六六の中四七が重複している（47/74）[26]。各番何れも六番であり、番別人員はA一六、B一二、C三—四、D一〇、E三—四、F一〇、G一三、H一二である。またA・C・D・E・Gについては子、午勤仕の如く六日毎勤番であるが、格子番B・Fについては不明で、文応元年二月二〇日廂番Hについては「自一日至五日」の如く五日宛勤番となっている。番衆個々について相互の重複関係を整理し、現在のところ確かめえた番衆実数が二一五であるが、その中一〇一が二回以上の重複勤番となっている（表2）。

表2

番回数 / 番別	Ⅷ	Ⅶ	Ⅵ	Ⅴ	Ⅳ	Ⅲ	Ⅱ	Ⅰ	Ⅷ～Ⅱ計	番衆実数
A	2	1	6	11	7	8	19	42	54	96
B	2	1	5	9	8	7	14	26	46	72
C	2	1	1	0	0	7	3	6	14	20
D	2	1	6	14	16	8	5	3	52	55
E	2	0	1	4	3	3	1	6	14	20
F	2	1	5	14	14	7	7	10	49	60
G	2	1	6	13	17	8	13	18	60	78
H	2	1	6	15	19	12	8	3	63	66
番衆実数	2	1	6	16	21	20	35	114	101	215

表3

番別	A	B	C	D	E	F	G	H	番衆実数
A	×	33	11	20	4	23	30	28	96
B	33	×	12	20	5	21	19	22	72
C	11	12	×	7	3	3	5	4	20
D	20	20	7	×	10	35	34	47	55
E	4	5	3	10	×	8	11	10	20
F	23	21	3	35	8	×	32	39	60
G	30	19	5	34	11	32	×	47	78
H	28	22	4	47	10	39	47	×	66
番衆実数	96	72	20	55	20	60	78	66	215

そして同年の結番もあるから同時に二以上の番役を勤めるものもある訳である[27]。

以上の如く番衆実数の約半数が二以上の番衆に見え、約三分一近くが三以上の番衆に見えることは番衆となる御家人が一定の範囲内の限られた御家人であることを示していると思われる。

小侍番衆については新加衆以外具体的に知りえないので上記のように他番衆との関係を明らかになしえない。表4に新加衆の名を掲げ、これについてみると[28]、小侍番二番の駿河蔵人次郎（経親）は廂番D・Hのそれぞれ六・三番であり、四番の美作兵衛蔵人（長教）は格子番F、昼番G、廂番Hの各五番であり、五番の木工権頭（親家）は昼番Gの四番、廂番Hの六番であることを知る。これらは新加衆であるが、恐らく本来の小侍番衆の多くのものが同時に他の御所内番衆をも兼ねていたのではあるまいか。

尚「吾妻鏡」の記述は文永三年までであるから、御所内番の史料も以後は他にもとめなければならない。しかし未だ殆んど見るべき史料を知らず、勢いこの考察も鎌倉時代中期迄に止まらねばならない。ただ鎌倉幕府滅亡後、「建武年間記」にみえる建武元年の関東廂番は六―七名宛の六番で、幕府廂番の制に倣ったものであろうし、また同じく「建武年間記」にみえる延元元年の武者所結番は八―一〇名宛、六番、六日毎一日夜勤番で幕府の小侍所勤番の制に関連があるのではないかと思われる。

註

（1）これについては「中右記」、「明月記」、「民経記」等の公卿の日記に屢々記載をみる。一例をあげれば、「明月記」建永元年六月二五日条。内閣文庫「実躬卿記」は鎌倉時代後期における公家の番制に関する史料を豊富に提供してくれる。これによると正応四年、

表4

	新　加　衆	年　月　日	西　暦	名　称	番　数	伝　達　者	他番との関係
1	狩野新左衛門尉	建長5. 6. 25	(1253)	小侍番帳		武藤景頼	
2	伊達八郎	〃 5. 10. 23	(〃)	〃			
3	善又太郎入道子息又次郎	〃 6. 3. 12	(1254)	小侍所衆		武藤景頼	
4	駿河蔵人次郎	康元1. 4. 18	(1256)	小侍番帳	2		D(6). H(3)
5	尾張右衛門太郎	〃 1. 7. 5	(〃)	〃		武藤景頼	
6	同　子息五郎	〃	(〃)	〃		〃	
7	安房又太郎	正嘉1. 5. 22	(1257)	〃			
8	伊賀左衛門四郎	文応1. 2. 2	(1260)	小侍御簡	2	二階堂行方	
9	同　六郎	〃	(〃)	〃	2	〃	
10	美作兵衛蔵人	〃	(〃)	〃	4	〃	F(5). G(5). H(5)
11	木工権頭	〃	(〃)	〃	5	〃	G(4). H(6)
12	出羽判官次郎兵衛尉	〃 1. 2. 4	(〃)	〃			
13	小早河又三郎	〃 1. 10. 8	(〃)	小侍番帳		武藤景頼	
14	深栖兵庫助孫平島蔵人太郎重頼	〃 1. 11. 8	(〃)	〃		二階堂行方	
15	梶原上野六郎	〃 1. 12. 17	(〃)	〃		武藤景頼	
16	押垂斎藤次郎	弘長1. 11. 22	(1261)	小侍所番帳		〃	
17	河野四郎通行子息九郎経通	〃 3. 4. 16	(1263)	小侍番帳		二階堂行方	

院御所番は六日毎、内裏番は五日間の連続勤仕であることが明らかである。

(2) 同じく公卿の日記に屢々記載をみる。若干の例をあげれば、史料大成「長秋記」大治四年七月八日条。大日本史料五―八「民経記」貞永元年一〇月一四日条、天福元年正月二四日条等。

(3)「吾妻鏡」文治五年八月七日条。

(4) 同　文治五年八月九日条。

(5) 同　正治元年四月二〇日、建仁元年九月一八日条。同二年九月二一日条に頼家が駿豆の狩倉に下向の際、数百騎を召具したが、内外勢子を定めた時小笠原長経以下近習の士を「可候内之輩」とし、「此外輩皆可候外」と令している。

(6) 同　正治二年一二月二八日、建仁元年九月二二日、同三年九月四日、同三年一一月七日条。

(7) 同　建永元年一一月八日、建保六年一一月二七日条。

(8) 彼等の優遇された事は、同　元久元年九月一日、建保三年一〇月一日条等に見える。この他護持僧、陰陽師等も結番勤仕であった。建保元年九月一二日条。

(9) 同　承久元年七月一九日、同元年七月二八日条。なお同じく建暦二年六月七日条に「丑刻、於御所侍所、宿直田舎侍起闘乱、即時死者二人、刃傷者二人也」、翌日条に「其夜闘乱者、宿直之間起於枕相論、刃傷二人者、伊達四郎、萩生右馬允等也、死者両方郎従也」とあるのは大番宿直人の方であろう。伊達氏は後に伊達八郎が小侍番帳新加衆として見える。

(10) 同日西侍定番人も定められたが、その氏名等から見て御家人身分よりも低い恪勤衆ではないかと思われる。「吾妻鏡」建長二年一二月一一日条に「大番衆中筑後左衛門次郎知定代官男」とあるが、知定は同年の近習番衆として結番されており、「可然輩」の中といえよう。同じく嘉禄二年四月二〇日条に武蔵国御家人、沼田四郎父子、白井太郎父子が戌刻御所中で斗争をおこし互いに殺害に及んだとあるが、時刻からいって当然宿直衆であることがわかる。大番宿直人か、小侍宿直人か不明だが、共に父子一緒の勤番であるところから前者のように思われる。

以下引用史料は断りなき場合はすべて「吾妻鏡」である。

(11) この当番は近習番衆とも考えられるが、嘉禎三年三月八日の結番交名と一致するものがなく小侍宿直番と見た方が妥当であろう。

(12) 小侍番帳における記載の順序ははじめ次第不同で「且依宿老、且随勤否被書」ということであったが、文応元年七月二五日条に「聊立次第書改」とのことで以後官位、嫡庶にしたがって記載することとなったようである。

(13)「吾妻鏡」宝治元年六月五日条に「泰村以下為宗之輩二百七十六人、都合五百余人令自殺、此中被聴幕府番帳之類二百六十人」とあるが、同年六月二二日条には「去五日合戦亡帥以下交名、為宗分日来注之、今日、於御寄合座及披露」とあって自殺討死一〇八、存亡不審一、生虜八、逐電三、計一二〇の氏名があげられている。恐らく後者の方が正確な記録と思われるが、その交名をみると三浦氏、及びその家の子が大部分で他は毛利、千葉等の若干の縁類にすぎない。この中で御所中番帳に記され、または記されたと推定しうる御家人は果たして何人いるであろうか。交名の中、約半数五八が「吾妻鏡」の前の箇所に供奉人等としてでてくる。一二〇人の中、小侍所着到の人数も大体この位であろう。旧稿では宝治元年六月五日条に幕府番帳に聴さるる類二六〇人とあるのを小侍所番帳記載者と解したのであるが人数の点からみて疑わしく、数字の上の誤りと解するか、或いは御所内番帳以外の番帳（侍所番帳等）記載者を含めたものと解するか不明である。後考を期したい。

(14) 大日本史料五―二〇「鎌倉年代記」寛元四年五月二四日条、「吾妻鏡」同四年五月二五日条。

(15)「吾妻鏡」宝治元年五月二八日条。

(16) 朝夕二回御所の格子上下役をつとめる。一昼夜の番である。

(17) 小侍番衆の着到場所は本来小侍所であるが、この場合小侍所がなお完成しなかったから厩侍に着到せしめることとし、着到は二通つくり、一通は毎夜常御所簀子で読みあげてから御前に進め、一通は執権時頼のもとにさしだすこととときめている。厩侍の着到は臨時の処置であろう。但し厩侍の位置が将軍居処に近接していることは貞永元年閏九月五日、嘉禎元年八月二一日条等から推測できる。

(18)『中世法制史料集』一　弘安七年五月二〇日、新御式目条々の中「被定中次番衆、諸人参上之時急申入、可然人々、可有御対面」とあるのと同様のものであろう。公家にもその制のあったことは大日本史料五―一四「平戸記」仁治三年三月二五日条。

(19) 祗候の場所は廂御所、一昼夜の番である。

(20) 昼番の初見は「吾妻鏡」寛元四年一二月二八日条、しかし、これと新設の昼番とは別であろう。同　弘長元年五月一三日条に

「昼番之間、於広御所、佐々木壱岐前司泰綱与渋谷太郎左衛門尉武重及口論」とあり、これによると昼番衆の祗候場所は広御所ということになる。廂御所といい、広御所といい、共に将軍居所たる寝殿の一部をいうのであろう。前掲「実躬卿記」に院御所の庇番、昼番についての記載をみる。

(21)「吾妻鏡」文応元年七月二九日条、着到の場所は廂御所とされた。先の廂番衆に準ずべき番衆であろう。
尚御所内番衆として以上の外、「吾妻鏡」に広（庇）出居（番）衆が見えるが（寛元三年正月二一日、同四年四月八日条）、これは将軍藤原頼経の退職後、その居処に近侍した番衆をいうのであろう。

(22)同　宝治二年八月一〇日、文永二年五月二三日条。

(23)同　正嘉元年一〇月一日条等。

(24)同　文永三年七月三日条に「先如此軍動之時、将軍家入御執権亭、又可然人々参営中奉守護之歟、今度无其儀、世以恠之、朝馴暮老近臣之類皆出、周防判官忠景、信濃三郎左衛門尉行章、伊東刑部左衛門尉祐頼、鎌田次郎左衛門尉行俊、渋谷左衛門次郎清重等許、相残御所中」とあるが、五名の中、島津忠景、二階堂行章、鎌田行俊は何れも正嘉元年、文応元年の結番交名に見えており、近習御家人であることがわかる。また親王成人の後、番衆の新加、供奉人の選定等についてその意向が重視せられるようになった。「吾妻鏡」文応元年七月六日条には小侍所所司が供奉人の代官を将軍の許可なく認めたことについて弁疏を求められているが、このようなことも将軍―幕府実権者＝北条氏宗家の当時の関係を推測させるようである。

(25)旧稿四の表において建長四年一一月一二日の問見参番の番衆人数を一九としたのは不注意故の誤りで二〇である。また後述の如く番衆Ｃの押垂蔵人とＥ押立蔵人大夫資能が同一人であるならば重複四、(4/36）となる。

(26)Ｄは番衆六〇の中、一―五番の番頭一条少将以下二条侍従まで五名を除き五五とした。Ｈは番衆七二の中、一―六番の番頭一条中将以下二条少将まで六名を除き六六とした。

(27)今この関係を具体的に知りうる文応元年の昼番Ｇ、廂番Ｈについてみれば別表の如くである。

別表

日	干支	昼番番号	廂番番号	重複番衆数	番衆実数
1	戊辰	五	一	0	24
2	己巳	六	一	3	21
3	庚午	一	一	1	23
4	辛未	二	一	0	24
5	壬申	三	一	1	23
6	癸酉	四	二	0	24
7	甲戌	五	二	1	23
8	乙亥	六	二	1	23
9	丙子	一	二	2	22
10	丁丑	二	二	1	23
11	戊寅	三	三	2	22
12	己卯	四	三	2	22
13	庚辰	五	三	0	24
14	辛巳	六	三	1	23
15	壬午	一	三	1	23
16	癸未	二	四	3	21
17	甲申	三	四	2	22
18	乙酉	四	四	0	24
19	丙戌	五	四	1	23
20	丁亥	六	四	2	22
21	戊子	一	五	2	22
22	己丑	二	五	2	22
23	庚寅	三	五	1	23
24	辛卯	四	五	0	24
25	壬辰	五	五	3	21
26	癸巳	六	六	1	23
27	甲午	一	六	1	23
28	乙未	二	六	1	23
29	丙申	三	六	1	23
30	丁酉	四	六	2	22

これは同年三月の場合であるが、四月以後についても同様である。子・午の如く六日毎勤仕の昼番と、自一日至五日の如く五日間連続勤番の廂番であるから、一日ずれで変移してゆく。番内各番の一三、一一（一二であるが一は公卿殿上人）計二四の中、〇―三の重複があり、結局日によって両番あわせた勤番衆は二一―二四と変動する。他の番についてもこれと同じことがいえるであろう。

この年七月二三日、小侍番帳清書の事として、「被下廂御箱於小侍所、廂与小侍、毎其番自一番至六番不参差、為同日之様令結番之、可書改之由、依被仰下、如此」とあるのは小侍番衆にして同時に廂番衆であるものの、当番の日をそれぞれ廂番の方に合わせて同日にすることであり、当然小侍番の勤番期間も廂番と同じく五日間連続勤仕に変更されたのであろう。或いは番衆の二重勤仕の省除を目途としたものであろうか。

(28) 小侍所宿侍衆＝番衆の新加衆について「吾妻鏡」には建長五年から弘長三年まで一三回、一七人を記している。小侍番帳新加の記事がこの年間に限られるのは将軍実記としての「吾妻鏡」の性格によるものであろう。
なおそれぞれの名称が若干相違しているのは別種の番を意味するか否か疑問の残らない訳ではないが、ここでは同じ小侍番として考え、取扱った。

三、供奉人と御所内番衆

供奉人とは随兵以下将軍出行に随従する御家人等の総称である(1)。将軍の出行は鎌倉及び近在の社寺参拝、家人宅への訪問、狩猟、遊山等屡々行われたが、その都度それぞれに応じた規模形式の供奉人が随従した。中でも毎年恒例の鶴岡八幡宮放生会、二所参詣の出行の際の供奉役が重要とされ、その供奉人選定は慎重をきわめた。将軍上洛の際の供奉役は特別で賦課の範囲も広く他の供奉役と同一に論ずることはできない(2)。

供奉人の中、先陣、後陣の随兵は当初、最も重視され譜代勇士、弓馬達者、容儀神妙者のいわゆる三徳兼備の御家人の勤仕すべき役とされたが(3)、頼家のころから次第に実質を失い(4)、建長四年四月親王将軍の鶴岡八幡宮初参の際、臨期随兵参進が止められてからは随兵の供奉は必須のこととされず、事によって加えられるに止まった(5)。そのころになると、もはや供奉行列は将軍警固の実質的意義を全く失って専ら威儀を示すという形式的意義しかもたなくなってゆくのである。供奉人にはその他剣役、調度懸役等諸役人、徒歩または騎馬で布衣着用の随行者等があったが、実朝の横死後は直垂帯剣者をして将軍の左右を固めさせる事になったという(6)。また盛儀には京から下向の官人をして前駈をつとめさせ、その他公卿殿上人、医陰道の者等も随行した[7]。供奉人の奉行は当初は侍所別当、所司、小侍所設置後はその管轄で、小侍所別当が小侍所所司を督して供奉人交名の注進、催促等を行うこととなった。即ち小侍所別当は供奉人の適格者を全部（惣人数）、または選定して将軍にその交名を注進し、将軍の指示を仰ぎ、その人数の加減、役割、序列の決定をうけ、その御点散状に従って供奉人を催促するのであった[8]。しかし公卿殿上人等に対する催促は将軍側近の御所奉行の任とされていた[9]。このように供奉人選定の手続きは小侍所別当等奉行人が行ったのであるが、その決定は将軍というのが建前であった。しかし将軍幼少の場合、それは単なる形式で奉行人が北条氏家督の意志に従って選定したのであり[10]、また将軍成人の後もその意向は尊重されている[11]。前述の如くその実質性を失ったとはいえ供奉人に加えられることは御家人としての栄誉であり[12]、その勤仕は家格の裏付けとなったから、その負担を避けようとする一方[13]、当然供奉人たるべくしてその選定にもれたものはその加入を懇望し、奔走している[14]。

供奉人の催促は鶴岡八幡宮放生会出行等の大役の際には予め一、二ヶ月の余裕をおいて行われたが、臨時出行等の場合には当参の御家人を選定して催促している。当参の御家人とは当時出仕衆のことであり、在鎌倉人が主体であろう。寛元元年七月一七日条に「臨時御出供奉人事、依不知其参否、毎度相催之条、且遅引基也、且奉行人煩也、兼令存知之、聞御出之期者、不論昼夜、為令応御要、可結番之旨、被仰陸奥掃部助之間、以当時不祇候人数、令結番之、若有数輩同時故障者、可催加他番人之由」仰出さるとあり、将軍臨時出行の際の供奉人として上旬、中旬、下旬の三番に四九名宛計一四七人を結番している。「当時不祇候人数」とあるから当時における近習祇候人等を除いた在鎌倉人＝当時出仕衆を以て結番したものであろう[15]。近習祇候人が除かれたのは彼等が将軍の出行に供奉するのは常例であり、特に結番に加える必要を認めなかったからであろう。[16] このように供奉人は当時出仕衆を基準に選定したらしいが、このことは先の放生会等恒例の供奉人催促の場合にも該当するようである。この場合小侍所は「惣人数」を散状に記し将軍の御点をうけるのであるが、この惣人数とは当参人数、当時出仕衆を主体としたと思われる。[17] また毎年年頭の将軍行始供奉人はその年元日の垸飯出仕衆を基準に選定しているが、これはその年の始めにおける当時出仕衆、当参人数を示すものに他ならない。このようにみてくると、供奉人は原則的には当時出仕衆の中から選定されたとみてよいと思われる。しからばこの当参人数、当時出仕衆の実体は如何であろうか。以下これらの点について「吾妻鏡」を資料として作製した統計数字により、若干考察を加えてみよう。

供奉人実数について

まず三浦の乱の翌年、宝治二年（A）より弘長三年（L）までの供奉人実数を表示すると表５の如くである。即ちこの間の「吾妻鏡」所載人数（公卿殿上人、陰陽師等を除く）＝御家人人数が約一五〇乃至三五〇であるのに対し、[18] 供奉人実数は約一二〇乃至一八〇である。[19] これら供奉人は重複勤仕の者が殆んどであり、数十年に及ぶ勤仕者も少なくない。表６はやや遡って嘉禄元年（A′）より寛元元年（H′）に至る間の供奉人実数を示したものであり、[20] 表７は寛元元年（H′）より寛元四年（L′）までの供奉人実数を示し、併せて前表と比較の意味で「吾妻鏡」所載人数（前に同じ）をあげた。

表６によれば、A′の供奉人実数四二はその中、二五がB′と重複し、一一がC′に、一二がD′に、一一がE′に、六がF′に、一二がG′に、一一がH′にそれぞれ重復する。B′では六五、C′では四〇、以下D′四三、E′三〇、F′三四、G′三四、

表５

	年代	将軍（同夫人）出行月日毎供奉人人数	供奉人実数	吾妻鏡所載人数
A	宝治２（1248）	1.3 54　1.20 57　8.15 23　12.10 29　⑫.10 24	107	154
B	建長２（1250）	1.16 52　3.25 56　8.15 20　8.18 71	118	419
C	〃　３（1251）	1.1 49　1.5 29　1.11 *41　1.20 *◎77　8.15 68　10.19 58　11.13 33	174	259
D	〃　４（1252）	4.1 *39　4.14 *85　7.8 *27　7.23 27　8.1 △77　8.6 25　8.14 △46　9.25 23　11.11 *68　11.20 44　12.17 78	170	284
E	〃　５（1253）	1.3 44　1.16 *74　7.17 （15）　8.15 *72	132	205
F	〃　６（1254）	1.1 47　1・22 49　7.20 （15）　8.15 70	112	225
G	康元１（1256）	1.5 38　1.11 44　6.29 □163　7.17 *67　8.15 *67　8.23 *40	206	287
H	正嘉１（1257）	1.1 31　2.2 *42　6.23 27　8.15 *64　10・1 65	116	235
I	〃　２（1258）	1.2 41　1.7 （50）　1.10 *57　3.1 *◎66　6.3 *60　6.11 *28　6.17 □122　8.15 68	223	351
J	文応１（1260）	1.1 44　1.11 62　3.21 *21　4.1 （44）　4.3 *47　7.29 16　11.21 23　11.22 12　11.27 *◎44　12.26 23	138	227
K	弘長１（1261）	1.1 52　1.7 69　2.7 26　4.24 *46　7.12 54　7.29 *3（18）　8.15 106　9.20 26　10.4 30	181	319
L	〃　３（1263）	1.1 52　1.7 66　1.23 （33）　4.21 *12　4.26 *◎27　7.13 （30）　8.8 （44）　8.15 *69	170	291

＊は公卿殿上人・医陰道をのぞき、候人を加えた数、◎は二所参詣供奉人数、△は供奉人散状の人数（実際には供奉せず）、□は放生会供奉人散状の惣人数、（　）は故障申立人人数及び御点漏人数を示す。供奉人実数には△、□、（　）のみにあらわれてくる人数をも含んでいる。

表6

	年　　代	A′	B′	C′	D′	E′	F′	G′	H′	計
A′	嘉禄1（1225）	42								42
B′	安貞2（1228）	25	65							90
C′	嘉禎1（1235）	11	19	40						70
D′	〃　2（1236）	12	16	27	43					98
E′	〃　3（1237）	11	15	22	14	30				92
F′	仁治1（1240）	6	9	7	9	8	34			73
G′	〃　2（1241）	12	11	16	4	6	10	34		93
H′	寛元1（1243）	11	19	21	13	10	10	22	48	154
I′	同7, 17供奉人結番交名の人数	（10）	（19）	（19）	（13）	（10）	（10）	（21）	（45）	（147）
A′～H′供奉人実数		42	65	40	43	30	34	34	48	336

表7

	年　　代	H′	J′	K′	L′	計	吾妻鏡所載人数
H′	寛元1（1243）	154				154	181
J′	〃　2（1244）	64	47			111	233
K′	〃　3（1245）	43	11	36		90	231
L′	〃　4（1246）	37	13	6	33	89	166
H′～L′供奉人実数		154	47	36	33	270	628

H′四八が初見の供奉人実数ということになる（平均四二）。A′の四二人の中、一八年後のH′の供奉人としてみえるものは一一人である。[21] I′は前述寛元元年七月一七日の供奉人結番交名の人数を示している。そして一四七の中、一〇二までが、A′―H′と重複している。因みにA′―H′の供奉人の実数は三三六となる。

表7によれば、H′の供奉人実数一五四の中、六四がJ′と重複、四三がK′と、三七がH′と重複する。J′では四七、K′では三六、L′では三三（平均三九）が寛元元年以後初見の供奉人実数であり、H′―L′の供奉人実数は二七

表８

年	代	供奉人数	左と重複せる垸飯出仕衆	同重複せぬ垸飯出仕衆	垸飯出仕衆	合計実数
G	康元１（1256）	206	70	12	82	218
I	正嘉２（1258）	223	101	80	181*	303
J	文応１（1260）	138	71	17	88	155
K	弘長１（1261）	181	97	68	165	249
L	〃　３（1263）	170	82	18	100	188
Ａ～Ｌの供奉人実数垸飯出仕人実数		608	230	104	334	712
１回限りの垸飯出仕人人数				(84)		

＊は184より重複するもの３を除いた数

〇である。またH′の中、J′―L′と一致するもの八五、寛元元年の結番交名人数I′一四七の中、前記と一致するもの八二である。因みにI′一四七の数は表５で示した平均供奉人実数一五〇余とほぼ一致する。(22)

垸飯出仕衆と供奉人との数関係

次に垸飯出仕衆の数と供奉人実数との関係をみよう。「吾妻鏡」における垸飯出仕衆の交名記載は康元元年、正嘉二年、文応元年、弘長元年、弘長三年の五回であるが、これに見える人数と供奉人実数とについてそれぞれの重複する数を示すと表８の如くである。即ち全体としてみれば垸飯出仕衆の三分の二以上が供奉人と重複しており、各年の供奉人数の約二分の一が垸飯出仕衆と重複していることがわかる。表５に示したA―Lを通じての供奉人実数六〇八と重複しない垸飯出仕衆の実数は一〇四であるが、このうち一回だけ垸飯出仕衆として見えるものはさらに少なく八四である。(23)また建長六年六月一六日「鎌倉中物忩」により御所に馳参せる着到人数六五の中、三五は同年中の供奉人数と重複し、さらに残り三〇の中、一九はＡ―Ｌを通じての供奉人実数の中に見え、残余一一は番衆と重複するもの一、垸飯出仕衆と重複するもの二、着到人数のみとしてみえるもの八である。

前述の如く供奉人は当時出仕衆の中から選ばれたと思われるが、表８で垸飯出仕衆の三分の二以上が供奉人と重複しているのに対して、逆に各年の供奉人数の中、垸飯出仕衆と重複するものが二分の一以下であるのは供奉人数の方が一年を通じての数であるのに対し、出仕衆の方は一日だけの限られた数であるからで、その後の変動を考慮に入れると、出仕衆の実数と供奉人実数とはほぼ重複する御家人の集団であると結論できそうである。(24)かくの如く供奉人数の変動と出仕衆の変動とは密接な関連があると思われるが、出仕衆の変動が何故みられるかは、主として所領出向、所役赴任の外、賜暇、病気、服喪等の理由による在国が原因であろう。垸飯出仕衆はその役の特殊性からみて一時的の出仕衆も少なくなかったであろうが、やはりその主体は原則として常時在鎌倉の御家人＝在鎌倉人であるといえよう。(25)

供奉人と御所内番衆との数関係

次に供奉人と御所内番衆との関係についてみれば、まず貞応二年近習番衆一八人の中、一六人が貞応二年より宝治元年に至る供奉人人数の中に見え、残り二人の中、加藤六郎兵衛尉（景長）は垸飯進献役人として、伊藤（東）六郎兵衛尉は射手役として名を連ねている。嘉禎三年の近習番衆一八人についてみると一七人までが供奉人人数の中に見え、残る一人江右衛門尉が不明だが、同姓の江左衛門尉等が供奉人としてみえており、これに属するものとみてよかろう。次に前表１・２・３に示した建長二年より文応元年までの御所内番衆についてみれば、建長二年近習番Ａは番衆九六の中、七〇が同年の供奉人数と重複し、建長四年の格子番、問見参番B、Cは番衆実数八〇の中、五八が同年の供奉人数と重複し、正嘉元年の廂番、問見参番、格子番D、E、Fは番衆実数八九の中、四九が同年の供奉人数と重複し、文応元年の昼番、廂番G、Hは番衆実数九七の中、七三が同年の供奉人数と一致している。即ち番衆の大半はその年の供奉人でもある訳である。しかしこの関係は供奉人の範囲をその年だけに限らず、宝治二年より弘長三年の間の供奉人という如く拡大すると、表9の如く番衆総実数二一五の中、右年間中の供奉人であるもの一九二となり、番衆の九割近くが供奉人であることがわかる。しかも表10の如く残余の二三についても一二は射手役等の諸役をつとめており、一度の番衆としてのみ見えるものは僅か一一、番衆全体の五分強にしかすぎない。さらに残り一一についてみれば表11の如くであり、この中、〇印を付した1、4、5、6、7、11は他に同姓（親兄弟一族等）が番衆としてみえており、また供奉役をつとめるものも多い。1は小山出羽前司長村の子であり、4は佐々木氏一族、6は武田氏の惣領、「吾妻鏡」建長二年―弘長三年の間には供奉人としての名をみないが、それ以前には数回名をみせている。7は文暦、嘉禎年間の評定衆土屋宗光の系統と思われる。11は或いは他に番衆として見える山内成通、山内通廉の何れかと同一人であるかもしれない。2押垂蔵人は押立蔵人で同じく問見参番衆Eに見える押立蔵人大夫資能と同一人の可能性がある。また、8は問見参番衆Eに見える幸島左衛門尉（小次郎時村）と同一人かもしれない。3、9は当時この官名を称した者が誰か知りえないのであるが、他の番衆中の誰かと一致する可能性も十分ある。10の牧氏は北条氏と関係の濃い伊豆国出身の御家人であり、同姓の名は屢々「吾妻鏡」にあらわれる。「吾妻鏡」は必ずしも供奉人をはじめとして諸役人の名を悉くあげているとは限らず、上記供奉人等として名のみえぬものも全く供奉人等に非ずと断定することはできない。

表 11

1	小山出羽四郎時朝	F	○
2	押垂蔵人	C	
3	刑部権大輔	D	
4	加地五郎左衛門尉	E	○
5	渋谷三郎太郎重村	G	○
6	武田五郎次郎（信時）	C	○
7	土屋新左衛門尉	A	○
8	寺島小次郎時村	G	
9	兵衛判官代	H	
10	牧左衛門次郎	E	
11	山内三郎太郎	A	○

表 9

番の回数	番衆総員	供奉人と重複	同重複せぬ者
Ⅷ	2	2	0
Ⅶ	1	1	0
Ⅵ	6	6	0
Ⅴ	16	16	0
Ⅳ	21	21	0
Ⅲ	20	20	0
Ⅱ	35	35	0
Ⅰ	114	91	23
計	215	192	23

表 10

番別	供奉人と重複せぬ番衆の内訳				計	供奉人と重複の人数	合計番複人数
	○	▲	□	×			
A	0	1	2	2	5	91	96
B	1	0	1	0	2	70	72
C	1	0	0	2	3	17	20
D	0	0	1	1	2	53	55
E	0	0	1	2	3	17	20
F	0	0	0	1	1	59	60
G	0	4	0	2	6	72	78
H	0	0	0	1	1	65	66
番衆実数	2	5	5	11	23	192	215

○は垸飯出仕衆と重複するもの。
▲は射手役勤仕者と重複するもの。
□は他の諸役勤仕者と重複するもの。
×は重複せず番衆のみに見えるもの。

以上の考察により小侍番衆を除く御所内番衆二一五の中、なお若干の重複はあるとしても、悉く在鎌倉人であり、本来供奉役等諸役をつとめる御家人であったと想定してよいであろう。小侍番衆については史料が不足で明らかにしえないが、新加衆のみについてみても他番衆と重複するものは何れも供奉役をつとめており、その他のものもすべて同姓のものが供奉人等所役を勤仕しており、在鎌倉人であることはいうまでもない。

垸飯出仕衆と御所内番衆との数関係

最後に垸飯出仕衆と御所内番衆との関係についてみると、正嘉二年正月一日の垸飯出仕衆Ｉ一八一の中、正嘉元年の三つの番、即ちＤ・Ｅ・Ｆの実数八八と重複するものは五二であり、文応元年正月一日の垸飯出仕衆Ｊ八八の中、同年の二つの番、即ちＧ・Ｈの実数九七と重複するものは五五であることを知る。即ち番衆の三分の二弱はその年の垸飯出仕衆でもある訳である。勿論多少の月日の差を考慮に入れねばならないから、それを勘案して当時の番衆はすべて出仕衆の中であるといってよいと思われる。(26)

以上述べてきたことを要約すると、鎌倉出仕の御家人人数は絶えず変動があり一定しないが、その大体の枠は定っており、鎌倉居住の在鎌倉人を主体としている。その時々の当参人数、即ち当時出仕人数（惣人数、在国御家人の大番衆等はこの中に入っていないと考える）は約一五〇―一八〇位である（一年を単位としていえば約二〇〇―二五〇位となる）。供奉人はこれを基準として選定され、御所内番衆の結番もこの中、小侍所出仕の資格をもつ御家人を主として選定した。ここに当参人数の主体をなした在鎌倉人とは、鎌倉に屋地を有し、(27)原則として鎌倉に滞在し、連日または結番にしたがって幕府＝将軍御所、侍所、小侍所等に出仕したものと考える。(28)逆に常時国許に居住し、大番役その他で鎌倉に来るものとは―勿論時代の変遷と共にその間に移動はあったと思われるが―同じ出仕人数であるとしてもその時々において劃別されていたと思われる(29)。即ち御家人である以上は等しく鎌倉に出仕し得る訳であるが(30)、概ねその人数は時代毎に一定していたと思われる。そして供奉人、御所内番衆はその人数の中であった訳である。在鎌倉人の変動についてはさらに個々に検討を加えてみなければならない(31)。

註

(1)「随兵以下供奉人」の語は「吾妻鏡」に屢々見える。たとえば文治元年一〇月二三日、建久元年八月一五日条等。

(2)将軍の上洛は建久年間、頼朝の時二回、暦仁年間、頼経の時一回みられ、他に宗尊親王の時正嘉、弘長年間、延引、中止となった事が二度あるが、供奉人は何れも数百人に及び、在鎌倉人の外、東国在国御家人も広く催促をうけている。

(3)「吾妻鏡」建保六年一二月二六日条。

(4)たとえば同　建仁元年九月一五日の鶴岡放生会条に「無随兵、希代新儀也、近日於事陵廃、如忘先蹤、古老之所愁也」とある。

(5)同　建長四年四月一四日条に「自右大将家、至于三位中将家、被糺将軍威儀、御出毎度雖為一両人、勇士莫不令供奉、而於親王行啓者、其儀強不可然、向後依此事可被召具随兵」とある。

(6)同　嘉禎三年八月一五日条。

(7)「吾妻鏡」所載の供奉人交名に屢々見える。頼朝は前駈を勤めうる人を京から招いており、実朝の拝賀の儀に際しては多数の公卿殿上人以下京人が供奉行列に加わるために下向している。

(8)放生会供奉人催促の手続き等については建長四年以降宗尊親王将軍の時代、「吾妻鏡」に詳細な記述が見られる。それによると将軍加点にしたがい、随兵、布衣、直垂着、廻廊参候の輩(宿老輩)に分けて散状を廻し催促している。たとえば建長五年七月八―一〇日、康元元年七月二九日条。当時公家においても同様の手続きで供奉人催促は行われていたらしい。たとえば大日本史料五―

八「民経記」貞永元年一二月五日条。

(9)「吾妻鏡」文応元年一一月一一日条に「卿相雲客事者、就為御所奉行沙汰、任例可令行方催促」とある。宗尊親王が将軍の時代には御所奉行は武藤景頼、二階堂行方、小侍所別当は北条実時、北条時宗、所司は平岡実俊、工藤光泰で供奉人の事をはじめ、御所内諸番衆、諸役人等の結番、催促等庶務の奉行にあたっている。

(10)同　康元元年正月五日条の行始供奉人の御点催促について「以前両三年者、相州令撰沙汰之給、而於今者、可被計下旨、就令申之給、今年始及御点」とある。

(11)同　正嘉二年六月一—二日条、勝長寿院供養供奉人について「於用捨者、被計下之、至行列者、可為武州計之由被仰下」とあり、供奉人の決定は将軍が行うが、行列の序列は武州（長時）、相州（政村）、越州（実時）が定めるとしている。但し形式は「御所計」として供奉人に令することにしている。

(12)同　弘長元年正月二五日条に「来月七日御息所依可有御参鶴岡八幡宮、注供奉人数可進覧、但於如田舎人者、不可書加之由被仰小侍所」とあり、鎌倉出仕の御家人でも、大番役等で時たま出府の御家人は供奉人として選定されることは困難であった。供奉人行列の序列は決定の上は濫りに変更を許されなかった（同　正嘉二年六月四日条）。序列決定の原則は官位、年﨟等によった。供奉人散状の書様も普通次第不同とされたが、次第を立てる場合は官位を優先すべきであると考えられていた。同　弘長元年八月一四日条に放生会随兵布衣供奉人等について将軍が次第を立て、注進すべきを令しているのに対し、小侍所別当北条実時は「任位次於立次第者、不可及子細、不然者、無左右難計申之由」を答え、重ねて「不可依位次、且任家之清花、且分嫡庶可立次第」との要求に対し、「非位次々第者、凡難道行」と答えている。

(13)『中世法制史料集』一　追加法三七四、弘長元年二月三〇日、関東新制条々「鎌倉大番幷随兵両役事」として「次随兵役事、如放生会御二所詣之時、多以催人数、有限員数之外、同取其贖令免除云々、一向可停止之、若猶有其聞者、殊可有誡沙汰矣」とある。放生会供奉人の催促に応ぜざるもの、故障申立人の少なくなかったことは「吾妻鏡」にその記事を屢々みる。その中、重役負担を訴えている御家人も少なくない。たとえば弘長三年七月一三日条。また同じく『中世法制史料集』一　追加法三四〇—三四三　弘長元年二月三〇日、関東新制条々「放生会的立役事」「同会随兵役事」「若宮流鏑馬役事」「二所御参詣随兵役事」について巡役としてこの役の催促をうけた御家人が用途の負担を百姓に転嫁することを禁じられている。

(14) 「吾妻鏡」康元元年正月一七日、正嘉二年七月二二—二三日、同二年八月六日条の宇佐美祐泰の場合はその好例である。

(15) 旧稿においても本史料を引用したが、充分その意をくみえなかった。当時の用語で祗候とは普通将軍側近に侍することであり、出仕と異なることは明らかである。祗候人とは近習衆等をいうのであろう。ただこの結番交名をみると、嘉禎三年の近習番衆と一致するものがみられるし、小侍所別当北条実時の名もみえる。だからここの祗候人とは当時の近習衆のみの如くごく限られた人々であろう。このころの近習番衆は総人数一八と思われるから、一四七＋一八＝一六五で、それに若干を加え、一七〇—一八〇位が在国御家人の大番衆等を除く当参人数、即ち当時の在鎌倉人の総員、総人数であろう。

(16) 「吾妻鏡」の記載によれば、将軍の出行も臨時、小儀の場合は数名の近習祗候人、宿直輩が随行するに止まった。また盛儀の場合、供奉人の中に近習祗人の名が多くみられる。

(17) 同　建長二年七月一日条、来月放生会御出供奉等事沙汰に「於当参物人数者、不能用捨、悉可催具之」とある。また康元元年六月二九日条、放生会供奉人事として「任例注物人数申下御点、御点散状次第不同」とあって一六三名の交名をみるが、これは当時の出仕衆を基準にしたのであろう。この年のこの時以降、供奉役等諸役をつとめるものは殆んどこの人数の中であることもそれを示している。

供奉人として催促をうけたものが免除を申請するのに対し、「当出仕之上者、固辞不可然」と却下している例は多くみられる。たとえば弘長元年八月七日、同三年正月二三日、同三年八月八日条。また在国のため免除を願出ているものも大部分散状作製の前後に帰国したもののようである。勿論前から在国の者もいたであろうが、彼らの名を個々に検討してみると何れもかつて在鎌倉人及びその子弟であったと思われる。たとえば弘長元年八月二日条。また、在国等のため散状にのせられぬ例としては射手役についてであるが正嘉二年正月六日条。前掲寛元元年の供奉人結番も当参人、当時出仕衆に限られ、当時在国の御家人は加えられていない。

(18) Ｂが四一九で特に多いが、これは同年三月一日条の造閑院殿雑掌目録にみえる役人数二四九（公卿二、女房一を除く）によるもので、この中から同年の供奉人と明らかに重複するもの五を差引いた二四四を四一九より控除すると一七五となる。

(19) GとIが多く二〇〇をこえているが、Gは同年六月二九日の放生会供奉人御点散状の惣人数注記一六三を含んでいるから、その中で実際にこの年供奉を勤めているもの八八を除いた残りを二〇六より控除すると一三一となり、Iでは同年六月一七日の放生会供奉人御点散状の惣人数注記一二二の中、前同様に実際に供奉を勤めたもの八四を除いた三八を控除すると一八四になる。

(20) ここに供奉人実数とは前表と同じく実際に供奉役を勤めたと否とにかかわらず、催促の対象となった実人数を意味する。

(21) 繁雑の嫌いはあるが、表よみの一例を示すと年代C′の場合、A′欄には年代A′の供奉人実数四二の中と一致する数、B′欄には年代B′供奉人実数九〇の中と一致し、同時に前記A′の供奉人実数の中とは一致しない数、C′欄にはA′・B′の何れにも一致しない新登場の供奉人数、計欄は以上の合計、即ち同年の供奉人実数である。以下各年次とも同様である。尚年代の離れているのは「吾妻鏡」の記載の欠如による。また供奉人数についての記載もはじめの中は余りみられない。人数の少ないのも一つにはその為であろう。

(22) これにより大雑把にいって鎌倉時代中期における供奉人実数は年々一五〇前後とみてよいのではなかろうか。

(23) これら実数の算定方法は各年代毎に人別の整理（氏名別に分類）をして役毎の実数を定め、これに基づいてさらに人別毎に年代順に整理し、役毎の相互の重複を確認しながら実数を算定するという迂遠な方法によったものである。したがってその過程において照合、計算上に誤りなしと断言はできない。しかし今のところ問題は大勢を判定しうればよく、厳密な数値を求める必要度はそれほど大きくないと思うので全く正確とはいいえない数字であるが敢えて発表した次第である。

(24) Gの垸飯出仕衆八二と同年六月二九日の放生会御点散状一六三とを照合すると六二が一致する。またIの垸飯出仕衆は一八一であるが、正嘉二年六月一七日の放生会供奉人散状の惣人数（Mとする）は一二二である。その中、六八が重複している。前述の如くこの惣人数はほぼその時の当参人数を示すと思われるから、当参人数、当時出仕衆は半年後に約半数が変動しているとみてよい。またJの垸飯出仕衆は八八であるが、同年四月一日及び三日の御点漏人数四四と供奉人数四七の計九一（これが惣人数と思われる。これをNとする）とを対照すると六〇が重複している。即ち三ヶ月後に惣人数の三分の一は変動しているとみてよい。またIの垸飯出仕人数一八一とJの垸飯出仕人数八八とでは五八が一致し、さらにこれに前掲のMとNとを併せ、I・Mの実数二三五とJ・Nの実数一一九を対照すると八六が一致していることがわかる。しかし両年にみえる他の供奉人数をも加えて（出仕人数とみなして）対照すると一致の数はさらに増大する。

(25) 垸飯出仕衆の変動についてみればＩ・Ｊの重複が五八であるのにＩ・Ｋの重複は七三で却って増加している。このことは出仕衆の範囲の限られていることを暗示する一資料となろう。尚垸飯出仕衆が当時出仕衆のすべてでないことは当日他の所役を勤仕する交名以外の若干の御家人についての記載のあることからも知られるが、その大部分であることは、たとえば垸飯出仕衆と当時における評定、引付衆とを比較する時、その時々における評定、引付衆の約八割が垸飯出仕衆として見えていることからも推測しうる。

(26) 逆に番衆である以上、在鎌倉人で出仕衆であるともいえる。

(27) 御家人の在鎌倉の屋地については「吾妻鏡」の前半、即ち承久三年までに実数約七〇人分の記載があり、後半、即ち貞応元年より文永三年までに実数約一〇〇人分の記載がある。彼らは殆んど北条氏をはじめとする在鎌倉人であり、評定、引付衆、奉行人、番衆、供奉人等に名のみえるものである。屋地を有した御家人はさらに多かったであろうが、他方屋地をもたぬ御家人も少なくなかったであろう。たまに出府する御家人、即ち在国の御家人など、殆んど屋地をもたなかったと思われる。たとえば元仁元年七月一七日条、「近国輩競集、於門々戸々ト居」、宝治元年六月四日条、「又摠御家人及左親衛祗候人同群参、追日増数之間、充満于鎌倉中門々戸々」、文永三年六月二六日条、「近国御家人如蜂競集、余屋満巷」等の記述はこれを示す。また、宿直祗候の輩が御所近辺に屋地を求めたことは建保元年三月二五日条。

(28) 貞永式目以下の法令に期間を限っての御家人等の出仕停止の処罰規定のあることは御家人の連日、役日出仕の原則を示すものであろう。貞永式目三四条「於道路辻捕女事於御家人者、百箇日之間可止出仕」。尚これは『中世法制史料集』一　追加法一八六仁治三年正月一五日の「新御成敗状」の中、「辻捕事」では「百ヶ日可令籠居」となっている。同追加法二一五　寛元二年二月六日「奉行人等可令存知事」として、「令違背此旨、有参差事者、可令止六十ヶ日出仕」とある。この他、同追加法三六七　弘長元年二月三〇日「関東新制条々」の中、「鎌倉中出仕輩、所従不可過五人」等の規定あり。また同三七〇、同条々の中、「長夫事」として、「百姓等有其歎、一向雖可被止之、鎌倉祗候之御家人等、還又可有其愁、然者自今以後、同充給日食、可召仕之矣」とある。これは在鎌倉の御家人が所領の百姓を長日召仕うことに対する規定であろう。

「吾妻鏡」寛元元年一一月一〇日条、「在京御家人等大番役勤仕免否事」沙汰に「仮令就西国所領、下向其所、於時々指出者、不可准不退在京奉公、不退祗候六波羅者、尤為奉公、可免其役」とあるが、この在京人の場合と在鎌倉人の場合も同様とみてよいであろう。即ち在鎌倉人とは「不退在鎌倉」、「不退祗候将軍御所（幕府）」のもので、常に所領にいて時々出仕するものは在鎌倉人とはいえまい。

(29) 東国一五ヶ国の中にもいわゆる在国御家人の多数存在したことは、「吾妻鏡」正治二年正月二〇日、宝治元年六月二｜七日、建長三年一二月二七日、文応元年一二月二日条等の記述から推測できる。また建仁元年四月三日条によると越後城氏の叛乱に際し幕府では在国の士に命じ追討すべきか、当参の輩を遣わすべきか評定の結果、当参の壮士を失うことを懸念し、恰も上野国在住の佐々木盛綱に越後国御家人を催促して追討すべきを令している。即ち在鎌倉人の派遣は慎重を期し、越後、及び近隣の佐渡信濃三ヶ国輩に命じて追討せしめているのである。これは当時における幕府の方針であったと思われる。

(30)「吾妻鏡」寛元二年七月一六日条、伯耆国御家人日野六郎長用の場合。

(31) たとえば垸飯出仕衆の中、北条氏の人数はG二三、I二三、J二三、K二五、L二六とほとんど変わっていない（実数四四、うち御所内番衆実数と重複するもの二三、因みに北条氏のそれは後表12の如く二九である）。彼らの名は出仕衆交名及び供奉人交名、番衆交名等の最初にまとまって記されているが、在鎌倉人の中、北条氏一族のしめる比重は次節でもふれるように当時において圧倒的に大きかったと思われる。また出仕の有勢御家人は家人郎党を多数随えていた如くであるが、殊に北条氏の被管（祗候人）は多数にのぼったことであろう。これらについても今後明らかにせねばなるまい。

終わりに正確な計算ではないが、宝治二年から弘長三年までに至る「吾妻鏡」所載御家人実数を調べると一三四八であり、その中、供奉人実数六〇八、これと重複しない垸飯出仕人数一〇四、以上と重複しない評定・引付・奉行衆等人数三八、同じく射手役人数六五、同じく御所内番衆実数一六であり、合計八三一となる。尚この他、垸飯、引手物役人等右以外の在鎌倉で諸役を勤めるものが数十人あるから、この期間を通じて「吾妻鏡」所載の御家人人数の中、約三分の二が在鎌倉の御家人であることを知る。

四、評定・引付衆、守護人と御所内番衆

本節では御所内番衆の個々の出自について若干検討を加えてみよう。まず第二節で述べた貞応二年、嘉禎三年の近習結番A′、A″以下御所内番A―Hにおける各番衆の氏別人数を表にすると表12の如くになる(1)。これによると北条氏がA―Hの実数二九で圧倒的に多く、次に二階堂氏が一八でこれにつぎ、以下佐々木、安達氏等が多い(2)。問見参番C・Eに北条氏が一名も見えないのはその特殊性によるものであろう(3)。

次に前記御所内番衆と評定・引付衆との関係を示すと表13の如くになる(4)。即ち建長二年より弘長三年に至る間(Ⅰ)の評定衆二三、引付衆二四の中、番衆に名のみえるのはそれぞれ五、一六であり、評定衆、引付衆を合算した実数四一に対しては一七である。同様にして文永元年より弘安七年に至る間(Ⅱ)の評定衆、引付衆実数六二に対して、三四が番衆の中に名のみえたものである。さらに建長二年より弘安七年まで通してその間(Ⅲ)の評定・引付衆実数八六に対して番衆であったものの実数は四〇であることがわかる。かくして建長二年より弘安七年までの評定・引付衆は約半数が御所内番衆の経歴をもつことが明らかとなり、御所内番衆と評定・引付衆との関係の密接なことがわかる。さらに評定・引付衆の氏別表をつくれば表14の如くであるが(5)、これは建長二年より弘長三年までと(Ⅰ)、文永元年と弘安七年まで(Ⅱ)とに分け、その合計の実数とその中、前記御所内番衆と重複する数(同時期とは限らず)を示している。この表と前表12とを比較してみると、評定・引付衆となった御所内番衆は殆んど番衆実数の多い

表 12

	氏　別	A′	A″	A	B	C	D	E	F	G	H	A～H 実数
1	北　条	4	2	16	9	0	13	0	13	16	17	29
2	二階堂	1	1	8	8	1	7	1	8	10	9	18
3	佐々木	2	0	6	1	0	2	1	3	0	2	10
4	安　達	0	0	3	3	1	4	2	2	5	5	7
5	大曽禰	0	0	2	1	1	3	1	1	2	3	6
6	武　藤	0	1	2	3	1	2	1	1	2	2	6
7	狩　野	0	1	1	3	1	1	2	0	2	2	5
8	波多野	0	0	4	1	0	0	1	1	1	0	5
9	佐　原	0	1	3	1	0	1	0	1	1	0	5
10	足　利	0	0	2	2	0	2	0	1	1	2	4
11	伊　東	1	0	2	2	0	0	0	0	0	0	4
12	梶　原	0	0	2	1	2	0	0	1	0	0	4
13	島　津	1	0	0	2	0	2	1	2	2	2	4
14	三　善	0	0	1	0	0	1	0	1	2	1	4
15	結　城	1	1	1	2	0	0	0	1	2	0	4
16	大江（長井 那波）	0	1	2	3	0	0	0	1	1	1	4
17	天　野	0	0	1	1	1	0	0	1	1	0	3
18	伊　賀	2	1	3	2	2	1	2	1	1	1	3
19	宇都宮	0	0	1	1	0	1	0	2	1	1	3
20	小　山	0	0	1	1	1	0	1	1	1	0	3
21	後　藤	1	1	2	2	2	3	1	2	3	3	3
22	山　内	0	0	1	1	0	0	0	1	0	0	3
23	足　立	0	0	1	1	0	0	0	0	0	0	2
24	安　芸	0	0	1	1	0	0	0	0	0	0	2
25	大須賀	0	0	1	1	0	0	0	1	1	0	2
26	小　田	0	0	1	1	0	0	0	0	0	0	2
27	小野寺	0	0	1	1	0	1	0	1	1	1	2
28	小鹿島	0	0	2	1	1	1	1	1	1	1	2
29	鎌　田	0	0	1	1	0	1	0	2	1	2	2
30	加　藤	1	0	1	1	0	1	0	1	1	1	2
31	葛　西	0	0	1	1	0	0	0	0	0	0	2
32	佐　貫	0	0	1	0	0	0	0	0	1	0	2
33	渋　谷	0	0	1	0	1	0	0	0	2	0	2

氏別		A′	A″	A	B	C	D	E	F	G	H	A～H実数
34	武石	0	0	0	0	0	0	0	1	1	0	2
35	土屋	0	0	1	1	0	0	0	0	0	0	2
36	土肥	0	0	1	1	0	1	1	1	1	1	2
37	中原	0	0	1	0	0	0	0	0	1	0	2
38	能登	0	0	1	1	0	0	0	1	0	0	2
39	畠山	0	0	2	0	0	0	0	0	0	0	2
40	本間	0	1	1	0	0	0	0	0	1	0	2
41	阿曽沼	0	0	1	0	0	0	0	0	1	0	1
42	伊豆	0	0	0	1	0	0	0	0	0	0	1
43	宇佐美	1	0	1	0	0	0	0	0	1	0	1
44	平賀	0	1	1	1	0	1	0	1	0	1	1
45	氏家	0	0	0	0	0	0	0	1	0	0	1
46	遠藤	0	0	1	0	0	0	0	0	0	0	1
47	江戸	0	0	0	0	0	0	0	0	1	0	1
48	大泉	0	0	1	0	0	1	0	1	1	1	1
49	大友	0	0	0	1	0	0	0	0	0	0	1
50	小野沢	0	0	1	0	0	0	0	0	0	0	1
51	押垂	0	0	0	0	1	0	0	0	0	0	1
52	押立	0	0	0	0	0	0	1	0	0	0	1
53	大見	0	0	0	1	0	0	0	0	0	0	1
54	河越	0	0	0	0	0	0	0	0	1	0	1
55	幸島	0	0	0	0	0	0	1	0	0	0	1
56	塩谷	0	0	0	0	0	0	1	0	0	0	1
57	相馬	0	0	0	1	0	0	0	0	0	0	1
58	武田	0	0	0	0	1	0	0	0	0	0	1
59	千葉	0	0	1	0	0	0	0	0	0	0	1
60	長	0	0	0	1	0	0	0	0	0	0	1
61	寺島	0	0	0	0	0	0	0	0	1	0	1
62	中山	0	0	0	0	1	0	0	0	0	0	1
63	中条	0	0	0	1	0	0	0	0	0	0	1
64	長沼	0	0	0	0	0	0	0	0	1	0	1
65	長江	0	0	1	0	0	0	0	0	0	0	1
66	新田	0	0	1	1	0	1	0	0	1	1	1
67	二宮	0	0	0	0	0	0	0	0	1	0	1

氏別		A′	A″	A	B	C	D	E	F	G	H	A～H 実数
68	早河	0	0	0	0	0	0	0	0	1	0	1
69	平岡	0	0	0	0	1	0	0	0	0	0	1
70	牧	0	0	0	0	0	0	1	0	0	0	1
71	三村	0	0	1	0	0	0	0	0	0	0	1
72	八田	0	0	1	0	0	0	0	0	0	0	1
73	弥	0	0	1	1	1	0	0	0	0	0	1
その他		3	6	1	1	0	4	0	3	2	6	9
計		18	18	96	72	20	55	20	60	78	66	215

表 13

期間／区分	Ⅰ		Ⅱ		Ⅲ	
	建長 2～弘長 3（1250～1263）		文永 1～弘安 7（1264～1284）		建長 2～弘安 7（1250～1284）	
評定衆	23	（ 5）	38	（23）	52	（23）
引付衆	24	（16）	48	（28）	64	（38）
評定衆 ＋ 引付衆実数	41	（17）	62	（34）	86	（40）

表 14

氏別／区分		Ⅰ	Ⅱ	合計実数	番衆と一致する数（　）はⅠに一致	
1	北条	7	17	20	9	(2)
2	二階堂	9	16	22	12	(4)
3	佐々木	0	3	3	2	(0)
4	安達	3	6	8	5	(2)
5	大曽禰	1	3	4	2	(1)
6	武藤	1	2	2	1	(1)
7	狩野	1	0	1	0	(0)
8	三善	5	6	9	1	(1)
9	大江	3	2	4	2	(2)
10	伊賀	2	1	2	1	(1)
11	宇都宮	1	1	2	1	(0)
12	後藤	2	1	3	2	(1)
13	小田	1	1	1	1	(1)
14	中原	2	2	2	1	(1)
15	清原	2	0	2	0	(0)
16	斎藤	1	1	1	0	(0)
合計		41	62	86	40	(17)

表15

	氏別	A	B	C
1	北条	Ⅰ	Ⅱ	Ⅲ
2	佐々木	Ⅰ	Ⅱ	Ⅲ
3	安達	Ⅰ		
4	武藤	Ⅰ	Ⅱ	Ⅲ
5	佐原	Ⅰ		
6	足利			Ⅲ
7	梶原	Ⅰ		
8	島津	Ⅰ	Ⅱ	Ⅲ
9	三善（太田）		Ⅱ	Ⅲ
10	大江（長井）		Ⅱ	Ⅲ
11	宇都宮		Ⅱ	Ⅲ
12	小山	Ⅰ	Ⅱ	Ⅲ
13	後藤	Ⅰ		Ⅲ
14	山内	Ⅰ		
15	足立	Ⅰ	Ⅱ	Ⅲ
16	小田	Ⅰ	Ⅱ	Ⅲ
17	小鹿島		Ⅱ	
18	大友			Ⅲ
19	千葉	Ⅰ	Ⅱ	Ⅲ
20	長沼		Ⅱ	Ⅲ
21	小笠原		Ⅱ	Ⅲ
	計	13	14	16
	その他	3	2	0
	合計	16	16	16

氏に属していることがわかる。特に番衆実数二九の北条氏が、その中、評定・引付衆と重複数九、一八の二階堂氏が一二、七の安達氏が五を数えて著しい。

次に御所内番衆と守護人との関係をみよう。この時代の守護人については佐藤進一氏の綿密な考証があるので、[6]それを基にして前表12と比較してみよう。佐藤氏は鎌倉時代前半期の守護数を頼朝没後（便宜上これをAとする。以下同じ）、承久乱後（B）、三浦氏乱後（C）の三期に分けてそれぞれ北条氏以外五氏をあげられたが、これに北条氏を加え、A、B、Cそれぞれ一六としてその内訳を示すと表15の如くになる。[7]これを前表12の御所内番衆の氏別表と照合するとA・B一六の中、一三が、C一六の中、一五が前表の中に求められる（表15の1―20）。さらにB・C一六の中、小笠原氏（表15の21）はその同姓が小侍番新加衆としてみえるので各々一を加え、結局守護人氏別数A・B・C各一六の中、A一三、B一四、C一六が御所内番衆氏別数の中に一致することがわかる。勿論両者の氏の名が一致するからといって各氏内における宗家庶家の別もあり、直に同一として扱いえないかもしれないが、なお血縁的関係の重視されていた鎌倉時代前半期のことであるから、この数は幕府の中でしめる各氏の大略の地位を知る一指標となしえよう。そして以上の事から、守護に任ぜられるような有勢の氏より御所内番衆が多く出ていることは確認できるわけである。

註

（1）まずA―Hの番衆実数二一五を七三の氏別に分類し（多数順）、分類しえないものをその他とした（氏不詳のもの―前采女正（図書頭）忠茂、刑部権大輔、内蔵権頭資親、内蔵権頭（木工権頭）親家、兵衛判官代、駿河新大夫俊定、駿河蔵人二郎経親、駿河右近大夫、美作兵衛蔵人長教の九名）。これにA、A′の番衆をさきの分類に併せて分類し、それに入らないものはその他とした。交名は略名が大部分であるため同一人と推定したもので別人である可能性もないとはいえず、この人数は正確であるとはいえない。今後さらに傍証史料などにより補正を期したい。なお大泉氏の一は大泉九郎長氏であるが、Gの場合同氏広とある。ここでは同一人として扱い一と数えた。

（2）前節でみた垸飯出仕衆についても三三四の中、北条氏が四四で圧倒的に多く、次に二階堂氏（一七）、佐々木氏（一〇）、安達氏（八）等も多く、他に狩野、天野、三善、大江、島津、大曽禰氏等も多い。大体御所内番衆の氏別人数と比例する如くである。

（3）前節でも述べた如く、これは申次番衆と思われる。この番のみを勤めるものは三七の中一一にも及び、その中には小侍所所司平岡実俊、北条氏と関係の深い（祗候人？）牧左衛門次郎等がみえる。

（4）本表の作製は主として『群書類従』補任部、「関東評定伝」によった。期間をⅠ・Ⅱと二分したのは、Ⅰは前掲御所内番衆、供奉人表と対照させるため弘長三年までで区切り、Ⅱはその後から評定伝の記載年限までを期間としたのである。

（5）同じく「関東評定伝」により作製。順位は表12の順番にならい、同表にないものを後においた。

（6）佐藤進一『鎌倉幕府守護制度の研究』（要書房、一九四八年）一八五―一八六頁。

（7）順位は同じく表12の順番にしたがい、最後に同表にない小笠原氏をおいた。その他の内訳はAの三は三浦、比企、津々見の三氏、Bの二は三浦、逸見の二氏である。

五、むすび

以上史料の関係から主として鎌倉時代中期の大番衆、御所内番衆、供奉人の性格について二、三の面から考察を加えたのであるが、最後に四節にわたり述べ来たったことを要約すれば次の如くである。

一、鎌倉（侍所）大番役が侍所を本所とする東国一五ヶ国御家人の勤役であり、一、二ヶ月の長番であるのに対し、御所内番役は主として小侍所を本所とする特定御家人の一日夜の宿直番である。

二、将軍出行に随行する供奉人は当参出仕衆の中より選定された。当参出仕衆は概ね鎌倉に居宅を有する在鎌倉の御家人である。

三、彼等は主として東国御家人で年始垸飯の儀式に出仕する他、その他諸役をもつとめる。

四、御所内番衆に結番されるものは主として右の出仕衆の中、小侍所に参候の資格を有する譜代、由緒の御家人で、評定・引付衆、守護人及びその一族がとくに多く、殆んど東国御家人である。殊に北条一門の占める割合はその勢威に比例して抜群である（補註）。

五、しかし御所内番衆、供奉人共、他に一般御家人以外の京下りの官人系統のもの、医陰道等の子弟が加わることもあった。

六、御所内番制は時代の降ると共に分化、複雑化し、その反面、実質性を失い、形式化する。この傾向は将軍藤原頼嗣以降、親王将軍となってさらに著しくなる。

七、しかし番役勤仕を回避せんとする一方、家格保持の面から番衆結番を望む傾向は著しい。これは供奉人においても同じである。

以上番衆と供奉人について旧稿を補正しつつ私見を述べてきたのであるが、史料の関係から鎌倉時代後半については何ら考察を加えることが出来なかった。引用史料の大部分は「吾妻鏡」であるが、「吾妻鏡」の史料的価値についてはつとに論じられてきたところ、引用の前提として史料批判が必要であるが、非力にして果たしえない。ただつとめて疑うべきは避け、専ら史料価値の高いと思われる後半部を引用した。また統計の数字も人名の索出、照合が長期に渡り、且つ一貫性を欠いたため正確であるとはいえない。これらについては改めて検討を加え、正確を期したい。

また旧稿の前半部にあたる京都大番役、在京番役については次の機会にその補正を行いたい。

史料の引用は国史大系本吾妻鏡、大日本史料等の刊本の他、史料編纂所、内閣文庫の写本を利用させていただいた。

（補註）北条一族の優勢については所々でふれてきたが、「吾妻鏡」により、貞応元年より文永三年までの正月三ヶ日垸飯沙汰人の内訳をみれば、延人数北条、八二、足利、三浦、二二、大江、一であるが、後半は殆んど北条氏のみとなっている。垸飯役人の中、剣・弓箭・調度・行騰等諸役を勤めるものの同じく内訳は延人数、二六二の中、北条、一三三、三浦、二五、安達、一九、二階堂、一六、中条、八、宇都宮、七、後藤、六（以下略）である。しかも北条氏の占める割合は後になる程増大してくる。

第三章　鎌倉幕府の御家人体制

――京都大番役の統制を中心に――

題目は余りにも大きいが、ここでは鎌倉幕府の御家人役の中、重要な意味をもっている京都大番役をとりあげ、それを中心として鎌倉幕府の御家人支配体制の推移を考察してみたい。勿論それとてもこの時代を通じて悉くを詳しく記すことは出来ないので、主に京都大番役が御家人役の一つとして、また大番催促が守護権限の一つとして固定するまでの経過に力点をおき、以後の諸問題については簡略に記すことにする。

一、大番役の起源

貞永式目に守護の権限としてあげられている大犯三ヶ条の中、「大番催促」とあるのは、守護が管国内の地頭御家人に令して京都大番役を勤仕せしめることである。この時代大番と呼ばれる勤役は他にもあったが[1]、単に「大番」という場合はこの京都大番役、即ち「沙汰未練書」に「大番トハ　諸国地頭御家人等、内裏警固番役也」とある如く、主として諸国地頭御家人の京都の内裏、院御所の警固に当たる番役をいうのである。しかしこの大番の制は鎌倉時代になってはじまったものではなく、既に平安時代中頃には令制の衛士上番の制に代わるものとして、諸国武士の勤役としてはじめられていたと思われる(2)。その推移を史料的に明らかにすることは中々困難であるが、平安時代後期の古記録の記載等によってこの推測は誤りでないと考える(3)。平安時代における諸国武士団の成長の歴史を今ここで述べることはしないが、彼ら地方の豪族達が国司の統轄下に国内叛乱の鎮撫、治安の維持に当たっていたことは周知の事実である。他方、彼らが衰微せる衛士上番、諸衛勤番の制を補足する意味から京都に上って内裏、院御所等の警衛に当てられるのはむしろ自然のなりゆきであったろう。源平両氏をはじめとする武士団の有力者が、摂関家、院政政権の走狗として重用されるようになるにつれて地方武士の上洛も次第に数を増したことであろう。勿論それら武士の中には源氏、平氏それぞれの家人として招集されたものもあったであろう。しかしそれとは別に在庁官人、荘官等でしかるべき武士が内裏、院御所警固の名のもとに徴集されたことも考えられる。そしてこれは恐らく国役として、国が指定されて、そこから何人宛かが上洛したのであろう(4)。武士団の棟梁である平氏が政権を握るに至った平安時代の末期には、これら地方武士（国武士）の徴集は「兵士役大番」「官兵幷大番役」の名のもとに一段と強化されたと思われる(5)。当時の記録に大番武士、大番兵士の称呼で記されている彼らこそ右様の事情で上洛せる諸国武士及びその郎従達であったろう(6)。「雑筆要集」、「儒林拾要」の記す次の文例は平安時代末から鎌倉時代初期の衛府官人の宿直割宛を示す史料と思われるが、

右衛門陣大番宿直人着到

次第不同

正月源―藤原―二月如上ム木余月准之、

一年十二月間也、

右各守結番之次第、無懈怠可令勤仕之状如件、

年月日　始之

彼らの統轄下に大番衆（上洛せる地方武士、郎従）が内裏諸門に配分されて実際の警固に当たったのであろう。[7]即ち大番武士は上洛後、衛門府に属し、その官人の統轄下に勤務し、彼ら自身官に列せられることもあり、またその官人が源平の武門の棟梁またはその一族であれば、その間に主従関係を結ぶこともあったであろうし、或いは貴顕の侍となることもあったであろう。[8]源氏の一流、源頼光―頼政、頼兼の統は大内守護の任を世襲したと伝えるが、彼らの家人も大番衆と呼ばれたらしい。[9]何れにしても、大番役は鎌倉時代以前、平安時代後半、交替上番して内裏警固に当たるという、諸国武士に賦課された公役、国役であったといえよう。

註

（1）鎌倉大番役、摂関家大番役、大宰府守護所大番役等。

（2）大番役の起源について述べた代表的論考は三浦周行『続法制史の研究』（岩波書店、一九二五年）、牧健二「摂関家の大番役及び大番領の研究」（『史林』一七―四、一九三二年）である。

（3）「武家名目抄」が引き、爾来大番役史料の初見として認められてきた「小右記」天元五年三月一一日条「大番侍者」の記事は、桃裕行氏によって女性であり、武士の大番ではないことが明らかにされたが（『日本歴史』六八、一九五四年）、なお前掲論文に引く諸史料、「古今著聞集」、「曽我物語」、「承久記」等の記事や、それを間接的に裏づける法制、記録等の史料から武士の大番の存在を推測することができる。

（4）「吾妻鏡」養和元年閏二月二三日、建久三年一一月二五日条。
（5）平氏が国武士を官兵として徴集したこと及びその意義については、石母田正「鎌倉幕府一国地頭職の成立」（『中世の法と国家』東京大学出版会、一九六〇年、所収）に詳しい。「高野山文書」建久八年正月　隅田八幡宮公文所下文、『群書類従』巻四二一　正安元年一二年一二三日　六波羅御下知。
（6）「吉記」治承元年四月三〇日条、「山槐記」治承四年二月一八日条。
（7）官人の宿直については「政事要略」六十一糺弾雑事長保元年一〇月二五日、鎌倉時代の具体例は「明月記」寛喜二年三月二五日条、嘉禎元年正月三日条「於左衛門陣請取大番雑人覧見以郎等分庄（ママ）門」。
（8）「吾妻鏡」文治二年正月三日条。
（9）「玉葉」安元二年六月二九日、治承二年五月一六日条、「武家名目抄」大内守護。当時大内と内裏は別である場合が多い（大内裏と里内裏）。

二、大番役の御家人役化

公役であった大番役が御家人役に変わったのは、いつ、いかなる事情によったものであろうか。これについて具体的に示す史料はないが、以下掲げる諸史料によって大概の推測はできよう。一は石井進氏、石母田正氏等によって重要史料としてとりあげられた「吾妻鏡」文治三年九月一三日条である(1)。

物諸国在庁庄園下司惣押領使可為御進退之由、被下　宣旨畢者、縦領主雖為権門、於庄公下司等国在庁者、一向可為御進退候也、速就在庁官人、被召国中庄公下司押領使之注文、可被宛催　内裏守護以下関東御役、但在庁者、

公家奉公无憚云々、可被止文書調進外之役候、

この北条時政奉書の意味するところは具体的には次の如くであろう。即ち諸国の在庁官人（国衙）、下司（荘園）等に対して頼朝（鎌倉幕府）は指揮権を与えられる。在庁官人は彼ら（国内の武士に他ならない）の交名を速やかに頼朝（幕府）に注進する。それによって彼らは内裏警固役（大番役に同じであろう）等関東公事（主として軍役であろう）を賦課される。但し、在庁官人の場合は文書調進以外、頼朝（幕府）に対して勤める必要はない。公家に対する勤役をして差支えない。即ち頼朝（幕府）はこの段階では在庁官人を通じて諸国の武士を掌握し、これに大番役等を勤仕せしめたと思われる。勿論彼らの中で御家人となったものもあるであろうが、御家人でなくても内裏警固役等、公役であって新たに頼朝の進止下に入った諸役の勤仕は国役として勤仕せしめたのであろう。しかし、これには当然権門社寺の猛烈な反対があるであろう。[2] 二は同じく「吾妻鏡」建久三年六月二〇日条所引の美濃国御家人宛の前右大将家政所下文である。

当国内庄之地頭中、於存家人儀輩者、従惟義之催、可致勤節也、就中近日洛中強賊之犯有其聞、為禁遏彼党類、各企上洛、可勤仕大番役、而其中存不可為家人由者、早可申子細、但於公領者不可加催、

これによれば大番役の賦課を荘園地頭の中、御家人の儀を存する輩のみに限り、御家人たることを望まぬ者については、申出るように命じている。恐らく一度御家人交名に列したものでも、その後荘園領主の反対に遭って除籍を望むものもあったのであろう。これは前の大番役を国内荘公の下司押領使に賦課した方法と異なり、御家人のみに賦課する方法である。そして、公領に対する賦課を止めているのは前の在庁官人に文書調進以外の勤役を止めている事実と照応するものであろう。第三は「高野山文書」所収、備後国太田庄の訴訟に対する建久六年六月五日の将軍家政所

下知状である。

一、可停止為惣追捕使煩庄民事、（略）

一、可令庄官兼隆・光家等勤仕内裏大番事、右、依件役、不可致庄家煩、守次第月充、可勤其役、然者此外更不可云煩、

即ち荘官が御家人である場合、荘家に迷惑をかけぬ限りにおいて荘園領主は勤役を認めたのであり、幕府も荘園領主の煩いとならぬ様に御家人に命じているのである(3)。第四は「和田文書」建久七年一一月七日の和泉国御家人宛、前右大将家政所下文である。これには、

右、御家人等、随彼義連之催促、無懈怠可勤仕大内大番役、

とあって、その賦課は明らかに御家人のみに限られている(4)。

京都を手中におさめた頼朝は内裏警固と洛中警衛を自らの任の一つとして、それぞれ御家人に服務を命じているが(5)、他方、本来公役として諸国武士の勤番すべき大番役については、兵士兵粮米の徴集と同じく、御家人に限らず国武士を催促勤仕せしめうるものと解し、朝廷もこれを認めていたものと考えられる。しかし実際に守護人等に命じていざ催促の段になると荘園領主の反対が強く、頼朝も大番役の賦課を御家人に限らざるをえなくなったのであろう。頼朝の御家人掌握も東国においては問題はなかったようで、在庁官人、荘官の目ぼしいものは殆んど御家人になったと思われるが、西国の場合はその事情を異にしていた。成程頼朝の派遣した守護人等に属して平氏の家人であったものは勿論、国内の武士で御家人になったものは少なくなかったが、単なる守護等の交名注進で、一部を除き頼朝と彼らの結びつきは極めて弱い(6)。彼らが領家の圧力に屈してその催促を辞し、時として御家人たることを自ら否定したことも

十分考えられる。[7] 荘園領主の反対は兵士兵粮米徴集と同じく、大番役の場合も、荘地荘民に対する負担の転嫁とそれによる収入の減少、支配力の低下を恐れたのである。[8] しかしそれ故に、逆に荘官側で御家人たることを望み、進んで大番役を勤仕しようとするものも少なくない。他方、西国守護人の催促も限定された御家人の範囲をこえがちであった。このようにして承久の乱以前、大番役は御家人の勤仕と一応定められてはいたが、大番役の公役（国役）としての性格の濃さと、幕府の西国御家人に対する掌握のゆるさ、それに在京する西国守護人の公家、武家への両属関係等から、京都大番役の御家人役としての固定はまだ十分でなかったといえよう。[9]

註

（1）石井進「鎌倉幕府と律令制度地方行政機関との関係」（『史学雑誌』六六―一一、一九五七年）、「鎌倉幕府と律令国家」（『中世の法と国家』東京大学出版会、一九六〇年、所収）、石母田正前掲論文。その史料解釈は精密的確である。

（2）兵士兵粮米の賦課に対する烈しい反対からも推測できよう。「根来要書」文治二年三月一八日　北条時政下文。石井進氏は前掲論文において「建久三年六月以前、庄公下司惣押領使に対する幕府の進退権は失われたとしても、国衙在庁進退権は幕府の手中に残され、以後永くその効力を有し続けた」と考えられた。首肯すべき見解であろう（第一論文六一頁）。当時国役の語は国衙管掌の役を意味する場合が多い。

（3）大日本古文書「高野山文書」一七一七号　建久八年八月一九日　鎌倉将軍家御教書案「於堪器量之輩者、雖無使之催、尋聞月宛、可令勤仕」。

（4）「吾妻鏡」正治元年一二月二九日条、「和田文書」承元三年六月一六日　関東下知状。大番催促の権限付与と守護職の補任とは密接な関係がある。

（5）「多田院文書」元暦二年六月一〇日　親能書状。

（6）「東寺百合文書」ホ一～二〇　建久七年六月　若狭国源平両家祗候輩交名注文、「島津家文書」一―九号　文治五年二月九日　源頼朝下文、「吾妻鏡」文治五年一〇月二八日条。奥州出軍の際幕府は西国の有力地頭、在庁に国内荘官の中、武器に足るの輩や、勇士を率い、参向せしめている。彼らの中には頼朝の見参に入って御家人となったものもあるであろう。「多田院文書」正応五年八月一〇日　関東御教書「文治五年景時軍兵注文」。

（7）「東寺百合文書」イ一～二四　建保二年一一月四日　北条義時下文、『鎌倉遺文』二一七五号　建保三年八月二四日　石清水八幡宮公文所下文、御家人の非御家人への具体例は大隅国正八幡宮領の場合。

（8）後に大番雑事の賦課をめぐる地頭、領家の紛糾は各処でみられる。幕府も文応元年、段別銭三百文、五町別官駄一疋、人夫二人の基準を定めている。「東寺百合文書」エ一四～一六には文永六年、若狭氏の勤役の際の相論史料が多い。

（9）田中稔「承久京方武士の一考察」（『史学雑誌』六五―四、一九五六年）。大番役勤仕等で在京中の武士は殆んど院方についたようである。

三、西国御家人の大番役勤仕

貞永式目「諸国守護人奉行事」にいわゆる守護の職務権限として大犯三ヶ条を規定したあと、「兼又所々下司庄官以下、仮其名於御家人、対捍国司領家下知云々、如然之輩、可勤守護（所）役之由、縦雖望申、一切不可加催」と記されている。これを補足して同年末に六波羅に送られた追加法「所載式目御家人事」には「新補地頭所々内下司職之輩者、大番一役別不可催促、亦無地頭所々下司以下庄官、自本為御家人者、可催之」とある。承久の乱後、非力であった京都守護人に代わって六波羅探題が設置され、在京人、大番衆、西国御家人に対する統制が強化されたことは度々論ぜられるところである[1]。乱後西国の守護や地頭、または下司等の西国武士で京方について没落したものは相当数に上ったから、西国御家人の再掌握は緊要の仕事であったろう[2]。また新補地頭の広汎な設置はそれまでの大番催促を異なったものとした。即ち右の規定は大番役の催促を原則的に地域別に地頭補任の地には地頭に宛て、地頭の補任されていない所は下司以下荘官（御家人の場合に限る）に宛て実施することとし、地頭補任の地所在の下司荘官等には別に催促を行わぬことにしたというのである。天福二年五月一日の追加法「西国御家人所領事」の規定では、関東下文をもたぬものの多い西国御家人が、承久乱後、新補地頭の所務を模倣して国司領家の咎を蒙り、所帯を失うものの少なからざることを記し、今後は下司たりと雖も非御家人列の場合、守護人は決して大番役を催促してはならぬことを令している。そしてその理由として「若充催其役者、可為本所之欝訴之故也」と記している。これによって次のことが明らかである。即ち従来守護は非御家人列の下司に宛て大番催促を行うことがあった。幕府がこれを禁止したのは領家の反対の為であり、反対の理由は彼らがそれによって御家人を称し、領家を蔑視し、負担を荘民に転嫁するからであった。

このようにして大番役の催促は承久の乱後、御家人のみに限られ、それも概ね荘郷の地頭単位に実施されることになったのである。しかし、「吾妻鏡」宝治二年一月二五日条に「京都大番役事、西国名主庄官等類之中、有募御家人之者、如然之輩、随守護人雖令勤仕之、可賜各別請取否事、再往及御沙汰、於平均者難被聴之、依其仁体、可有用捨之趣、可被仰六波羅云々」の記事をみる。即ち大番役を御家人のみの勤役と定めてからも、なおこのようなことが問題になるのは、幕府の西国御家人の掌握があまり明確でないからである。勿論前にも述べたように承久の乱後、幕府は土地の調査と並行して西国御家人の掌握、統制をはかっているようである。しかしはじめから御家人の認知が明確でなく、守護人等の交名注進をそのまま容認した恰好の西国の場合では、御家人、非御家人の別が極めて曖昧である。したがってそのような者が大番勤仕を守護に求めれば、守護もそれを拒否しえない。そしてその実績がまた彼らの御家人としての主張を裏付けてゆくのである。そして幕府もその「仁体」によっては、御家人列に編入しているのである。即ち幕府は御家人の設定に必ずしも閉鎖的であったのではない。しかし本所領家の不満、反対にはさらに警戒する必要があり、また既成の秩序の維持に考慮を払わねばならなかったのである。「吾妻鏡」宝治二年八月一〇日条に「雖无父祖之例、号御家人、今更於被聴奉公之条者、可為掲焉之輩事歟、遠国住人等、只帯廷尉内々消息状許、存御家人募事者、不及御許容之由、所被仰出也」とあるのは、右の事情を裏付ける。幕府の当時の方針は非御家人を御家人に編入することも個別審議により特別のものについてはありうるといったところであろうか。[3]

註

（1）上横手雅敬「六波羅探題の成立」・「六波羅探題の構造と変質」（『ヒストリア』七、一九五三年・一〇、一九五四年）。

（2）田中稔前掲論文三六頁。淡路国の場合について具体的に論証されている。

（3）当初（文治五年奥州出軍頃まで）頼朝は来附する武士を積極的に御家人として掌握していったようである。しかし頼朝に全国の武士を悉く御家人にする意図があったとは思われず、西国については平家の方針と同じく、軍事その他の問題に限り、彼ら（荘公下司押領使等在地領主）を進止下におこうと考えたのであろう。しかも彼らの大部分が従来公家権門社寺の進止下にあったから頼朝とそれらとの間の政治的関係が武士達の意志と行動を左右したことであろう。したがって頼朝は特殊のものについては正式の御家人として認めたが、それ以外のものについては、公家権門社寺との衝突を回避して正式に御家人関係を結ばなかったであろう。そしてこの傾向は幕府の基礎が固まり、機構が整備すると共に次第に著しくなったことであろう。御家人か、非御家人か判然としない武士の存在、自ら御家人と称しても（守護人等の交名注進に名を連ねていても）幕府の保護をえられるとは限らない。彼らがより明確な保証を幕府に求めることは、即ち正式の御家人として確証をえようとすることは当然の動きであったろう。

四、東国と西国の御家人の違い

「沙汰未練書」は御家人を定義して「往昔以来為開発領主、賜武家御下文人事也」という。また非御家人を定義して「其身者、雖為侍、不知行当役勤仕之地人事也」という。それなら関東下文はもたぬが、御家人役を勤仕しているものは何であるか。西国御家人は殆んどがこれに該当する。「未練書」にはさらに次の記載がある。「雖令勤仕関東六波羅御公事、不帯将軍家本御下文者、糺明本秩之時者、皆以非御家人也」。これでは西国御家人の大部分が非御家人ということになってしまう。たとえ御家人として認められてもその立場は甚だ頼りない。[1] そしてこれら関東下文をもたぬ西国御家人にとって、守護役（大番役がその代表）を勤仕し、その証拠に守護所の請取をもつことが、御家人として一番安全確実なことであった。何故なら幕府は前節でみたように大番役等守護役の賦課を地頭か、地頭のない所では御家人である場合に限り、そこの下司等に宛て、勤仕終了の際、別々に証明書を発行するのであるから。そこで地頭補任の地の荘官名主等は地頭を離れて守護所の各別の請取をえようとし、本所一円地の下司荘官等は口実を設けて守護役を勤め、御家人たらんとする。「吾妻鏡」文応元年一二月二五日条の幕府の「地頭補任所々内御家人大番役事、先々御家人役勤仕之輩者、可為守護催促也」の規定はこのような趨勢に対応したものであろう。[2] 一族間の場合も大体これと同じことがいえよう。即ち惣領から独立しようとする庶子は各別の請取を守護所からえてその独立度を強化しようとし、惣領はこれを抑止する。しかし、平時の軍役たる大番役は戦功をあげる機会の豊富な準戦時の異国警固番役とは異なる。したがって大番役の勤仕に伴う惣庶の係争は専ら負担の配分をめぐる争いで、後者ほど各別勤仕を主張しての争いは見られない(3)。また大番役自体、建治元年、一旦廃止されて、在京人を以て当てることとされ(4)、以後旧に復してからも鎮西、西国（一部）は賦課範囲から除外されるので、大番役の勤仕を通じて御家人層分化の動きを見ることはむずかしい。

大番役に関する幕府法の諸規定は主として西国御家人を対象としたものであり、東国御家人の大番役勤仕は西国御家人のそれとは若干異なっていたと思われる。即ち大番催促に当たって守護の果たす役割は西国の場合の方がはるかに大きい。勿論東国御家人と雖も一般に勤番中は六波羅探題の他、大番沙汰人（守護が普通）の統轄を受けるが(5)、有勢御家人の場合、一族寄合って、実質的には守護から離れて別個に勤仕するものが少なくなかったようである。三浦合戦後の宝治元年一二月二九日、従来の六ヶ月勤番を三ヶ月に改めて、新規に二三番の京都大番役結番が定められたが、一番各一名のその顔ぶれは守護及び守護級の有勢御家人であった(6)。彼らが即ち大番沙汰人（番頭）であり、管国御家人、一族、寄子等の大番衆を指揮し、六波羅探題の統轄下に勤番したものと思われる(7)。また建長二年一〇月七日条、今後大番役は「若随守護之催、若属一門上首」勤番すべきことを令していることや(8)、建長五年一二月の法勝寺門守護武士の交名に「甲斐国大番衆」とは別個に同国有勢御家人「武田一門人々」「小笠原一門人々」と記されていること(9)、侍所沙汰篇に「侍所京都大番役事」として「雖未役国、未役人、有其沙汰、可被結延年限」とあること、「吾妻鏡」等に東国有勢御家人の大番勤仕の為、単独で上洛の記載が間々みられること等から(10)、大番役の勤仕は西国御家人の場合は守護の催促、指揮によって行われたが、東国御家人の場合は守護の催促、指揮によるものの他、有勢御家人の一族による勤仕も行われたと考えたい。また守護の統率下に勤仕する場合でも、西国御家人の場合に比して概してその服属度は弱く、むしろ惣領を中心とする一族各々の結合がこの時代の末期にも依然として強固であったといえよう[11]。

鎌倉幕府の御家人と一口にいっても、その時期、その時期により幕府との結びつきは多種多様である。しかしその中で一つの整理を試みるとすれば、もっとも基本的な大まかな分類は東国御家人と西国御家人とのそれであろう。勿論一世紀半に及ぶ一つの時代を一括して説明するのは厳密ではないが、御家人を中心においてみるならば、鎌倉幕府は一貫して東国御家人本位の武家政権であったということができよう。そしてここでいう東国とは、主として、内裏、院御所警固の京都大番役に対して、将軍御所警固の鎌倉大番役を賦課される信濃、遠江以東の東海、東山道の十五ヶ国をさすのである[12]。

註

（1）瀬野精一郎「鎌倉御家人の基準」（『金沢文庫研究』七—一〇・一一、一九六一年）参照。『鹿児島県史料　旧記雑録拾遺　家わけ十』「新田神社文書」一二三号　正応二年一〇月　薩摩国御家人国分備後次郎惟宗友兼重申状。

（2）大日本古文書「小早川家文書」二—五二一号　文永一〇年一一月一四日　相模北成田郷鶴丸内名主京都大番役沙汰奉書、書上古文書朽木兵庫助綱泰家蔵文書　正慶元年九月二三日、同一一月二日　関東下知状。これによれば越中国岡成名をめぐり、地頭佐々木時経と名主（在地領主）岡成氏、松重氏と争っているが、岡成氏等はかつて承久の乱の際、北条朝時に所領を寄せ、以後地頭代職に補されたとし、それが「為称御家人、近年誘取守護代状（京都大番催促状）」のは許容しがたいとある。名主（在地領主）が地頭代となる例は薩摩国でも見られるが、鎮西の場合、追加法　弘安七年九月一〇日「名主職事条々」によれば父祖が御家人役を勤仕した事を示す守護人の証状があれば、（御家人として）安堵するとある。地頭補任所々内御家人とはいわゆる惣地頭―小地頭の関係のものを含み、薩摩の場合小地頭ともいうべき御家人は惣地頭としての島津氏ではなく守護としての島津氏より催促状、覆勘状をうけている。若狭国の場合も同様であろう（「東寺百合文書」ノ一～八　建長二年六月　若狭国御家人申状）。

（3）「志賀文書」建治二年三月一五日　大野庄近地名地頭禅季申状に「大番以下田率所課」は惣領支配にて勤仕子細なし、異国防御重事に至りては直接惣領守護所の催促にしたがいたしとある。

（4）「北条九代記」「止京都大番役、被差置在京人、公家武家減省公事」。

（5）「吾妻鏡」寛元二年六月一七日条、大番沙汰人の名称については「平戸記」寛元三年正月一二日条、「勘仲記」弘安一〇年三月一一日条、武士正員佐々木頼綱とあるのもこれに当たるのであろう。

（6）「民経記」寛元四年一二月八日条によれば翌年（宝治元）より関東武士の大番を止め、畿内武士を以て形ばかり内裏、院御所警固に当てるとの風聞があった。恐らく関東政情の不安によるものであろう。宝治二年の結番が果たしてそのまま実施されたか否かについては疑問がある（後掲拙稿註20）。

（7）「忽那文書」（年未詳）六月二日　前常陸介（二階堂行顕）書状、寄子には惣庶の血縁関係によるもの以外に特殊関係によるものもあったと考えられる。

（8）「吾妻鏡」同日条、嘉禎二年七月二四日条。

（9）「経俊卿記」建長五年一二月二二日条。

（10）「吾妻鏡」建仁元年二月三日条、寛喜元年九月一〇日条、「保暦間記」仁治三年正月一九日条。

（11）「楠木合戦注文」に大番衆紀伊手として二二名、大和道一四名、その殆んどが何々跡、何々一族となっている。戦時の特殊例かもしれないが、注意すべきであろう。新田氏をはじめ上野国御家人が圧倒的に多い。遡って承久の乱の際、遠江国以下一五国の御家人に対する一族等を相具すべき旨の動員令は家家長に宛て出されている（「吾妻鏡」承久三年五月一九日条）。佐藤進一「光明寺残篇小考」（『鎌倉幕府守護制度の研究』附録）参照。

（12）東国、西国の区分については、佐藤進一『鎌倉幕府訴訟制度の研究』の他、石井、石母田前掲論文、田中稔「鎌倉殿御使考」（『史林』四五―六、一九六二年）に詳しい。

【付記】以前私は京都大番役の制度史的考察を発表したことがあった（「鎌倉御家人の番役勤仕について（一）」『史学雑誌』六三―九）。その後佐藤進一先生はじめ多くの方から指摘を受けた点が少なくない。しかし今回はそれらによって全面的に改稿する余裕がないため、次回を期し、表題の観点から、別途に二、三私見を述べた次第である。

第四章　在京人と篝屋

一、はじめに

「沙汰未練書」には「篝屋ﾄﾊ、　在京人役所也」とあり、また「在京人ﾄﾊ、　洛中警固武士也」とある。これを一般的に解釈すれば、鎌倉時代、京都市中の警衛に当たった武士が在京人で、彼等が警衛役を勤仕するための詰所が篝屋であるということになる。しかし我々はこの時代の史料に「在京人篝屋」の如き用例を見出し[1]、また大番衆で篝屋守護を勤仕するもののあることに気付き、篝屋守護人は全て在京人ではなく、在京人もまた必ずしも篝屋守護人であるとは限らないことを知るのである。勿論「未練書」の作成されたのは鎌倉時代の末であるから、在京人及び篝屋に対する「未練書」の定義はこの時代の全期間を通じてではなく、「未練書」作成頃のこの時代後期の状況を示すものと解すべきであろう。しかし在京人の語は多く在京御家人の意味で用いられている。在京御家人には大番役その他で上京して来るもの等、短期間、一時的に滞京するものと、常時在京して洛中の警衛に当たり、或いは六波羅において執務するもの等があったと思われる。普通在京人と呼ばれるものはこの中、後者をさすものと考えられる。そして「未練書」の「在京人」もまた後者の意味であろう。とすれば「未練書」の定義は尚一言の但書を附さなければ厳密ではないということになる。即ち「（鎌倉時代後期ニオケル）篝屋ﾄﾊ、（一部ノ）在京人役所也」とでもすべきであろう。

在京人全体についての考察は鎌倉幕府制度の研究の上できわめて重要であると思うが、問題が大きく、現在の筆者の能力外であるので、別の機会に譲り、ここでは鎌倉時代後半、「在京人役所」と考えられた篝屋の成立、及び篝屋守護人と在京人との関係、篝屋の実情等について、若干思いつくままに記してみよう。[2]

註

（1）「東大寺文書」（第三回採訪）嘉暦三年正月二六日　東大寺衆徒申状案。

（2）在京人及び篝屋守護人にふれた代表的な論考としては村山修一『日本都市生活の源流』（関書院、一九五五年）、上横手雅敬「六波羅探題の成立」・「六波羅探題の構造と変質」（『ヒストリア』七、一九五三年・一〇、一九五四年）がある。また佐藤進一（A）『鎌倉幕府訴訟制度の研究』、（B）「室町幕府開創期の官制体系」（『中世の法と国家』東京大学出版会、一九六〇年、所収）には六波羅評定衆、引付衆等有力在京人並びに探題被官についての詳細な考察がある。

筆者もまたかつて「鎌倉御家人の番役勤仕について」（『史学雑誌』六三―九・一〇）の中で在京人の篝屋番役についてふれたことがある。本稿はその補正をも兼ねるものである。

二、篝屋の設置

篝屋が設置されるのは周知のように暦仁元年（嘉禎四年）（一二三八）六月、藤氏将軍頼経が在京中のことである。[1] しかし幕府（六波羅）が京中の辻々に警固番をおいて治安の維持に当たったのはさらに以前からのことである。[2] 承久乱後、京都市中の治安が乱れていたことは、「明月記」その他公卿の日記を読めば明らかで、連日の強盗放火、或いは僧兵の嗷訴等、暗い不安な記事の多いことは驚くばかりである。乱後、京中の警衛に大きな権限を得ると共に、重い責務を負うこととなった幕府（六波羅）としてはその対策に腐心するのは当然のことであった。内裏、院御所、その他特定の貴顕の殿舎、社寺等重要箇所を六波羅はそれぞれ大番衆、京畿御家人をして結番勤仕せしめたが、安貞元年（一二二七）には群盗の横行に備えて京中の巡邏警衛をはじめ、さらに辻毎に夜行番を設けているようである。「明月記」に次の記載がある。「入夜武士数多引馬十余疋入盛宣西小屋、依群盗狼藉、自今夜被分配所々之于阪、暫入此屋欲待月入之由称之云々、不知実否之間、成怖之処、須臾出去訖、行東方其後無聞事後聞非虚言、差分武士云々」（安貞元年正月一〇日条）、「群盗度々襲来放火云々、武士巡検無詮事也」（同正月二七日条）、「夜半許又北方有呼声、京中近日夜行者毎辻六人守之、仍辺土不闕夜云々」（同一〇月八日条）。勿論公家制にも保毎の警察制や、衛府の夜行番制が定められていたが、(3) その実質は早くから失われていたようで、この制度に形式上は融合する恰好で、在京武士の巡邏、夜行番、辻番の制度がはじめられたのであろう。

しかしその後も盗賊の狷獗は止まない。そしてこれに対応する形で幕府は強盗、殺害人に対する処断権を強化し、京中警衛の制度も次第に整備されてゆくのである。寛喜年間の飢饉も京中の治安悪化を愈々促進したことであろう。寛喜三年（一二三一）一一月公家の発した新制四二条の中に、京中の警衛に関する条項二、三を見るが、(4) とくに「可令停止京中強盗事」の条に「毎坊置長一人、四坊置令一人、掌検校戸口、督察奸非者、律令之所設也、早任貞観・昌泰之格、宜定諸衛等輩、其上仰左近衛権中将藤原朝臣、令在京郎従分居諸保、以助保長坊令□□(単弱カ)一保出声、諸保応聞、一犬吠形、群犬随響□(柄)誡也、賊従(徒)縦脱一保横行、事争(マヽ)達前途、兼仰武士、録其姓名、若有殊功、随状抽賞」とあるのは、公家制の警衛制の形骸化と六波羅、在京武士の京中警衛の実権掌握の事実を示すものであろう。以後在京武士の盗賊追捕の記事が屢々公卿の日記にみえ、天福元年（一二三三）五月には六波羅は群盗の跋扈夥しきにより、公卿殿上人の諸第守護の事を申入れている(5)。当時辻々には夜行屋と称する番小屋が設けられていたらしいが、その構造は後の篝屋とは異なり、持ち運べるような極めて簡単なものであったらしい(6)。

在京武士と一口にいってもその構成は種々で、探題の統制に服する点では同じでも、探題の被官もあれば、六波羅にあって探題を輔佐し、政務を担当する評定衆以下奉行人、それも有力な御家人から下級の事務職員までがあり、京中警衛のためとくに命ぜられて上洛した御家人もある。また主として内裏、院御所警固の目的で諸国より勤番上洛せしめられた大番武士も広義の在京御家人といえよう。上述の辻番、夜行番にはこれら在京人や大番武士が臨機催促をうけて勤番したのであろう。また彼らは神人、僧兵等の嗷訴の際、洛中洛外にあって六波羅の指揮下、防衛の任に当たることも度々であった。

註

（1）「北条九代記」暦仁元年六月一九日条。
（2）「玉葉」文治三年一〇月六日条。
（3）「令義解」宮衛令　分街条、新儀式五臨時　捜盗事。
（4）「近衛文書」二　寛喜三年一一月三日宣旨、三代制符。
（5）「民経記」天福元年五月四日条。
（6）同　天福元年五月一二日条、「明月記」同五月七日条。

三、篝屋の造作

将軍頼経滞京中の嘉禎四年（一二三八）五月二二日、北条泰時は湯浅宗景に宛て書状を送り、八条殿政所跡半分に屋舎を造作し、守護の任に当たるべく、一族に屋舎の造作、宿直結番を寄合って勤仕するよう布達せしめている。(1)八条殿とは三代将軍実朝室の居処であり、その点やや特殊の例かも知れないが、やはり同年一〇月には「八条辻固湯浅御家人等」の結番が定められており、(2)後に湯浅氏の在京番役が八条櫛笥篝屋役と見えていることから、(3)当初は八条殿の警固を任としたかもしれないが、(4)この際は主に篝屋の設定、辻警固を目的としたのであろう。また五月二四日、泰時、時房は連名で東寺執行に宛て書状を送り、東寺の所領、唐橋南大宮東角（車宿跡地）が篝屋設置の好適地であるとして譲渡を要請している。(5)辻々に篝を点ずることに決定しても、その各辻の一角に番屋（篝屋）を設定して武士を常置せしめる仕組みを一々つくっていかなければならない。その地が在京御家人の敷地或いは宿舎であったり、幕府の進退し得る所である場合、事は簡単であるが、公卿、社寺の進止の地である際は、その譲渡を受けるため色々配慮せねばならない。ために寛元元年閏七月六日、幕府は六波羅探題に宛て「洛中辻々の篝屋の員数並ひに立所を定めたけれども、現実問題として空地がないため一両所は未だ造作していない。そこで承久没収注文によって適当な土地を求め、これを以て右の篝屋造作予定地と交換し、篝屋を全て設定するように」と指令を発している。(6)

また篝屋の造作は湯浅氏の如く、そこで勤番する一族が分担造作した例もあるが、必ずしも篝屋での勤番と、篝屋の造作、篝（焼）松用途の負担とは一貫したものではなかった。六月二〇日の関東御教書は多賀江二郎入道に宛て、美濃国日野村と伊予国周敷北条の地頭得分の内から、辻一所篝松用途銭として十貫文を多賀江兵衛尉と寄合い、年々負担すべきことを令し[7]、その他の関東公事を免除し、守護使の入部をも禁止し、優遇措置を講じている[8]。即ち篝屋一に対して年一〇貫文宛篝松用途負担の料所が設定されたのである[9]。篝屋の造作もはじめは必ずしも円滑には進まず、仁治元年（一二四〇）一一月二三日には「洛中未作篝屋等事」につき議定するところがあり、下知違背の科として所領を没収するかわりに一町につき一貫文（地頭得分の内）の割で篝屋用途を徴収し[10]、同二八日には京都大番衆の遅参の輩の罰則として一月遅れた場合、一〇貫文を徴収し、これまた未作篝屋料に宛てることとした[11]。篝屋造作料については明らかでないが、或いは篝屋一所、同じく一〇貫文ではなかったかと考える。さらに一二月二二日には辻々篝松用途負担の料所で対捍の場合、多少に随い、罰則として篝屋を造作させることとし[12]、仁治二年（一二四一）四月二五日には若狭忠清は下知違背の科によって安居院大宮篝屋幷膳所屋の造作を命ぜられている[13]。これは寛元元年（一二四三）一一月二五日の六波羅裁許状に「若狭四郎代官阿門、依此等之罪科、可□□《造進》篝屋門幷雑屋一宇之由、被下関東御教書了」とあるのに当たるのであろう[14]。

このように従来の京中の辻番、夜行番を発展させ、将軍上洛中の京中の警衛を目的として発足した篝屋番役の制度は篝屋の整備充足と相まって次第にその機能を発揮し、京中人心の信頼を獲得していった。しかし群盗の蜂起はその後も断絶することはなく、寛元二年（一二四四）平経高はその日記の中で「近日群盗蜂起、連夜襲来人家、上下難遁云々、一夜乱入中将実直朝臣宅、予旧宅地、又入備中入道信阿家、結句放火、一郭皆以焼失了、其外不遑記尽、乱代之甚也、辻々守護武士、於今者全無其詮歟、又是関東之威衰微之故歟」と慨嘆している[15]。

註

（1）（2）「崎山文書」。
（3）「高野山文書」六　建治元年一二月　湯浅宗親陳状案。
（4）「大通寺文書」文永九年八月　本願禅尼自筆記録。
（5）「東寺百合文書」イ一―二四。
（6）「吾妻鏡」。
（7）「厳島文書」。
（8）「吾妻鏡」仁治元年六月一一日条。
（9）同　仁治二年九月一一日条。
（10）（11）（12）（13）「吾妻鏡」。
（14）「東寺文書」二。
（15）「平戸記」寛元二年九月八日条。

四、篝屋の廃止

寛元四年（一二四六）正月一九日付の六波羅探題重時の書状によると[1]、このころ、暦仁四年篝屋設置の際、東寺から譲りうけた「東寺車宿跡地唐橋南大宮東角篝屋」の返還要求が出されていたらしく、重時はこれについて「於篝者、雖被止大番衆之勤役候、以在京武士、可守護之由、被下関東御教書候之間、令下知其旨候、一向非停止之儀候」と釈明している。恐らくこれまで篝屋警固の任についていた京都大番衆の勤役を止め、以後篝屋警固は全て在京武士を以てあてるように定められたのを、東寺側では一向停止と解釈し（恐らく問題の篝屋の警備は大番衆があたっていたのであろう）、返還を求めて来たのであろう。この年は三月に執権職が経時から時頼に替わり、五月には名越光時の陰謀事件があり、七月には前将軍頼経の京都送還のことがあり、翌宝治元年（一二四七）六月に三浦氏一族が滅亡するまで政情の不安が続いていた。このような事情が篝屋の制度にも敏感に反映したものと思われる。寛元四年（一二四六）八月二七日、探題重時は院司藤原定嗣を招引し、関東の政情を上奏し、徳政の興行、関東申次の改補のこと等を上皇に要請せしめているが(2)、その定嗣の日記、一〇月一三日条には、鎌倉より執権時頼の使が上洛し、上記の件につき再度院に申入れたことを記し、併せて「依故泰時朝臣之計、此八九年洛中要害所々有守護武士、終夜挙篝火、万人高枕了、而皆停止云々、不知是非」と篝屋廃止の情報をも記している(3)。そして定嗣の当時の地位から考えて、この情報はかなり正確なものであったと考えるべきであろう。広橋経光の日記、一二月八日条の記載はさらに具体的である。長文であるが、これを引こう(4)。

> 自明春一向可停止此守護云々、此条人之所疑、武家処蔑如京都之故歟、関東武士於今者、為大番上洛之条、可停止之、以畿内輩、内裏・仙洞許如形可勤番役云々、此説風聞之間、当時守護輩緩怠、暗夜之間所々白波競起、末世之法、於事多恐、為之如何、嘉禎比、故泰時朝臣入道為停止群盗、種々廻今案、所々構屋、暗夜燃篝火、終夜可守之由下知、其後于今不陵夷、近年家々無夜恐、高枕偃臥、彼朝臣之計、尤以珍重、而相当孫時頼世務之時、去夏世間不静之後、於事蔑如京都之故歟、此事已以凌夷、人以歎之、可驚事歟、

即ち、明春より篝屋守護は一切廃止となる。また関東御家人の大番役も停止し、畿内御家人をして内裏、院御所の

番役を勤仕せしめる、というのである。恐らくこれは単なる風聞に過ぎぬといった体のものではなく、かなり正確な情報として受けとられていたのであろう。そして既に夏以来、篝屋の制が次第に縮少衰退している事実によって愈々確実視されたのであろう。経光はその原因を関東政情の不安、前藤氏将軍の送還に伴う公武間の疎隔に求めているようであるが、既に記したようにこの年のはじめ幕府は篝屋制の改正に着手しているところからみて、御家人保護の見地から御家人負担の手なおしをはかったという点も考慮すべきであろう。[5] 後に幕府が建治元年（一二七五）、元寇の危局に際してとった「止京都大番役、被差置在京人、公家武家減省公事、行倹約、休民庶、皆是為軍旅用意也」の如き方策を想起すべきであろう。[6] 関東政情不安に際して幕府が東国御家人の大番上洛を止め、京中の警備を畿内御家人に委ね、それを手薄にしてまでも、東国を固め、東国御家人の負担の軽減をはかることは十分に考えられることである。但し宝治合戦後、東国御家人の大番役勤仕もみられるし、篝屋番衆の活躍も以後の諸記録にあらわれているので、右の停廃がどの程度まで実施されたものか、明らかでない。たとえ篝屋は一旦廃止されたとしても、間もなく旧に復したのであろう。

註

（1）「東寺百合文書」イ一―二四。
（2）「葉黄記」、「民経記」同日条。
（3）「葉黄記」。
（4）「民経記」。
（5）『日本の歴史　四　鎌倉武士』（読売新聞社、一九六五年）一六八頁。

（6）「北条九代記」建治元年九月七日条。

五、篝屋の構造

「四十八ヶ所ノ篝」とは「太平記」に屢々記されているところである。[1]しかし「太平記」以外洛中の篝屋の数を明記した史料は見当たらない。この数が果たして実際の数をあらわしているものか、或いは単に多数を示している用語に過ぎないのか、今のところ断言できない。[2]しかし前述したように暦仁元年、篝屋創設の時から、員数が定められており、また「毎辻置守護」、「辻々守護武士」の語や、後の二条河原落書に「町ゴトニ立篝屋……ソノ数知ラズ満々タリ」とあること、[3]また文保元年（一三一七）の史料に保篝屋（五条東洞院？）の語がみえること等から、[4]大体の推測は出来よう。即ち大路の交叉する辻一所（共有の形で保に一所の形となる）に篝屋を設けるのを原則とすれば、当時京都の主要部であった左京のみで四五以上を数える。とすれば四八の数は当たらずと雖も遠からずということになる。但しこれは篝屋が全て完備した場合のことで、鎌倉時代常にこれらが充足されていたとは思えない。

前にも引いた「民経記」の寛元四年一二月八日条に「近日京中群盗充満、連夜有其聞、是大宮・京極両大路武士警衛設篝屋、漸陵夷之故云々」とあるのを見ても大宮大路と京極大路の篝屋が特に重要であったと思われ、次に掲げる現存史料による篝屋所在地表からみても二五例中、京極四、東洞院四、烏丸一、西洞院一、油小路一、堀河一、大宮九、櫛笥一、朱雀二、塩小路一となっていて、大宮、京極、東洞院が特に多いのは注目すべきであろう。

【篝屋所在地表】

年月日（西暦）	篝屋名	勤番人等氏名	史料
暦仁元・五・二四（一二三八）	唐橋南大宮東角篝屋		東寺百合文書
暦仁元・七・九（〃）	一条大路大宮末大路兵士屋		百錬抄
暦仁元・一〇（〃）	八条辻固	（勤番）湯浅御家人	崎山文書
仁治二・四・二五（一二四一）	安居院大宮篝屋	（造進）若狭忠清	吾妻鏡
寛元元・六・一四（一二四三）	三条京極兵士屋		百錬抄
寛元四・一・一九（一二四六）	唐橋南大宮東角篝屋		東寺百合文書
文永九・一〇・六（一二七二）	中御門大宮篝		和田文書
建治元・一二（一二七五）	八条櫛笥篝屋	（勤番）湯浅宗親	高野山文書
建治二・六・一四（一二七六）	三条大宮篝	（勤番）近江前司藤原行清	八坂神社記録
弘安五・一〇・二六（一二八二）	朱雀辺篝屋		
弘安七・閏四・一六（一二八四）	（四条京極篝屋）		一遍上人絵伝
正応三・三・四（一二九〇）	二条京極篝屋	（勤番）備後守	増鏡
永仁二・一・一四（一二九四）	〃		実躬卿記・勘仲記
嘉元元・一二・一四（一三〇三）	四条烏丸篝	（料所）長井頼秀	毛利家文書
正和四・三・一（一三一五）	〃	（〃）〃	〃
文保元・一〇（一三一七）	（五条東洞院）保篝屋		東寺百合文書

正中二・九・一二（一三二五）	五条東洞院篝屋		花園天皇宸記
元弘元・六・二一（一三三一）	大炊御門油小路篝	（勤番）小串五郎兵衛尉秀信	太平記
〃（〃）	五条京極篝	（勤番）加賀前司	〃
正慶二・一・一四（一三三三）	一条東洞院		楠木合戦注文
〃（〃）	五条東洞院		〃
〃（〃）	春日朱雀		〃
〃（〃）	四条大宮		〃
〃（〃）	四条堀河	（勤番）富樫介（？）	〃
〃（〃）	姉小路西洞院		〃
〃（〃）	春日東洞院		〃
〃（〃）	春日大宮	（勤番）水谷	〃
建武二・三・一（一三三五）	三条東洞院篝	（料所）伊賀三郎盛光	小西文書
暦応二・九・八（一三三九）	塩小路篝（？）	在京人 三郎兵衛尉	東寺百合文書
永享一二・七・六（一四四〇）	七条大宮篝地	（知行）小早川美作守持平	小早川家文書
嘉吉二・一〇・二九（一四四二）	〃	（〃）〃	〃
延徳三・八・六（一四九一）	〃 針小路大宮篝地	（〃）小早川敬平	〃

篝屋は要害所に設けるという語からもうかがえるように(5)、いざというときは防御拠点ともなるのであるから、その時々の内裏、院御所等近辺の篝屋は特に重要視されたであろうし、篝屋がすべて一律に取扱われていたとは思えない。

篝屋の構造を示す史料は次の三つである。一は著名な「一遍上人絵伝」の四条京極篝屋の図、二は前掲「吾妻鏡」に見える安居院大宮篝屋造作の記事、三は前引、二条河原落書の「町ゴトニ立《タツ》篝屋ハ　荒涼五間板三枚　幕引マハス役所鞆《トモ》　其数シラズ満々タリ」の記事である。一の絵図の信憑性については、にわかに断じえないが、その作成が同時代（正安元年）のものであり、またきわめて写実的な画法であるところから、そこに画かれている四条京極西北角の建物をそのまま当時における篝屋の代表例としてみとめてよいように思われる。その画かれた篝屋の構造は、また三の文句にもほとんど一致する。二によれば篝屋には他に膳所屋が付属していた如くであるが、同一の建物について記した別の史料には「篝屋門幷雑屋一宇」とあり、絵伝に記される構造と大同小異だったのではないかと考える。

註

（1）「太平記」一　土岐謀叛事「四十八ヶ所ノカヾリ幷ニ在京人」、同二　坂本合戦事、同八　摩耶合戦事、西郊合戦之事「四十八ヵ所ノカヾリ幷ニ在京人其勢五千ヨキ」。

（2）「平戸記」仁治三年九月二九日条「在々所々於四十八所道場、限四十八時修念仏」の記事も参考にすべきであろう。

（3）「平戸記」前掲寛元二年九月八日条、「建武年間記」。

（4）「東寺百合文書」レ　文保元年一〇月　村田秀信代竜海陳状。

（5）「百錬抄」暦仁元年七月九日条「近日一条大路大宮等大路、要害所立兵士屋篝火、是為防御群盗也、諸人安堵之計也」。

六、篝屋番衆

次に篝屋番衆については紀伊国御家人湯浅氏のように、特に指令をうけ、在京人として八条殿番役、八条櫛笥篝屋番役を勤仕したものの他、大番衆を随時、各篝屋に配分して勤番せしめることが少なくなかったらしい。即ち、在京人の篝屋番衆と大番衆のそれと（寛元四年廃止となる）があったことになる。[1]在京人は主として西国に所領を有する御家人の中、指令をうけて一定期間在京するもので、「不退在京奉公、不退祗候六波羅」の原則で、西国の所領に下向し、時たま出京する如きものは在京人としての特権（大番役、その他公事免除）を認められなかった。[2]勿論その中には本貫の地を東国にもつ、有力な関東御家人も少なくなかったが、篝屋番衆に宛てられるものは概して畿内近国の御家人が多かったのではあるまいか。[3]

在京人は京中に屋敷または宿舎を有し、有力なものは数十人の郎従を引具していたが、彼らの中、篝屋番を宛てられたものは常時若干人を詰めさせておいて非常の際は大挙出動することになっていたのであろう。正応三年（一二九〇）、浅原為頼の内裏乱入事件の際は二条京極篝屋の武士、約五十騎が馳参しているが、[4]湯浅氏の当初における八条辻固結番は一族数人宛、二月交替と定められており、正応二年の結番では一族で支配の所領毎に分担している。[5]湯浅氏の場合、時に在京を免ぜられたこともあったが、ほぼ世襲の在京人といえるし、その役所も八条櫛笥と定まっていたようである。[6]その他の篝屋についても、これと同様のものがあったのではあるまいか。ことに大番衆の勤役が止められるようになってからは、在京人に割り宛てられ、次第に固定化されるに至ったのではないかと考えられる。「楠木合戦注文」に六波羅被官、有力在京人と並んで篝屋の名前が記されていることは、篝屋の名をあげることがそのまま勤番の武士の名を示すと等しいことを物語っており、(7)篝屋守護人の固定化が推測される。僅かに判明する篝屋守護人の氏名、小串秀信、加賀前司、富樫、水谷等は何れも在京御家人、または六波羅被官である。(8)「祇園執行日記」によると建治二年(一二七六)六月一四日、御霊会の際、三条大宮篝前において、同守護人近江前司藤原行清の所従と祇園社神人とが、喧嘩乱斗し、神人は神輿を行清篝屋に振入れたとある。(9)この近江前司藤原行清とは二階堂行清のことで、「関東評定伝」に引付衆と見え、「常陸介行久法師男、文永九年七月十一日任因幡守、元左衛門尉、同日叙爵、同廿一日改任近江守、建治元年十二月為在京上洛、同三年四月二日於京都卒」とある。かかる有力御家人の警固する篝屋も勿論一、二に止まらなかったであろう。(10)ただ彼らがすべて篝屋を配当され、分番警固に当たったとは考え難い。

註

(1)前出、寛元四年正月一九日　北条重時書状。

(2)「吾妻鏡」貞永元年一二月二九日条、寛元元年一一月一〇日条、「新式目条々」弘安七年五月二〇日「在京人幷四方発遣人、所領年貢可有御免事」。在京人は西国に所領をもつのが普通であるが、中に西国守護職をもつものも少なくない。また在京人に恩賞が与えられる場合、西国の所領を宛てられることが多かったようである(小早川氏、小野氏等の例)。彼らはまた京中に屋敷、宿舎を有し(湯浅氏、熊谷氏等の例)、事ある際は六波羅に馳参した如くである(「明月記」嘉禎元年六月三日条)。またこの時代を通じて在京人の家柄はもとより一定していないが、それも漸次固定していくようである。佐藤進一氏も既に前掲(B)論文において述べておられるが、在京人の氏名は当時の公卿の日記に散見する他、新日吉小五月会流鏑馬当番人としてその中の主な人々の氏名がまとまった形で記されている。それらによって（「民経記」、「葉黄記」、「実躬卿記」、「勘仲記」等）この時代後期の在京人の氏名を記せば次の如くである。長井、波多野、小笠原、後藤、小早川、佐々木、三善、島津、大井、俣野、伊賀、内藤他。

（3）「吾妻鏡」承久三年九月一六日条、仁治元年一一月二九日条、新篇追加　文暦二年五月三日　関東御教書、「尾張文書通覧」建長元年八月二三日　関東御教書「京都人数可入者、召上西国近国地頭御家人等、可被在京」等よりの推測。

（4）「増鏡」一一。この場合、二条京極篝屋は内裏近隣の篝屋として特殊な存在だったかもしれぬ。同篝屋については「実躬卿記」、「勘仲記」永仁二年正月一四日条　陣中火事の記事参照。また篝屋守護人備後守というのは不明であるが、その官名からして有力在京人の一人であろう。

（5）「崎山文書」正応二年一二月「湯浅入道宗重法師跡本在京結番事」、弘安二年三月一九日「大楼番兵士幷篝用途事」。

（6）「高野山文書」五　正元元年一〇月　湯浅光信訴状、文永六年三月　湯浅入道智眼申状案。

「高野山文書」六　建治元年一二月　湯浅宗親陳状案、建治二年三月一四日　阿氏河庄公文所注進状。

（7）正慶二年

一、自京都天王寺下向武士交名人等、

両六波羅殿代一方竹井、一方有賀、縫殿将監、伊賀筑後守、一条東洞院、五条東洞院、春日朱雀、四条大宮、四条堀河トカミ(シ)、姉小路西洞院、春日東洞院、同大宮水谷　（後略）

（8）小串氏については佐藤進一前掲（A）論文二三三頁、同『鎌倉幕府守護制度の研究』（要書房、一九四八年）一一七頁に詳しい。佐藤氏は小串氏を探題常葉氏の被官とされる。恐らく御家人にして探題被官となったのであろう。加賀前司は「光明寺残篇」元弘元年八月二七日条に長井左近大夫将監と共に山門西坂本に向かうとある。また小串・富樫・水谷は「太平記」九　京合戦事にみえる。なお水谷氏は長井氏同族、有力な在京人であったことは、佐藤進一前掲（B）論文五一〇頁参照。

（9）八坂神社記録上「祇園執行日記」九、「建治二年六月十四日御霊会之時、於三条大宮篝前、当社神輿駕輿丁与近江前司行清入道所従引出喧嘩之処、即行清郎従等奉謝神輿於箭之間、奉振上三社神輿於行清篝屋上、三条大宮」。

「一代要記壬集」同日条。

御霊会之間、三条大宮篝屋狼藉事出来、仍神輿之筋幷御正体等、皆以取破投入篝屋、於篝屋者悉壊焼之、又神輿振入篝屋、以祭礼

「吾妻鏡」延応元年四月一三日条「於篝屋打留物具事」「諸社神人等、付在京武士宿所、或振神宝、或致狼藉事」について六波羅に指令している。

(10) 前掲水谷、加賀前司等の篝屋もこの類であろう。

また「小早川家文書」に、後年同氏が京中の篝屋地を相伝したことを示す史料をみるが、これも本在京人であった同氏の在京役所との関係によるものではなかろうか。

七、六波羅探題被官の役割

「建治三年日記」一二月一九日寄合の記事で、六波羅政務条々として新探題奥州（時村）に与えた指令の内容があげられているが、それには今後六波羅において実施すべき政務の分担と人数が書上げられている。そこにみえる因幡守（長井頼重）以下一四名の人数は探題を輔佐する在京人の有力者であろうが[1]、彼等の分担事項以外で次の箇条がみえる。即ち、

内裏守護事　追可有御計、

大楼宿直事　当時者如前之両人可致沙汰也、追可有御計、

在京人等事　背六波羅下知者、可注申交名也、

とある。「追可有御計」とあるが、同月二五日の評定で「一、番役幷篝屋事　奥州、越後左近大夫将監両人、差代官可令奉行」と定められたことが、同じく「建治三年日記」に記されている。当時は建治元年九月の制規によって内裏守護番、篝屋番とも在京人の任務となっていたものと思われる。これらについて両六波羅探題の被官が代官として直接統轄の任についたことをさすものであろう。承久の乱以降、在京人に対する探題の統轄権は強化されてきたが、元寇を契機として、建治以降それは一段と強まったと考えられる。

一体在京人、篝屋守護人は前述の如く、洛中の警固に当たると共に、神人、僧兵の嗷訴、畿内近国の悪党の蜂起等に際して、進んで出動鎮撫する任務をも有していたが、かかる場合彼らは六波羅両検断、またはその他の代官の統率化に軍陣を編成したと思われる。早くより僧兵の嗷訴入洛の際、矢面に立って勇戦するものに六波羅探題の被官が多かったが、[2] このころから彼らの果たす役割は一層大きくなっていったと思われる。「勘仲記」弘安五年（一二八二）二月一日条の記事は興味深い。

> 今度可被流刑武士四人、武家北方河原口次郎兵衛以保 伊藤左衛門能兼、南方大瀬藤内兵衛友国 津尾新左衛門清継已上四人云々、武家奥州申関東云、可奉防由奉勅定、時村下知在京武士了、可被罪科彼等者、向後如此重事之時、下知定不叙用歟、任下知奉防之上者、不慮之狼藉出来、更不可為在京之武士、若武家両方可謝此罪之由申之間、所申尤可然之由、関東有其沙汰、此事評定一日定了、使者上洛了、仍為自身之代官間、有宗無双之輩等、被選其人可被流刑云々、篝屋武士等悉免除云々、

即ち僧兵の嗷訴の際、防御する武士との間に斗乱がおこり、双方に死傷者が出ることが少なくない。その度に処罰者を出して双方を宥める訳であるが、武家側で犠牲者となるのは多く六波羅被官だったのである。また「管見記」翌弘安六年（一二八三）七月一日条には関東使者の申詞をのせ、その中「一、神輿入洛之時、不及防御之沙汰、剰及狼

藉候之条、併武家緩怠之故候歟、京都之守護、頗似無其詮候、然者云六波羅、云門々并篝屋守護之武士、不可遁其科候、但異国事近日其聞候、今年秋可襲来之由令申云々、（中略）如此之時、勇士一人も大切候歟、然者彼等罪科事、可被有候哉」とある。

緊張せる政治状勢に対応して六波羅はいよいよ在京人、篝屋に対する統制を強めたであろうし、六波羅自体在京被官の数を増加して採題固有の武力の強化をはかったことであろう。(3)鎌倉時代後期における在京人、篝屋の京都警衛にしめる役割を過少評価するのではないが、それが単なる群盗の警固といった段階を過ぎて、政治的、社会的に複雑化する情勢に対処して、鎌倉幕府の維持をはかるという意味を明確にもって来るにしたがい、相対的に採題被官の存在が大きく浮び上がってきたことは否定出来まい。(4)一部有力な在京人を除いて、大半の在京人、篝屋守護人は採題及びそれを中心に固まっているその被官群の指揮下に駆使されるという形体にこの時代の末期にはなっていたように思われる。「太平記」の在京人、篝屋武士に関する記述はそのような状態を記しているように感じられる。

註

（1）関東評定伝によれば、これらの中には筑後守（後藤基頼）、山城前司（伊賀光政）、備後民部大夫（三善政泰）の如く鎌倉の引付衆から「為在京上洛」を命ぜられたものが少なくない。
（2）「明月記」嘉禄二年八月六日条、「天台座主記」嘉禎二年八月六日条。
（3）採題被官有勢の状態は次の史料等からも推測される。
「実躬卿記」正安四年七月二六日条。
「金沢文庫文書」一（四七）延慶元年一一月三日　金沢貞顕書状。

同（五五〇）嘉元三年五月一六日　倉栖兼雄書状。

（４）正和三年五月一日、新日吉社の神人と六波羅武士との衝突について記した探題貞顕の書状は印象的である「金沢文庫古文書」一（三三四）。彼はその中で探題被官の活躍を記す一方、「在京人せう〳〵候けるも、これらはうたれ候けるを見候て、みなにけて候、無申計候」と在京人の無力とたのみがたきことを記している。同事件については「北条九代記」、「花園天皇宸記」正和三年五月一日条。「文保三年記」文保三年正月一八日条。

第五章　薩摩国御家人の大番役勤仕について
―付、宮里郷の地頭・郡司・名主等について―

一、京都大番役の勤仕

二一年前、私は『史学雑誌』に「鎌倉御家人の番役勤仕について」という論文を発表したことがある。(1)鎌倉幕府の御家人が将軍に対する奉公義務として勤仕した諸役の中、京都大番役・在京（篝屋）番役・鎌倉大番役・将軍御所内番役・異国警固番役の五つの番役をとりあげ、どういう御家人がどのように勤仕したのか、その制度の変遷を史料によって整理したものである。これは私の大学卒業論文を骨子としたもので、もとより未熟粗雑な作品であった。したがってその後新しい史料を加え、考えを訂正して自らも二・三補足論文を発表してきたし、(2)また最近川添昭二・瀬野精一郎氏らが拙論をとりあげ多くの問題点を指摘、かつ新史料によって補正を行われた。(3)これらについて全面的に再検討することは将来私に課された重要な仕事であると思っている。しかし今ただちにこれを果たす力もないので、とりあえず京都大番役について薩摩国御家人の場合をとりあげ、その勤仕回数、方法等を整理し私見を申し述べ、当面の責をふさぎたいと考える。はじめに関係史料を掲げ、これによって逐次説明を加えていきたい。

1　　　　（八田文書）

散位藤原朝臣在御判
　逐仰、若背先例対捍輩出来者、可令注申交名給候、
明年内裏大番事、自五月至于七月上旬十五日、以薩摩国御家人等可令勤仕之、兼又日向、大隅幷壱岐島可寄合也、
可令（以脱カ）此旨下知給之状、依鎌倉殿仰執達如件、
　建保三年十月四日　　図書允清原在判
謹上島津左衛門尉殿

2　　　　（八田文書）

ふんことのゝさいそくのしやう
明年の五月より七月の十五日ニいたるまて、たいり（内裏）の大番薩摩国御家人をもてつとむへきよしおほせくたさるゝ
ところ也、いそきしやうらく（上洛）して明年の四月の廿日よりうちに、京とにてけんさん（見参）ニいらるへき也、かつハ
たいかん（対捍）のともからあらむニをきてハ、けうミやう（交名）をしるし申すへきよし、おほせくたさるゝところ也、
みけうそ（御教書）くたしつかハす、一けんのゝちにハ、かへしつかはすへきなり、大番やくの御くたしふミおなしくた
しつかハす、ほう（報）をまいらせらるへきなり、いそきけんさん（見参）ニいれむかためなり、あなかしこ〳〵、
　十一月廿一日　　在判
みやさとの八郎殿

3
大番已被勤仕候畢《を、すみとの、うけとり》、其上者被帰国之条、不及子細候歟、仍執達如件、
（八田文書）
建長六年四月八日　（島津忠時）在判
宮里郡司殿

4
京都大番事、催具薩摩国御家人等、自明年七月一日至同十二月晦日、可令勤仕之状、依仰執達如件、
（国分氏文書・八田文書・比志島文書）
弘長二年七月十一日　（北条長時）武蔵守御判
（北条政村）相模守御判
島津大隅前司（忠時）入道殿

5
京都大番勤仕事、御教書案文遣之、早任被仰下之旨、可被参勤候、但寄事於老耄出家、被立代官事、御誡候也、可被存其旨之状如件、
（延時文書）
弘長二年八月十一日、　沙弥（道仏）（花押）
薩摩郡平三殿参

6
京都大番勤仕事、御教書案文遣之、早任被仰下之旨、可被参勤候、但寄事於老耄出家、立代官事、御誡候也、可被存其旨之状如件、
（比志島文書）

弘長二年八月十一日　　沙弥(道仏)（花押）

満家非志島太郎殿

7　　（八田文書）

大隅殿さいそくの状

京都大番勤仕事、御教書案文遣之、早任被仰下之旨、可被参勤候、但寄事於老耄出家、被立代官事、御誡候也、

可被存知其旨之状如件、

弘長二年八月十一日　　沙弥在判

宮里郷郡司名主御中

8　　（国分氏文書）

大隅殿さいそくの状

京都大番勤仕事、御教書案文遣之、早任被仰下之旨、可被参勤候、但寄事於老耄出家、被立代官事、御誡候也、

可被存其旨之状如件、

弘長二年八月十一日　　沙弥在判

国分左衛門尉殿

9　　（国分氏文書）

京都大番役之間事、急々可被勤仕候、又中務丞殿書札加様候也、あなかしこ〳〵、

二月十四日　　在判

国分左衛門尉殿

10
京都大番役事、六箇月勤仕事終畢、於帰国者、可被任意之状如件、
弘長四年正月二日　道仏（花押）
比志島太郎殿
（比志島文書）

11
（前略）如遣真忠曾祖父弘純、建長四年五月六日当国守護人大隅守忠時法師法名道仏状者、京都大番役六箇月勤仕畢、於帰国者、可任意云々、（後略）
（島津家文書）

12
京都大番役事、六箇月勤仕事終畢、於帰国者、可任意之状如件、
弘長四年
正月十三日　道仏（島津忠時）（花押）
成岡二郎（忠俊）殿
（延時文書）

13
京都大番事、被勤仕候之由承候畢、同市来院分父子相共以同前候、今者可有帰国候也、穴賢々々、
（弘長四年）正月卅日　（島津忠時）在判
国分左衛門尉殿
（国分氏文書）

14
薩摩国名主等、令対捍京都大番夫雑事由事、如泉庄名主保通陳状者、自身令勤仕番役之上者、何致夫雑事沙汰哉
（比志島文書）

云々、自身縦雖勤番役、当国守護地頭兼帯也、所当公事弁勤之田畠在家、争不勤所役哉、且傍例也、早随分限可令催沙汰之状、依仰執達如件、

文永二年五月七日

相模守御判

左京権大夫御判

島津大隅入道殿（忠時）

薩摩国御家人の大番役関係史料の初見は建久八年一二月三日の将軍家政所下文に島津（惟宗）忠久に宛てて「一、可令催勤内裏大番事」とあり、「右、催彼国家人等、可令勤仕矣」とあるのがそれで、この文書は大隅・薩摩両国守護職補任状ともみなされている(4)。守護職権たる大犯三ヶ条の中、第一の大番催促というのはかつて令制下の衛士が京都の内裏諸門の警固を交代で勤めた制度の踏襲で、鎌倉幕府統率下に諸国御家人が国単位で交代に上洛し、内裏・院御所諸門の警備を勤め、且つ京都市中の警固にあたったのである。島津忠久はこれをうけて同年一二月二四日「内裏大番之事、任被仰下旨、可令参勤人」として「川辺平二郎」以下二四名の人名をあげ、「明春三月中令参上、可令見知役所給也」と指令している(5)。これにしたがえば建久九年四月以降（六月迄三ヶ月か）、薩摩国御家人の第一回目の大番役勤仕が実施されたのであろう。勤仕者はおおむね国内全郡院郷に及び、主としてそれぞれの郡院郷司らが催促をうけている。後出の大番役勤仕者と関連するものとしては薩摩太郎・満家郡司・宮里八郎・和泉太郎等の名があげられよう。

第二回目の大番役関係史料は1建保三年一〇月四日の関東御教書と2一一月二一日付仮名書の島津忠久大番催促状である。これによれば、大番役の賦課を命じられた薩摩国守護島津忠久はこれに基づき国内の御家人に具体的な指令

を発したのである。勤仕期間は建保四年五月より七月一五日までの三ヶ月半（この年は閏年で六月が二月ある。この場合先番と後番とで半月宛負担することになっていたようである）で、日向・大隅・壱岐の御家人と一緒に勤仕することとなっていた。そこで守護は国内の御家人に四月二〇日までに上洛し、守護のもとに出頭すべきことを伝え、命令にしたがわぬものは守護から幕府へ注進することになっている旨を述べ、幕府からの命令書を示し、勤仕する旨の返答をもとめている。各御家人の返答をとりまとめて幕府に申告するためであった。本文書は宮里八郎宛となっているが、同文のものが各御家人に宛てられたと思われ、その数や氏名は建久八年のそれと余り変わらないものであったろう。宮里八郎は紀正家と思われ、彼にとっては二回目の大番役勤仕であった。

第二回目の大番役勤仕から約四〇年経過した建長六年四月に守護島津忠時より宮里郡司に宛てた3大番役勤仕終了証明書がある。恐らく同年一月より三月までの勤仕期間だったのであろう。建長六年の大番役勤仕から八年後、弘長三年七月一日より同一二月晦日まで六ヶ月間、薩摩国御家人等は守護島津忠時入道の催促の下に大番役を勤仕している。大番催促の御教書が4の「国分氏文書」・「八田文書」・「比志島文書」、守護より各御家人宛の書下が5の「延時文書」、6の「比志島文書」、7の「八田文書」、8・9の「国分氏文書」である。9は無年号であるが、弘長三年のものと推定される。10・12・13はいわゆる覆勘状とよばれる勤仕終了証明書で、それぞれ「比志島文書」・「延時文書」・「国分氏文書」である。11は元徳元年一〇月五日の薩摩国日置北郷弥勒寺庄下司真忠と地頭島津宗久代道慶との相論裁許状で、その中で引用された関係部分である。「当国守護人大隅守忠時法師法名道仏状」とあるが、忠時は建長四年五月六日の時点でまだ出家はしていない。少なくとも建長年間法名を称えることはない。この年月日はただ一度記されているだけでくりかえし記されておらず確認することもできないが、「京都大番役六箇月勤仕畢、於帰国者、可任意云々」の記載は弘長四年の大番役覆勘状の文言「京都大番役事、六箇月勤仕事終畢、於帰国者、可任意之状如件」とほとんど一致し、その発出人が道仏（島津忠時法名）であることから、建長とあるのは弘長の誤記ではないかとも考えられる。そして弘長とすれば五月とあるのもまた正月の誤記ではあるまいかとも考えるのである。また同文書中に「先祖家綱以来勤仕京都大番」とある家綱は、建久八年一二月二四日の内裏大番役支配注文案に小野太郎とあるのをさすのであろう。そして「道恵祖父道仏、為当国守護人加催促之間、弘純令勤仕京都大番役訖」とあるのが弘長三年の勤番をさすのであろう。これは鎮西探題によって「如弘純所給弘安八年関東御下知状者、於宝治以後守護人忠時同代官等状者、弘純為弥勒寺庄下司之間、宛其身、勤仕大番以下公事之条、無異儀云々」と判定されたのである。

　また5の大番催促状の宛名の薩摩郡平三は「吉富氏系図」に忠恒、平三郎、成岡名主とあれば、請取12の宛名の成岡次郎とあるのも納得できよう。同系図によれば、忠恒の子忠俊は次郎とあり、成岡次郎は忠俊で大番役の勤仕を父忠恒に代わって子の忠俊が行ったのであろう。忠恒は母伴氏の嘉禄四年正月一五日の譲状並びに父平忠友の寛喜三年二月一九日の譲状にまかせ、寛元四年一一月一一日、関東御教書により「薩摩郡々司職成枝名内田員数載譲状山野本若松名内水田弐町等」を安堵されている薩摩平三と同人であろう[6]。8・9・13の名宛人として国分左衛門尉とあるのは何れも友成をさすのであろう。国分左衛門尉が友成とすれば13の文中に「市来院分父子」とあるのは「国分執印系図」に友久―友成―政家、号市来太郎とある政家であることは明らかである[7]。また同系図に「市来政家奉行所へ出系図如此」とあり、系図①の記載がある。

　恰も系図相論がおこり、政家は島津家との一族関係を提示したのであった[8]。この政家が「河上系図」によると系図②の如く記されており、市来院領主大蔵氏に男子なく惟宗友成が婿となり、その間に生まれた政家が市来院司の後をついだのである。[9] 寛元二年八月一八日の関東下文案で郡司となっている千代熊丸が政家で、当時なお幼年であったのであろう。[10] 弘長四年はその後二〇年後であるから、既に三〇歳近くの年齢であったといえよう。とすれば、既に成人であるから本来なら覆勘状は別個に市来院郡司政家宛に発出されるべきであるが、実の父子であるところから、父の友成に宛てて一通の発出に止めたのであろう。しかし、催促状については国分左衛門尉宛のものに市来院分は併記されていないから別々に宛てられたのであろう。14「比志島文書」にみえる和泉庄名主保通の陳状には「自身番役を勤仕せしめる上は、何ぞ（大番）夫雑事の沙汰を致さんや」とあり、保通が御家人として大番役を勤仕したことを明示しているが、御教書の発出された文永二年は弘長四年の翌年に当たり、その勤仕期間は弘長三年六月より一二月のものであったことは疑いない。当時の和泉庄地頭は守護島津忠時の兼任であったから、薩摩国の守護として大番役を勤仕するに際して地頭職を有している和泉庄に対して大番夫雑事を賦課したものであろう。この後文永四年一二月三日、同庄地頭職は満家院（比志島名を含む）、伊集院・給黎院・頴娃郡等と共に子の長久に譲られている。[11] 本文書が比志島文書中に含まれているのもそういった関係からのことであろう。

【系図①】

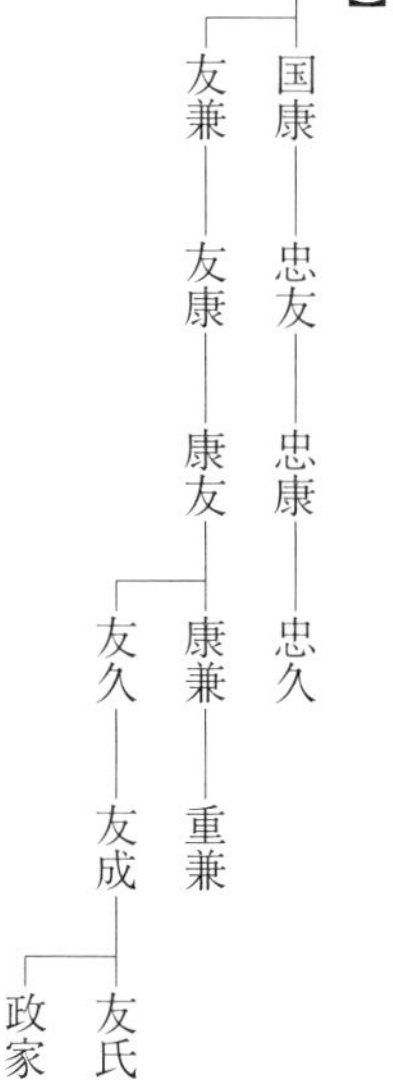

【系図②】

6・10比志島太郎は佐（祐）範で比志島氏の祖栄尊の子、満家院郡（院）司（大蔵姓）の縁族（源姓）、満家郡司が承久の乱に際して宮方の責任を問われて没落後、代わった新

郡司税所氏の統轄を離れて同院内比志島名以下五ヶ名名主職を有し、独立御家人として幕府及び守護の認承をうけていた(12)。

以上薩摩国の大番役関係史料は勤仕御家人の数が毎回二〇数名に及ぶと思われるにも拘わらず甚だ乏しい。しかし全国的にみれば大番役関係史料の残存度は一番高いのである。もってこの種史料の残存性がきわめて低度であることを知る。薩摩国の場合（九州及びその他一部西国共）蒙古襲来の危機に備えて同国御家人の大番役勤仕は停止され、以後もっぱら異国警固番役を勤仕することとなったから、文永以降の大番役はなく、当然その関係史料も残っていない。もっとも「島津家文書」文永八年九月一五日　道仏置文案には、なお京都大番役の賦課のあることを予測して勤仕規定を定めている(13)。

また「吾妻鏡」宝治元年一二月二九日条に「京都大番勤仕事結番之、各面々限三箇月、可令致在洛警巡之旨、被定下之」とあり、一番の小山大夫判官長村をはじめとして廿三番の甲斐前司泰秀に至る二三名の守護級の御家人が結番されている。三浦氏滅亡後の新規の大番役の結番であろう。島津大隅前司忠時は三番目であるから、もしこの通り勤番が行われたとしたら、勤仕期間は宝治二年七月から九月までとなり、当然守護忠時の催促の下に薩摩国御家人は京都に上り、大番役を勤仕したことであろう。しかし今これを直接裏付ける史料が見当たらない。これを加えれば薩摩国御家人の大番役勤仕の回数は五回となり、これは第三回目のものとなる。覆勘状を伝える建長六年の分に先立つこと六年である。

ともかく第五回の弘長三年を最後に薩摩国の大番役勤仕は行われなくなる。鎌倉幕府滅亡後の建武二年三月、新政府のもとで再び大番役の勤仕が行われることになり、薩摩国地頭御家人一三名の参候が命じられているが(14)、間もなく建武新政権の崩壊と共にこの制度も廃絶されるのである。終わりに大番役関係史料を伝えた「八田文書」について一言しておこう。同文書は出水市武本八田スエノ氏旧蔵文書（現在鹿児島大学図書館所蔵）一巻で、もう一巻の新田宮執印再任状並びにその関連史料である幕府及び守護の本所領に対する異国警固役勤仕を令する文書写と共に「隈之城」の後筆端裏書があり、隈之城有馬家伝来文書ではなかったかと推定される。(15) 有馬氏と宮里氏との関係は直に明らかにしがたいが、内容は宮里郡司並びに新田宮執行関係文書で、宮里郡司の子孫に伝わるべきものと考えられる。そして本文書が薩摩国大番役関係史料を、もっとも多くまとまった形で後世に伝えたのである。

註

（1）『史学雑誌』六三—九・一〇、一九五四年。

（2）「鎌倉幕府の番衆と供奉人について」（『鹿児島大学文科報告』七　史学編四、一九五八年。本書第1部第二章）、「鎌倉幕府の御家人体制—京都大番役の統制を中心に—」（『歴史教育』一一—七、一九六三年。本書第1部第三章）。

（3）川添昭二「覆勘状について」（九州大学文学部『史淵』一〇五・一〇六、一九七一年）。
瀬野精一郎「京都大番役勤仕に関する一考察」（『東京大学史料編纂所所報』九、一九七四年）。

ただ瀬野氏が私見に関して西国御家人の場合、同一国の御家人が同期間、同時に京都に滞在して守護に統率されて勤仕したとは考えていないと指摘されているのは、私見もそのように考えているのであって当たらない。ただ記述が漠然として誤解を招く文章であったことは自己批判している。

（4）「島津家文書」一—一一。

（5）『鹿児島県史料　旧記雑録前編』一—一七五〜一七七号。拙稿「薩摩の御家人について」（『鹿大史学』六、一九五八年）。

（6）「延時文書」。拙稿「薩摩国御家人羽島氏並びに延時氏について」（『鹿児島大学法文学部紀要　文学科論集』二、一九六六年）。

（7）「惟宗系図」（東諸県郡高岡河上孫之丞蔵本）。拙稿「市来町大里来迎寺跡墓塔群」（『鹿児島県文化財調査報告』一四、一九六七年）。
（8）朝河貫一「島津忠久の生い立ち」（『史苑』一二―四、一九三九年）。
（9）「河上系図」（東諸県郡高岡河上孫之丞蔵本）。前掲拙稿。
（10）『鹿児島県史料　旧記雑録前編』一―四二四号、「河上文書」。同右。
（11）「島津家文書」一―一四一。
（12）拙稿「薩摩国御家人比志島氏について」（『鹿大史学』八、一九六〇年）。
（13）「島津家文書」一―一四二。
（14）「比志島文書」建武二年二月三〇日　内裏大番勤仕地頭御家人注文。
（15）拙稿「新田宮執印道教具書案その他」（『日本歴史』三一〇、一九七四年）。

二、宮里郷地頭

宮里郷地頭の系譜は明らかでない。文永二年六月二日の島津道仏（忠時）譲状で宮里郷地頭職は島津氏三代久経に譲られたことは明らかであるが（1）、その後は如何なったのであろうか。文永三年二月二七日、道仏は孫の式部太郎忠真の知行する牛屎院地頭職を安堵している（2）。忠真の父は忠継で谷山郡山田村地頭職を子孫が世襲したので山田氏の祖とされた人であるが、同人はすでに文永二年九月二〇日、忠真に牛屎院を譲っていたのである（3）。忠時は大隅守、忠継は式部少輔であったから、忠真及びその兄弟子孫で式部某を称えるものが少なくなかった。忠真の子で山田村地頭となった宗久は式部少輔・式部孫五郎入道道慶を称し、その子忠能も同じく式部少輔・大隅式部諸三郎等と称した。「山田氏系図」によると忠真の弟に忠秀（号宇宿三郎）、忠重（号宮里四郎）があり、宗久の弟に直久（三郎丸・式部弥三郎）があり、「建治二年九月十三日、薩摩国谷山郡内宇宿村慈父忠真譲賜之」とある。[4]史料に宮里式部三郎忠光とみえる人物は年代的にみて忠秀・忠重とあるものか、或いは直久その人に当たるか、明らかでないが、後述の「蒙古襲来絵詞」によれば忠真の弟とするに近く、或いは忠重で宮里四郎と号すとあるのは三郎の誤りかとも思われる。何れにしても忠真と関係の深い人物であろう。弘安三年七月二一日の島津久経書状によれば、満家院の郡司職領知に関する証文の送付を約しているが、それにつづけて、「宮里の事も、この状にみえて候、式部三郎にかきうつしてたひ候へく候」とある。[5]これは満家院と並んで宮里郷においても地頭職のみならず郡司の領知権を鎌倉初期に島津氏が入手したことを物語る史料である。この文書は山田文書中にあり、忠真譜にかけられているところから、山田氏と宮里氏の親近関係が推測され、前述の如く両者は同族関係にあったものと思われる。式部三郎忠光が弘安四年の異国合戦に参加したことについては著名な「蒙古襲来絵詞」に、

陣におしよ《押寄》て合戦をいたし、きすをかふりし事、ひさなか《久長》のての物信濃国御家人ありさか《有坂》のいや二郎よしなか《吉長》、ひさなか《久長》のをい《甥》しきふ《式部》の三郎のて《手》の物いはや《岩屋・石谷》四郎のひさちか《久親》、はたけやま《畠山》のかくあみたふ《覚阿弥陀仏》、ほんた《本田》の四郎さゑもんかねふさ《兼房》、これをせう《証》人二たつ、

とあり、久長の甥として見えている。久長が島津忠時の子、久経の弟長久であれば、その名からして式部太郎忠真の弟式部三郎ということになろう。[6]式部三郎が宮里郷地頭式部三郎忠光と同人だとすると、その手の物いはや四郎久親は別に大隅五郎太郎法名道智とあって、式部太郎忠真の子宗久の養父でもあり、谷山郡山田、上別府村の地頭代であるから、異国合戦で式部三郎忠光に従軍しても不思議ではない。[7]しかも久親は伊集院石谷の領主であり、石谷は町田

氏発祥の地ともいわれている。「町田氏系図」によれば、町田氏の祖忠光は兄忠継の後をついで石谷を領したとあり、このことは山田氏との関係の密接なことを暗示している。(8) また『旧記雑録前編』七所収で山田式部三郎忠彦譜中にありとする正応二年八月二日の関東下知状案によると、八幡新田宮所司神官らと宮里郷地頭大隅式部三郎忠充が免田について相論しており、幕府は宰府注進に基づき忠充の押領をとどめ、身代を糺返させ、狼藉の科として鎮西寺社修理を行わせるという裁許を下している。(9) 忠充は忠光であろう。この裁許について、忠光は不服であったようで翌三年九月の忠光の重申状案によれば、非は新田宮側にありとして、具体的に執印重兼入道並びに所司神官等の不法を訴えている。(10) そのいうところによれば、「地頭職の押領ともいうべきもので、多数の神人等を差向け地頭の忠光を追出し、居宅に放火し、作麦を苅取り、執印の代官を差置いた」等とある。この中で忠光は「異国合戦といい、警固已下御公事といい、忠あり怠なし」と述べている。かくして忠光はおそくとも弘安合戦の際までには宮里郷地頭であったことが推定され、このことは前掲文書によっても裏付けられる。

また年未詳、国分友兼重申状案に弘安合戦の条をひき「其時守護代式部三郎忠光、守護祗候人中務三郎入道、又同岩屋次郎入道、当国御家人在国司四郎道時所令見知也」とあり、忠光は一時薩摩国守護代であったことを知る。(11) このように式部三郎忠光は宮里郷地頭で一時守護代を勤め、山田氏の一族で伊集院・町田に所領をもつものということがわかった。地頭職の譲与は島津久経（道忍）から文永末年ころ行われたものであろう。正安三年一二月一一日の文書になると惣地頭忠宗代本性の名がみえる。また延慶二年一一月一九日の文書にも三分二惣地頭代本性の名をみる。このように地頭として島津氏四代忠宗とその代官本性の存在を確認し得たが、ただ三分二地頭とあって一郷全体の地頭ではないことに注意すべきであろう。(12) 残りの三分一地頭職は誰が有していたのであろうか。さらに文保二年三月一五日、沙弥道義（島津忠宗）譲状案によれば、四郎時久分として宮里郷地頭職その他を譲渡しており、同年三月二三日には執権・連署による外題安堵が行われた[13]。これにしたがえば宮里郷地頭職は一旦時久（新納氏祖）の有に帰したかとも思われるが、下って嘉暦三年の文書には宮里郷地頭式部孫七、三分二地頭に高崎二郎入道とみえる[14]。後者は明らかに島津氏被官であり地頭代であるが、前者については如何。そしてまたこれは三分一地頭であるのか。式部孫七とはその名前からみてなお山田氏の系統が地頭職を有していたことを推測させる。とすれば時久との関係は如何。時久のそれは一時的、名目的なものにすぎなかったのであるか。等々明らかでない点が多い。しかし何れにしても本宗島津家と庶子島津家との宮里郷地頭職分有の事実は否定できまい。さらに南北朝期の延文元年八月六日の足利義詮安堵下文では、宮里郷参分壱地頭職その他を本領として島津貞久に安堵しており、貞治二年四月一〇日の島津道鑑（貞久）譲状案では師久に宮里郷参分壱地頭職を譲与している[15]。これは庶子島津家の三分一地頭職が本宗島津家へ転移したことを示すものであろうか。とすれば本宗島津家の三分二地頭職の方はどうなったものか、なお明らかではない。

註

（1）「島津家文書」一―一四二。
（2）『鹿児島県史料　旧記雑録拾遺　家わけ五』「山田文書」二号。
（3）同一号。
（4）同二六六号。
（5）同五号。
（6）石井進「竹崎季長絵詞の成立」（『日本歴史』二七三、一九七一年）。

（７）拙稿「薩摩国伊集院の在地領主と地頭」（『荘園制と武家社会』吉川弘文館、一九六九年、所収）。
（８）同右二二五頁。
（９）『旧記雑録前編』一―九一八。
（10）『旧記雑録前編』一―九三一。
（11）『鹿児島県史料　家わけ十』「新田神社文書」七四。
（12）『鹿児島県史料　旧記雑録前編』一―一〇六二号、在隈城衆有馬休右衛門、正安三年一二月一一日　惣地頭代本性去状、『鹿児島県史料　家わけ六』「有馬文書」一三、拙稿「薩摩国守護島津氏の被官について」（『鹿大史学』一二、一九六四年）。
（13）「島津家文書」一―一四五。
（14）『鹿児島県史料　家わけ十』「新田神社文書」九九　新田宮沙汰証人交名注文案。
（15）「島津家文書」一―一六四・一五〇。

三、宮里郷の在地領主

先述の如く、７弘長二年の大番役催促状が宮里郷に限って宛名が単数でなく「郡司名主御中」と多数になっている。これは守護島津氏が宮里郷の実情に応じて用いた宛名と考えられ、当時宮里郷にあっては大番役を勤仕すべき御家人が郡司の他にもあり、しかも単独で催促をうける程独立した存在ではなかったことを示しているのであろう。すなわち従来の催促状２・３のように郡司の一人の名をもって代表させることは出来ず、漠然と複数の名称で表現せざるを得ない実情にあったことを示しているのではあるまいか。庶家の分立、御家人を称する名主の出現という事態である。

これはまた惣領としての郡司の立場の低下を意味しているものと理解することも可能であろう。

宮里氏の系図は必ずしも明確でないが、建久八年六月の薩摩国図田帳に、宮里郷七〇町内、公領六一町五段（島津庄寄郡）の郷司として、また高城郡二五五丁内、草道万得一五町（島津庄と大隅正八幡宮と係争中）の名主としてあらわれる紀六大夫正家は同年一二月二四日の大番催促人交名に見える宮里八郎と同一人と思われる(1)。正家はまた建仁四年二月一〇日、郷鎮守志奈（尾）男社に修理料田三反と長畠一所を寄進し一家の息災延命を祈願しているが、その理由を同社の本給田は従来時吉名にあったが、既に荒廃してしまった。郷内にある鎮守をどうして郷内の名頭等が崇敬しないでよいということがあるものか、と述べている(2)。この文書で正家は地頭散位紀と自署しており、宮里郷の根本領主としての立場を表示している。2建保三年一一月二一日の島津忠久の仮名書の大番催促状名宛人「みやさとの八郎殿」も正家であろう。また建久六年六月一一日の新田宮実検状案に連署している執行貫首紀正家は宮里郡司正家と同一人であろう(3)。なお執行については弘安九年一〇月の石築地用途支配状案の連署人の中にも執印散位惟宗と並んで執印（行）貫首紀とあり、これも宮里郡司とみてよいと思う(4)。しかし正家の宮里郷領有権は完全なものではなかった。島津氏は宮里郷の地頭職を有していたが、建久九年二月二二日の関東御教書案にみえるように薩摩国にあっては満家院と共に宮里郷の郡司名田をも領知することが認められている(5)。ということは宮里郷郷（郡）司職を地頭職と共に兼帯したことであり、具体的には郷（郡）司名田の所得の上前を手に入れたということであろう。後に地頭島津氏が郡司名田の一部六丁の下地を永吉田として支配したことの根拠はここにあったということができよう。このように正家の郷（郡）司職には不安定な要素が少なからず存在していた。

さて正家の後は正綱・正氏・正行・正有とつづき何れも郡司八郎を称したという。宝治二年七月一九日弾正忠某下知状によれば宮里郷益富名主新大夫正持が名内田地五反と薗二ヶ所を地頭代のため濫妨された旨を訴え出ており、地頭代本田五郎兵衛に対し寛元三年七月一六日の下文に従うべきことを令している[6]。この文書は「末吉宮里氏文書」とあり、正持は宮里氏庶家の一始祖になるのであろう。正持については「執印文書」文永五年三月沙弥信阿弥陀仏の上古仏田一町の譲状に親父として記されており、譲りをうけた備後守とは国分寺留主友員をさすのであろう[7]。また延応元年一一月九日沙弥行恵譲状案に連署しているのは何れも紀姓のもの四人であり、正元・正恒・正友・正光と何れも正を通字としており、「為証人一家加署之」の文言がある。彼らを紀姓宮里郡司一族と見てよいであろう[8]。

このように、宮里郡司一族すなわち紀姓で正を通字とする一族はかなり早くから繁衍し、新田八幡宮や郡衙を中心に管内諸職に就任していたもののようである。「有馬文書」文永一二年三月一五日正綱・正忠連署田地譲状の内容は新田宮長日燈油田の免田として床並の内惣入道作並びに新開一町二段を小別当御房の所に明年より引渡すというのであり、しかもその地頭米等所当公事の一切は本主が負担するという条件であった[9]。正綱とは正家の後、正忠は正綱の子と思われ、或いは系図の正氏と同人ではあるまいか。床並は現在宮里の中、小字名として残るが、同じく「有馬文書」建長六年五月二八日の島津忠時安堵状、建長七年四月二二日のはた《秦氏》のうち田地譲状の記述等からみて正岡名内の土地と考えられ、まさをか（正岡）は或いは正家の仮名で郡司名ではなかったかと考えられる[10]。前掲建長六年の文書に、つるしま（鶴島）六反、床並二丁、薗一所は仁治元年二月一〇日の正岡譲状により、床並内新開二丁、荒野三丁は宝治三年二月一〇日の正恒譲状により藤原氏女の知行を認めるとあるが、正岡を正家とすれば、正恒は系図に正家の子としてみえているから父子二代の譲状を安堵したことになろう。また建長七年の文書は、同じく「有馬文書」建長五年七月のゑもむ某の子宮王への譲状をはた《秦氏》のうちが追認したものであることは明らかで、故入道殿とはゑもむ某であり、正家をさすのであろう。(11) したがって正家の没年は建長六、七年のこととなる。正家の後を正綱がつぎ、正綱の後を正忠（氏）がついだのであろう。弘安二年と推定される一二月七日付の宮里郡司宛守護久時（久経）書状は、「役所之警固并構」について度々の催促にも拘わらず一向無沙汰のことを難じ、近日関東使下向について今月中に其功を遂げるよう、また是非の返事を差出すようもとめている。(12) 惣地頭として異国警固に関する賦課を郡司に命じ、その勤仕をもとめているのであるが、これは正安四年八月一八日の惣地頭忠宗（久経の子）代本性と郡司正有代賢智との三分二方田地の相論に関する鎮西下知状に副えられた文書であり、地頭側が郡司（多数の郡司名主の代表者として）側に異国警固の賦課を通じて譲歩を求め、地頭直轄領として永吉田六丁の割譲を認めさせたよりどころとしたものであろう。(13) この時割譲された永吉田六丁の内訳は二三の名々領内に細かく及んでおり、鎌倉末期の宮里郷内の郡司名主の所領保有形態をよく示している。

	町	反	代	分	
合	6				
	1	0	2	3	郡司名内
		7	33	8	平十郎
		8	17	8	武光四郎入道領内
		5	41	1	宮里弥三郎入道領内
		5	17	2	正富名并橋口田内
		2	19	4	石塚左衛門太郎入道領内
		1	48	5	武光弥三郎領内
		2			松本領内
		2	30		吉次（沢）名内
		2	36	7	禅理房領内
		1	30		草道兵衛入道領内
		1	27		益富五郎同又次郎入道領内
		1	12	3	長田入道跡
		1	12	1	禅勝房領内
		1			中島田内
			25		西田内正永
			20		北子田内正永
			25		彦松領内
			41	7	勢万名内
			29	2	菅牟多田内
			29	2	宮原太郎入道
			12	3	得実名内
			29	4	東郷七段内

『旧記雑録前編』九所載の「新田宮観樹院文書」文保元年七月晦日注進の薩摩国御家人交名注文は谷山・鹿児島・満家院・牛屎院・和泉

庄・山門院・莫禰院・甑島の八郡院郷についてそれぞれ数名宛の御家人氏名を記しているが、玉里文庫「古文書類」収載の観樹院文書之内、薩摩国地頭御家人交名注文も同時の注進とみてよいであろう。[14]これには高城（万得・上村）宮里・市来院・伊集院・知覧郡の五郡院郷について数名宛の御家人名を記しているが、氏名の配列に錯乱があると考えられ（原本でなく写本であるため）宮里の項の記載は執行入道・大浦入道とあるが、執行入道とあるのが宮里郡司で正有であろう。他に市来院の項の又太郎・大進房・正家房跡・或いは伊集院の項の宗太宮司・権執印正富名主等も本来宮里の項に含まれるものかもしれない。[15]それから十一年目に当たる嘉暦三年、新田八幡宮雑掌道海と国分助次郎入道道然の相論についての証人交名注文に近隣の地頭（渋谷氏）・守護代酒匂氏の他、高城郡・薩摩郡・宮里郷・市来院・東郷別府の在地領主（名主）と思われる氏名が列挙されている。[16]宮里郷の場合地頭・地頭代・郡司をはじめ三〇名の多数であり、全郷の在地領主（名主）を網羅したものと考えられ、当然御家人もまたこの中に含まれているであろう。今次頁にその氏名を列挙して前掲史料その他文書との関係を示してみよう。若干でも関係があると思われたものまで掲出したから必ずしもすべて当たっているとはいえないが、宮里郡司一族の多数の庶家分出と名田支配の状況はうかがわれよう。

次に宮里郷郡司の惣庶相論の代表例として次の二つをあげておこう。一は延慶二年、郡司正有と河田次郎入道道円子息正景との「郡司一収納得分及当郷田地二丁薗一箇所」をめぐる争いがあり、正有が譲歩して、正景の知行が鎮西探題の下知状によって認められるという一件があった。この時守護代兼三分二惣地頭代沙弥本性が証判を加えている。[17]二は郡司正有と武光弥三郎経兼との正岡名内田地三丁・屋敷一所所当公事をめぐる争いで、これもまた両者の間で和与が成立し、延慶二年一一月二六日鎮西下知状が発出されている。[18]またここにみえる河田正景の弟に当たるのが河田

宮里郷地頭式部孫七	正応 2.8.2 大隅式部三郎忠光
三分二地頭高崎二郎入道	
郡司九郎入道	正安 3.12.1 郡司名内 建武 3.6 郡司九郎入道 建武 4.7.27 建武 4.8 建武 4.11 宮里九郎入道 暦応 5.3.5
益富松本入道	宝治 2.7.19 文永 5.3 益富名主 新大夫正持 正安 3.12.11 松本領内
弥五郎入道	正安 3.12.11 益富五郎 元亨 2.3.16 弥五郎忠弘
又三郎入道	元亨 3.9.16 嘉暦 4.1.23 吉永又三郎入道
又太郎入道	
又二郎入道	正安 3.12.11 益富又次郎入道領内
弥四郎入道	
三郎二郎	元徳 3.10.17 権執印良暹子息三郎二郎俊正 元徳 3.10.17 三郎二郎紀俊正 建武 3.6 三郎次郎俊正 建武 4.8 宮里三郎次郎
弥六入道	
禅理房	正安 3.12.11 禅理房領内
安養寺院主	元徳 2.7.4 宮里導門房 元徳 2.7.28 安養寺院主導門房正海 正慶 1.8.10 宮里導門房
鶴王丸性仙	延慶 2.12.2 鶴王丸名名主 草道太□正平法師子息七郎正時
高江石塚三郎入道	正安 3.12.11 石塚左衛門太郎入道領内 元応 2.12.10 石塚四郎入道後家 元徳 2.2.10 石塚三郎入道 建武 2.8.27 石塚三郎入道覚念
同又太郎入道	
同平七入道	
同小四郎入道	
同三郎四郎	
又四郎入道	
大三郎入道	
五郎太郎入道	
紀平三入道	
紀藤五入道	
長崎寺浄観房	
源朝房	嘉暦 2.12.15 莫根源朝房 建武 2.8.27 莫禰源朝房
正末（永）三郎五郎入道	正安 3.12.11 西田内正永・北子田内正永 建武 4.5.16 正永弾正 建武 4.11. 宮里正永三郎次郎種正
堀切六郎太郎入道	
了性房	暦応 4.7.7 宮里了性房
六郎二郎入道	暦応 2.6.23 宮里六郎次郎入道跡

智門房慶恵であり、有馬家文書は宮里郷郡司庶家河田氏のさらに庶家の相伝文書ということになろう。このように零細な領主で庶家御家人であったが故に、元亨三年一一月二四日、宮里（河田）智門房慶恵が武光四郎入道行恵と藤次郎名内田地一丁余の領有をめぐって争った際、鎮西探題は慶恵が御家人たるや否や近隣の御家人に尋問している程であった(19)。しかし慶恵は元亨四年一〇月二一日、いわゆる正中の変に際し鎮西探題府に参候し、「薩摩国御家人宮里郷一分領主智門房慶恵」なる着到状を提出し、探題の承判をえているのである(20)。彼はさらに幕府滅亡後、元弘三年八月二三日、足利尊氏の奉行所に出頭、その証判を与えられているのである(21)。

前述の如く床並の小字名は現在も残る。大字宮里と高江の接点に当たり、高江の小字段子石の東北につらなる山麓の田地である。現在は休耕田となって植樹の所が多いが、併せて八丁程の水田があったという。宮里郡司一族河田氏のよりどころとしたのはこの地であろう(22)。河田の地名は今残らないが、「有馬文書」応永一五年四月二五日の沙弥けんつう譲状に「さつまのくにミやさとのかうのうち、かわたミやうのうち、とこなみ二反廿、ならひニみねもとのいやしき」とあれば、河田名は宮里郷内であり、また同名の内に床並の田地のあることは明らかである(23)。

以上述べたところを要約すれば、宮里郷は新田八幡宮の社務の実権を握る権執印・執行の本領地で紀姓宮里郡司一族が繁衍していた。惣領権は弱く、庶子の独立化が早くから進んでいたが、所領は何れも零細で数丁歩宛分有するにとどまり、単独で行動することは困難で、互いに所領争いをくり返しながらも、全体としては連合して行動せざるを得なかった。鎌倉期には大番役勤仕の形態にそれがあらわれ、南北朝期にも惣庶別々に着到状・軍忠状を有しながら、おおむね一族同一行動をとり、且つその弱少性の故に、個別に守護島津氏の被官化の道を早くよりたどらざるをえなかったということができよう。

註

（1）「島津家文書」一―一六四、拙稿「薩摩国建久図田帳雑考」（『日本歴史』一三七、一九五九年。本書第2部第一章）。『旧記雑録前編』一―一二三　保延元年一〇月二五日の院主下文にみえる五大院政所正信を宮里氏系図（「諸家系譜」四二）に正家の兄としているのは疑わしいが、正家の先祖であることは疑いあるまい。
（2）『旧記雑録前編』一―二二二。
（3）『鎌倉遺文』七九七号、『川内市史料集5新田神社文書』二―一一。
（4）『旧記雑録前編』一―七八三。
（5）『旧記雑録前編』一―七八九、拙稿「大隅国御家人税所氏について」（『鹿大史学』九、一九六一年）。
（6）同右一―四五六。
（7）『鹿児島県史料　家わけ十』「新田神社文書」二六。
（8）『旧記雑録前編』一―四〇二、「市来崎文書」。「山門氏文書」。
（9）「有馬文書」五。
（10）同右二・三。
（11）同右一。
（12）同右一〇。
（13）『鹿児島県史料　旧記雑録前編』一―一〇六二、在隈城有馬休右衛門、惣地頭代本性去状、同和与状。
（14）拙稿「中世社会と御家人―惣領制と御家人制、薩摩国の場合を中心として―」（『歴史教育』八―七、一九六〇年。本書第1部第六章）。
（15）拙稿「薩摩国の御家人について（補遺）」（『鹿大史学』七、一九五九年）。
（16）「新田神社文書」九九。
（17）「有馬文書」一二・一三。

(18)「入来院文書」二一四。
(19)『鹿児島県史料　家わけ六』「有馬文書」一九。
(20)同右二二。
(21)同右二七。
(22)昭和五〇年八月二八日、藤井・野崎・青崎委員と現地調査。
(23)『鹿児島県史料　家わけ六』「有馬文書」五一。

第六章　中世社会と御家人

―惣領制と御家人制、薩摩国の場合を中心として―

一、はじめに

あたえられた題名の大きさに比し、その紙数は少なく、筆者の力も余りに乏しい。自然、執筆には表題に関連してさらに限定された問題を選ばねばならない。私はここで最近漸く論議の活発になってきた「惣領制と御家人制」の問題をとりあげてみたい。しかし右に関する従来の業績並びにその問題点等については既に本誌（『歴史教育』）七巻七号において水戸部正男氏（「惣領制」）が、『歴史学研究』二四〇号において新田英治氏（「惣領制について」）が要を得た解説を行われているので、今またこれらについて述べることはしない。ただ私見ではこの問題についての従来の研究は主として鎌倉幕府の法令や、全国に跨がる広範囲の史料の中から関係史料を摘出して考察するといった方法が多いように思われる。そしてこの問題の解明を推進するためにはさらに多くの具体的な資料が提供されなければならないと考える。即ち東国或いは西国における各御家人領主の個々の実態がもっと数多く紹介されなければならないと感ずる。このような観点から私はこの問題について薩摩国における御家人の場合を中心として若干考察し、些少の資料を提供致したいと思う。即ち鎌倉時代中期以降、惣領制の解体の進むにつれて鎌倉幕府の御家人体制の変質が著しくなってきたとする従来の定説が具体的にはこの国の場合、どのようにあらわれているのであろうか。

二、御家人数の推移

薩摩国では御家人数の推移を知る恰好の史料が二つ残されている。一は建久八年の薩摩国大番交名注文であり、二は文保元年の御家人交名である。[1]一は鎌倉時代初期における御家人数（その全部でないにしても大部分）を、二は鎌倉時代後期における御家人数（全郡院郷ではない）の概況を示すものである（今両史料により対比しうる郡院郷の御家人数を表示すれば表の如くである）。[2]そして両者を比較した場合、いえることは、後者の場合御家人数が著しく増加していることであり、それが殆んど庶家の分出によるものであることである。勿論この二種の御家人交名はその作成の目的がそれぞれ異なったものであろうから、同一基準の下に見るべきものではなかろうが、とにかく鎌倉時代の後期になると御家人数の著しい増加、庶家の分出の盛んであったことはみとめねばなるまい。今これらについてさらに検討する為に文保元年の御家人交名中、とくに御家人数の増加の著しい牛屎・宮里・満家・和泉の四郡院郷について個々に若干の考察を加えてみたい。

郡院郷	建久8年御家人交名	文保1年御家人交名（　）は地頭及び地頭代
＊和泉郡	1	8
山門院	1	3
莫祢院	1	2
＊宮里郷	1	6
＊牛屎院	1	12（1）
甑　島	0	2
＊満家院	1	7
伊集院	1	9
市来院	1	2
知覧院	1	5（1）
谷山郡	0	3（2）

三、御家人の庶家の分出

（a）牛屎院

建久八年の図田帳に牛屎院三六〇丁の内、「永松二百四十町内　院司元光、幸万五十五町　島津御庄方弁済使、木崎十五町　名主前内舎人康友、光武五十町　名主九郎大夫国吉」と見える。[3] 院司元光とあるのが、大番交名には見えないが、安元元年の右近衛府牒、同三年の右近衛府政所下文に牛屎郡相撲人太秦元光と見え、文治三年、小城八郎重道と所職を争い、頼朝の安堵下文をえている牛屎院郡（院）司元光に他ならない。[4] また光武名主国吉とは前掲安元三年の右近衛府政所下文に見える牛屎郡司元光と係争のあった国吉で檜前姓篠原氏であろう。大番交名の萩崎五郎とは、建武四年二月一〇日の篠原一族交名注文に「同萩崎小次郎入道良意」と見えるところから、篠原一族と考えられる。[5] 牛屎院の御家人領主としては右の郡司太秦姓牛屎氏と檜前姓光武名主篠原氏とがあったと思われるが、図田帳にはその二者が見え（他の二者については一は鹿児島郡司であり、一は島津庄弁済使とあり、共に不在領主と思われるので考慮外とした）、大番交名にはその一方が見えているということになろう。しかるに文保元年の御家人交名は左の如くであり、

地頭御代官　　　牛屎二郎左衛門入道
牛屎院　羽月右衛門入道　牛糞五郎左衛門

同兵衛入道　　　篠原孫三郎入道
永竹二郎入道　同又太郎　同弥三郎入道跡
萩浦入道跡　　曾木入道弁済使　永羽名主

地頭代官を含めて一二名を数える。それをさらに整理すると牛屎三、羽月一、篠原一、永竹三、萩崎一、曾木一、永羽一となる。永竹、永羽については明らかでないが、恐らく牛屎氏一族であろう。曾木は大隅国御家人菱刈氏庶流と思われる。羽月氏は牛屎氏庶家である。今「太秦姓来由」所収系図、並びに「牛屎系図」によると、牛屎氏の惣庶関係は概ね次の如くである。[6] 勿論疑わしい点も少なくないが（たとえば井手篭・柿木原・篠原氏等を同族としている点）、大体はかくの如くであろう。

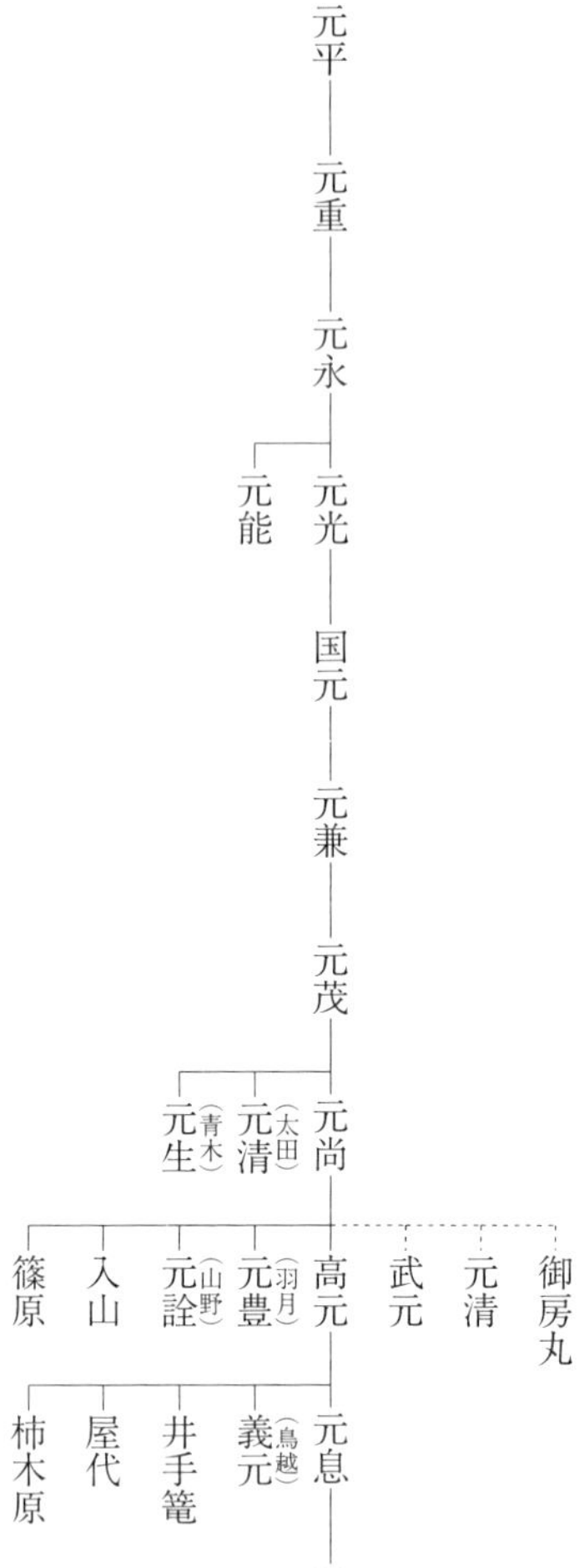

- 元平—元重—元永
  - 元光—国元—元兼—元茂
    - 元尚
      - 御房丸
      - 元清
      - 武元
      - 高元
        - 元息—元勝
        - 義元（鳥越）
        - 井手篭
        - 屋代
        - 柿木原
      - 元豊（羽月）
      - 元詮（山野）
      - 入山
      - 篠原
    - 元清（太田）
    - 元生（青木）
  - 元能

そして鎌倉時代末期に多くの庶家を分出していることがわかる。山野・羽月・青木・太田・鳥越等の諸氏がそれである。そしてこれらの庶家は惣領牛屎氏と共に南北朝の争乱期に活躍している。永和三年一〇月二八日の一揆神水契状に見える六一名中、牛屎氏は七名を数えているが、その内訳は鳥越・青木・牛野・太田・牛屎・山野・羽月各一である。(7) かくの如く鎌倉時代後半になって多くの庶家を分出してきた惣領家牛屎氏は鎌倉時代末期には単独相続に転換したようであり、庶家についてもこれと同じ経過を辿ったようである。元弘二年一〇月一〇日の沙弥恵仏譲状はこれを物語る。(8)

譲与　嫡子太郎高元所

在薩摩国牛屎院惣領郡司職幷永松木崎両名下地事

一永松名田畠在家以下里々荒野幷山野狩倉等事

一木崎名田畠在家等事

副渡代々本証文幷里々坪付事

右、件所者、恵仏重代相伝之所領也、而高元為嫡子之上、親子之志異他之間、所譲与也、任先例可令領掌也、且郡内下地知行之輩、皆以恵仏庶子也、所領ぉ他人譲券(売カ)却事出来者、可為惣領沙汰之由、先祖代々置文明白也、可令存知其旨也、次高元母幷舎弟武元・元清・御房丸等仁指色目可譲与之地有之、不可有違乱、仍為後代、以自筆可書与也、将又譲与于高元之地、不可分与子孫、可譲于惣領一人也、仍為末代譲状如件、

かくして惣庶共単独相続により、所領の縮少化を回避しつつ、その立場の強化につとめたのであるが、何分所領が狭少であることと、相互に近接していることとにより、対外的には利害関係が密接であり、時に個々に行動しても全体としては惣領を中心として一致して動く傾向が強かったようである。そしてその後は山野・羽月氏を除く他氏はそ

れぞれ有勢領主の家臣として吸収されていったようである。当時の守護大名島津氏麾下の領主名を示すと思われる永享一〇年の福昌寺仏殿造営勧進帳[9]によれば牛屎氏に並び山野・羽月氏の名のみが見えている。

一方篠原氏についても、前掲建武四年の篠原一族交名注文によればその内訳は一五名中、篠原一〇、岩崎一、水俣一、萩崎二、中条一となっており、また応永一八年八月一〇日の「大隅国菱刈院地頭職事」によれば、一六名中、薗田四、篠原三、桂木二、光武・広武・萩崎・松本・岩崎・鵜羽・大篭各一の内訳となっている[10]。これに従えば牛屎氏より小規模ながらその惣庶関係において同様の推移が見られたように思われる。

（b）宮里郷

建久八年の図田帳によれば宮里郷七〇丁の内、安楽寺・弥勒寺領を除く公領（島津庄寄郡）六一町五段の領主は紀六大夫正家となっている。正家はまた他に高城郡、草道万得（正八幡宮領）一五町の名主でもある。大番交名の宮里八郎とはこの人のことであろう。「島津国史」所引の宮里氏系図によると正家の父は保延元年院主下文に「五大院政所正信」とある人で、新田八幡宮五大院政所職を兼帯していた[11]。その後の宮里氏は庶家の分出が著しかったようで、そのことは弘長二年八月一一日の守護道仏書下（大番催促状）の宛名が他例と異なって「宮里郷郡司名主御中」と複数であったらしいことからもうかがわれる[12]。文保元年の御家人交名では、

宮里　　執行入道

　　　太浦入道

本丼入道　益満伊作田入道

又太郎大進房　正家房跡

とあり、六名であるが、伊集院の中に見える権執印正富名主等も本来宮里郷の内に入るべきものと思われ、この史料には錯簡があるようなので明確でないが、その数は少なくとも六名以上であろう。さらにこれよりやや年代の降る嘉暦三年の新田宮国分氏相論証人交名注文(13)には証人たるべき名主交名を列記している中で、宮里郷については左の三〇名をあげている。

宮里郷地頭式部孫七　三分二地頭高崎二郎入道　郡司九郎入道　益富　松本入道　弥五郎入道　又三郎入道　又太郎入道　又二郎入道　弥四郎入道　三郎二郎　弥六入道　禅理房　安養寺院主、鶴王丸性仙　高江石塚三郎入道　同又太郎入道　同平七入道　同小四郎入道　同三郎四郎　又四郎入道　大三郎入道　五郎太郎入道　紀平三入道　紀藤五入道　長崎寺浄観房　源朝房　正末三郎五郎入道　堀切六郎太郎入道　了性房　六郎二郎入道

もちろんその全てがそれぞれ独立の御家人名主であるというのではないが、右の人名中、その前後の史料によって御家人名主と推定しうるものが数名見られる（○印のもの、△印は地頭または地頭代、×印は単に名主としてみえるもの）。このように宮里郷においては鎌倉時代中頃より庶家の分出が著しかったようであるが、本来狭郷のこととて庶家の有する所領も当然零細なものが多かったと考えられる。たとえば庶家河田氏の如きは鎌倉時代末期、正岡名等で二、三丁の田地と若干の薗、荒野等を所有するに過ぎなかったようである(14)。しかしこれらの庶家は纔かな所領を保有しながら、御家人を称し、元弘・建武の内乱その後の争乱に個々に着到状、軍忠状を進めている。しかしこれらの庶家はその弱少さの故か、有勢家には成長し得ず、前掲永享一〇年の福昌寺勧進帳には宮里紀忠正の名が見えるのみである。

大蔵永平（満家郡司）――菩薩房
　　　　　　　　　　　　‖――栄尊
　　　　　　　　　　村上頼重
栄尊┬祐範――時範――忠範┬義範――範平…
　　│　　　　　　　　　└景範（小山田）…
　　├盛忠（西俣）――久盛…
　　├盛佐（川田）――佐清…
　　├栄秀（前田）（義永）…
　　└栄慶（辺牟木）（義隆）…

（c）満家院

建久八年の図田帳に満家院一三〇丁、院司業平、大番交名に満家院司とある。同人であろう。業平は大蔵姓、大隅国加治木郷郡司と同族である。しかし院司職は大蔵氏よりやがて大隅国御家人税所氏の手中に帰したものの如くである。比志島氏はこの大蔵氏の出である菩薩房と源姓村上氏の間に生まれた上総法橋栄尊に発する。

比志島氏は満家院内比志島の地名より出る。栄尊は天福元年一〇月、惣領郡司税所氏の羈絆より脱し、寛元二年には比志島・西俣・川田・城前田、上原薗《ソノ》五ヶ名についての各別知行安堵の関東御教書をえて、名実共に鎌倉御家人として独立したのである[15]。比志島氏のその後の惣庶関係を系図により示すと次の如くである。即ち建長五年七月一〇日栄尊は嫡子比志島太郎祐範に五ヶ所名主職を譲渡すると共に、庶子盛忠・盛佐・栄秀・栄慶に西俣・川田・城前田・辺牟木等の諸所の代官職を分与している（上原薗については当時税所氏代官上原氏が領知していたようである）。代官職の分与といっても、これは惣領制下の分割譲与とかわらず、以後これらの庶家は紆余曲折をへながらも次第に独立化の道を歩むことになるのである。しかし弘安の役に庶家川田氏（右衛門尉盛資）は惣領比志島氏（範時）に従って戦っているし、また異国警固番役も西俣氏と共にその代官として勤仕している。だが嘉元四年には庶子は石築地裏加佐、破損修理の負担につき対捍して惣領に訴えられたのを始めとし、惣庶の相論が目立ってくる[16]。

比志島孫太郎　西俣孫太郎《又三郎》[17]

満家院　川田右衛門太郎　大丸犬一丸
中俣弥四郎入道跡　山口入道　厚地座主取納使

右の文保元年の御家人交名中、比志島氏一族であることの明らかなものは比志島孫太郎・西俣又三郎・川田右衛門太郎の三で大丸犬一丸・山口入道も或いは一族の中かと思われるが明らかでない。中俣弥四郎入道跡と厚地座主取納使は郡司税所氏一族と推測される。西俣、川田等の庶子が自ら御家人を称した文書は見当たらないが、両氏はとくに有勢の庶家として独立度を強めていったであろうことは想像に難くない。しかし五ヶ名惣領職はその実質を喪いつつも依然、室町時代中頃まで嫡子に相伝されていった。南北朝内乱期に比志島氏は惣領を中心とし、上原その他の別族とも連合して概ね「満家院一族」の名の下に動いているが、惣領の庶子に対する権限は鎌倉時代のそれに比して弱まっているようである。

（d）和泉郡

建久八年の図田帳に島津一円庄、和泉郡三五〇丁、下司小大夫兼保があり、給黎院郡司をも兼ねている。大番交名に和泉太郎（小大夫）とあるのと同人であろう。その後伴右兵衛尉保久は寛喜元年関東下文をえて、泉庄弁済使下司・給黎院郡司職并上竃石村の領知を安堵され、さらにその後保道が相伝し、保道は惣領職を長子図書允保連（導証）に譲与し、また正応五年、次子和泉次郎保在（法有）に和泉新庄惣領職田畠在家并山野、即ち杉村・永野・折小野・錦野・宇津野等を譲っている。その譲状に「京都関東御公事者、任御公事足田数、自惣領令支配者可勤之、惣領若致違乱者各別仁可勤仕之、雖可副渡関東代々安堵御下文、渡惣領之間、書案文渡先年畢」とある。給黎院の方は保

道の兄弟保俊（保西）、その子資保が相伝した[18]。文保元年の交名では、

下司図書入道　兵衛五郎入道跡　郡山名主[19]

和泉庄　同杉左衛門二郎入道　孫五郎入道

井口入道　知色入道　鯖淵名主弁済使

とあり、この中知色、鯖淵については当時は和泉氏一族ではなかったようであるが（知識氏系図によればその姻戚なりという）、南北朝時代には和泉一族中の一員として行動しているようである。前掲永和三年の一揆神水契状の六一名中、和泉氏一族は朝岡・杉・知色・和泉・井口・上村の六名が見えるが、これら和泉氏庶家は一族の結合を保持しながら、それに地縁的結合の要素を加味し、独立的な面と連帯的な面とを両立させながら、南北朝・室町期を推移していったようである。永享一〇年の福昌寺仏殿造営勧進交名には和泉沙弥光朝の他、井口左近将監仲保・杉参河守保則・知色下野守守保・上村図書助貫保の名がみえる。

（e）その他

前掲、御家人数の推移を示した表によっても明らかな如く、薩摩国御家人の庶家の分出は後期に至って著しい。今迄この中とくに著しい四郡院郷について見てきた訳であるが、他の郡院郷についてもやはり程度の差こそあれ同様の推移がみられるようである。但し前表中、谷山郡の如きは地頭側が二を数えるのに郡司の方は庶家を分出していない。このような例が他にも若干あるのではなかろうか。当時の史料からみていくと、概して南薩の郡院郷において庶家の分出が少ないことがわかる（当時薩摩国の中心地域は中薩即ち薩摩・高城郡付近であった）。しかしその間にあっても多

少、遅速の差はあるものの尚庶家の分出は見られたし、またそのことは在地豪族の国御家人の場合のみにとどまらず、惣地頭島津氏を始め渋谷・二階堂・鮫島氏等東国より下向し、土着するに至った御家人についても同様であった。たとえば阿多郡北方地頭二階堂氏においても元徳年間、公事配分をめぐる惣庶の争論が烈しく行われたし[20]、入来院渋谷氏においても宝治年間下向後、寺尾氏等幾つかの庶家を分出したが、その後南北朝期に入ると惣領入来院氏は再びその支配力を強化し、庶家寺尾氏はその家臣化への道を辿るのである[21]。

このように薩摩国御家人全体として鎌倉時代後半より庶家の分出は著しかったが、所領を近接して僅か宛、分有することの多かった彼らは完全に独立して独自の行動をとることは殆んどなく、惣領中心の族的結合の形を容易に崩さなかった。そしてそれに地縁的結合の要素が次第に多く加わっていったのである。文和四年六月一日の「御感綸旨所望輩交名[22]」に同族または他姓のもの合わせて鮫島又二郎入道蓮宗手一族以下輩三八名、谷山隆信手一族以下輩二三名、智覧忠元手一族以下輩三七名、別府忠香手一族以下輩一〇名、指宿成栄手一族以下輩一七名、矢上高純手一族以下輩一九名、島津道忍手一族以下輩一一名等の交名記載の見えるのは当時におけるこのような結合の状態を示す史料であろう。隣国大隅国の場合についても、文和二年の反島津勢交名[23]二四氏中、「税所介一族」等その交名に「一族」を付記しているもの一四を数えることも同様の事情を物語るものであろう。

四、惣領制の解体と御家人制の変質

薩摩国の惣領制及び御家人制の推移は右の様な状況であったが、これに対する鎌倉幕府の対応は如何であったろうか。かつて佐藤進一氏は「幕府論」において惣領制衰頽の指標をはじめ分割譲与の際、惣・庶の安堵法が異なっていたのに嘉元元年に至り、一様に外題安堵と改められていること、即ち嫡庶による取扱の差別の撤廃と、文永・弘安蒙古合戦ののち、鎮西探題の特殊な立法として「庶子惣領可相並」(「実相院文書」正和元年一一月二二日　鎮西下知状)と定めて、庶子を惣領の指揮より解放して、その独立を認めていることとに求められ[24]、さらに「鎌倉幕府政治の専制化について」(『日本封建制成立の研究』所収)において、弘安七年の鎮西御家人の名主職安堵の指令に注目され、「丁度東国御家人の根本下文と同じ意味をもつものとして名主職安堵の下文を交付し、併せてこの機会に御家人の沽却質地券を取戻させた上でこれを安堵しようとするもの」であるとされ、これは弘安四年、「宣旨を発布させることによって、大量的な軍士の獲得要求(それはそのまま全武士階級を幕府の御家人化する途に通ずる)を一挙に実現し得たのと軌を一にする」と述べられている[25]。

また瀬野精一郎氏は一連の労作によって佐藤氏の論旨に批判を加えられているなかで、「鎮西探題裁許状中、惣領と庶子の相論は一七例あるが、二例の和与を除いては、悉く惣領側の勝に帰している。これによっても鎌倉末の『鎌倉幕府による庶子独立奨励策』は異国警固番役確保のため施行した現実即応の政策であり、一応緊急事態を脱した後においては、庶子支配強化を意図する惣領の立場を支持する政策に復帰したことがわかる」と述べられている[26]（「鎌倉幕府滅亡の歴史的前提―鎮西探題裁許状の分析―」『史淵』七五）。鎮西御家人に関する限り、惣庶相論に対する鎮西探題の裁許にも示されている如く、惣領の優位は動かし難い。しかしながら一方において軍士の確保という必要性から、庶子のある程度の独立も認めざるを得なかったのであり、そのため幕府の態度も終始一貫したものではなく、その都度都度、力関係の有様によって異なっていたといえよう。大隅国御家人佐多氏も異国警固番役の勤仕に関する弘安六年の惣庶間の相論で庶子の各別勤仕が認められている[27]。一体大隅国も薩摩国の場合と同じく鎌倉時代初期（建久九年）の御家人交名が伝えられており、それによると、国方（公領、島津庄寄郡内の御家人領主・名主）一四、宮方（正八幡宮領内の御家人領主・名主）一九を数える。それが後期になると国方二七、宮方三と変わってくる。この中、宮方の激減については正八幡宮の御家人忌避という特別な事情によるものと思われるから、ここでは考慮外において国方御家人についてみれば約二倍の増加となっている。そしてこの倍増の原因は何れも庶家の分出によるものであることがわかる[28]。

一体東国の場合と異なり、西国御家人の場合は関東下文をもたない御家人が大部分であり、幕府との関係も東国御家人の場合と異なりはるかに間接的であった[29]。薩摩国等の場合、このことが明確にあらわれており、惣領が独立の御家人として認められたのみで庶子はその代官等として取扱われたに過ぎなかった。ところが文保元年の御家人交名が示す如く、鎌倉時代の末期になると分出せる多くの庶家が御家人とよばれ、御家人を自称するようになるのである。一体御家人は「沙汰未練書」に「御家人トハ　往昔以来、為開発領主賜武家御下文人事也」とあって、関東下文を有することが第一条件であったが、庶家の場合は殆んどもたなかったし、また西国御家人の場合は前述の如く関東下文を有するものは一部に過ぎなかったのである。しからば御家人たるや否やを定める第二の条件は御家人役の勤仕であったが、御家人役といっても多種多様であり、また勤仕の仕方にも問題があった。番役等の際は守護等の発する覆勘状の有無がきめ手となることが考えられるが、異国警固番役については広く非御家人をも動員したので、これのみでは御家人たる確証とはなしがたい。しかし「沙汰未練書」に「非御家人トハ　其身者雖為侍、不知行当役勤仕之地人事也」とあることから、侍身分で御家人役勤仕の地（御家人領）を知行するものは皆御家人であるという反対解釈も出来ることになる。御家人領の保護について、幕府は熱意をはらってきたところで、天福、寛元両度にわたり西国御家人等の知行する所職を荘園領主が妄りに改易することを抑止している(30)（改易の場合は御家人を以て補充する）。

このようにみてくると御家人領は幕府が図田帳等の提出によって絶えず掌握につとめて来たところであり、一方では御家人領知行の者は御家人なりとして把握しようとする試みも生じて来たであろう。当然そこに庶家御家人の独立御家人化、非御家人の御家人化の原因も存在すると思われる。しかし明確な御家人の定義は第一のものであり、これに固執する限り従来の庶家御家人、非御家人が御家人化しうる道は開かれない。この両者の矛盾の解決には幕府も明確な態度をとりがたく、瀬野氏もいわれる如く「鎌倉幕府自身必ずしも御家人、非御家人の判定に対する固定した明確な基本方針を有しておらず、御家人、非御家人の判定が幕府の裁決に委ねられた際も個々の場合の力関係によって裁決が左右されている」（「肥前国における鎌倉御家人」『日本歴史』一一七、一九五八年）如き有様であった(31)。右につき宮里氏庶家、河田氏に関する史料を収める「有馬文書」の中に注目すべき一史料がある(32)。

（薩摩国）宮里智門房慶恵申武光
（四郎入道）行恵沽却宮里郷藤次郎名内田

（地壱丁余）事、彼地為私領歟、将亦慶
（恵為御）家人否、所有不審也、早尋究
（実否、載セ）地頭御家人等起請文、且可
（言上子）細者、仍執達如件、
（元亨三）年十一月廿四日　　修理亮（花押）
□次郎左衛門尉殿

上の部分が欠損していて全文を知り難いが、恐らく（　）の如くであろう。ここで注意すべきは問題となっている藤次郎名が私領であるか否か、また宮里智門房慶恵が御家人であるか否かを近隣の地頭御家人に質していることである。私領とは先の「沙汰未練書」に「開発領主トハ　根本私領也、又本領主トモ云也」とあるように御家人私領のことと思われ、それが社寺領等でない公領内の所領であるかを確かめたのであり、また訴人の慶恵が御家人たるか否かを確かめて裁許の資料に当てようとしたのであろう。そしてこれは共に認知された如く、元亨四年一〇月二一日の慶恵の着到状には「薩摩国御家人宮里郷一分領主智門房慶恵」とあり、[33]以後の史料にも慶恵は必ず御家人の称号をつけ加えるのを忘れない。

右の一例によっても、幕府が元寇以後、軍勢確保等の目的から時に応じて庶家を御家人として認許する方針をとっていることが知られる。薩摩国御家人の分出せる大部分の庶家が御家人を称しているのは幕府のこのような態度が、やはり裏にある訳で、無制限に非御家人を御家人としたのではあるまい。弘安七年の鎮西御家人の名主職安堵といっても、従来御家人領とみなされて来た所領を知行していた惣庶の安堵を計ったということなのであろう。以上惣領制の解体と御家人制の変質の過程を薩摩国の場合を中心としてみてきたのであるが、最後に薩摩国における御家人制変質の問題と関連してこの国の特殊事情を一言付加しておきたい。

それは惣地頭と小地頭（郡・院・郷司、名主御家人）との関係の推移である。即ち守護兼惣地頭島津氏は当初支配力が十分でなく、島津氏も殆んど在国しなかったのであるが、元寇以後、島津氏が在国するに及んで、その経営が進み、一方では在国御家人との間に種々紛糾をおこしながら、他方では宮里氏の場合の如く、その主従関係を強化していった。このことは守護即ち惣地頭（国内の大部分の）である薩摩国の場合の特色であろう。即ち幕府——地頭《（守護）》御家人の関係ではない幕府—惣地頭《（守護）》—小地頭（御家人領主、名主）の関係の在り方である。右の事情は惣地頭《（守護）》—小地頭の密接な関係を生む反面、逆に連合してその勢力浸透に抵抗する小地頭勢力の結集をもたらしたであろう。薩摩国の場合、南北朝時代を通じてこれら小地頭層が守護方、反守護方の二勢力に与党分裂して争いつづけた事情の一端はここにも求めることが出来るのではあるまいか。

註

（１）『鹿児島県史料　旧記雑録前編』一―一七五～一七七・一二二〇号、鹿大図書館蔵　玉里文庫「古文書類」。
（２）拙稿「薩摩の御家人について」（『鹿大史学』六・七、一九五八・五九年）。
（３）「島津家文書」一―一六四号。
（４）『鹿児島県史料　旧記雑録前編』一―一一六号（「桑幡文書」）。
（５）『鹿児島県史料　家わけ七』「篠原文書」六号。
（６）市来政香氏所蔵「羽月氏系図」によれば、元光・国元の間に永元をいれ、羽月・山野氏は永元より出、大田・牛野氏が元兼より出るとする等相異する点が多い。
（7）『鹿児島県史料　旧記雑録拾遺　家わけ一』「祢寝文書」一二一四号。
（8）『鹿児島県史料　旧記雑録前編』一—一六一一号。
（9）同二—一二一三号。
（10）同二—八二二号（「篠原文書」）。
（11）同一—二三号（「権執印文書」）。
（12）同一—六四一～六四五号。
（13）同一—一四九八号（「権執印文書」）。
（14）『鹿児島県史料　旧記雑録拾遺　家わけ六』「有馬文書」。
（15）『鹿児島県史料　旧記雑録拾遺　諸氏系譜三』「比志島文書」天福元年一〇月二日　僧智弘等三人契約状（二五号）、寛元二年一二月一一日　六波羅御教書案（三一号）。
（16）同　嘉元四年正月二八日　守護代書下（七六号）。
（17）孫太郎とあるのは誤りで又三郎と訂正したものであろう。従って御家人数は八でなく七となる。
（18）『旧記雑録前編』二・五・七・八。
（19）右の一行は、普通牛屎院の中にいれられ、前掲拙稿もこれに従ったが、内容等からみて和泉庄の中に入れるが妥当と考え、今改めて和泉庄の御家人の中に数えた。尚牛屎院の御家人交名の配列については疑義が残るが、今は旧稿を改めて通説に従った。
（20）『鹿児島県史料　家わけ一』「二階堂文書」。
（21）「入来文書」。西岡虎之助「中世前期における荘園的農村の経済機構」（『荘園史の研究』下巻二、吉川弘文館、一九五六年、所収）。
（22）『旧記雑録前編』一—二五八二号。
（23）同一—二四九九。
（24）二一頁。

(25)　一三三〜一三四頁。
(26)　一〇二頁。他に「惣領制の解体と鎌倉幕府」(『九州史学』六、一九五七年)等。
(27)　『鹿児島県史料　旧記雑録拾遺　家わけ二』「祢寝文書」五一四・五一五号。
(28)　拙稿「大隅の御家人について」(『日本歴史』一三〇・一三一、一九五九年)。
(29)　東国では惣庶共幕府(将軍)との直接的な結びつきで独立の御家人として行動している例が多い。
(30)　『中世法制史料集』一、追加法六八・二一〇・六三三条。
(31)　三五頁。他に同「肥前国御家人白魚九郎入道行覚に就いて」(『九州史学』一、一九五六年)参照。
(32)　(33)　前掲「有馬文書」一九・二二号。

第七章　東国武士西遷の契機
―薩摩国の場合―

鎌倉時代、東国に本貫を有する武士が西国に地頭職等を与えられ、やがてその地に下向、土着して在地領主と競合しつつ領主権を確立しえたものの数は決して少なくない。かつて瀬野精一郎氏は『日本歴史』誌上（一六七・一六八、「鎮西における東国御家人」）において東国御家人で鎮西各地の所領に下向した「鎮西下り衆」の網羅的検出を試みられ、かつ所領給与の理由、所領支配の形態等について分類整理を行われた。また氏は右論文で同じ「鎮西下り衆」の中でも広大な所領所職の給与を受けた東国有力御家人の他に、散在の狭少な地頭職の給与を受けて下向してきた弱少御家人も多数存在し、むしろ後者についての歴史的考察が重要であるという注目すべき見解を発表された。私のこれより草する一文はもとより氏の意図されるところに遠く及ばないが、その見解に導かれつつ現在所縁を有する薩摩国の場合について二、三の例を挙示し、責をふさぐこととした。薩摩国は西国の中で一番辺陬の地にあるから、与えられた課題の具体例としてとりあげるのには或いは適当でないかもしれない。しかしここでも鎌倉期、数次に及ぶ東国武士の来住、定着の事実が認められるのでこれらを素材に若干の考察を加えてみたい。

一、鮫島氏

鎌倉時代、東国出自の武士で薩摩国に所領を有するに至ったものを列挙すれば次の如くになる。
(A)島津氏（島津庄惣地頭職）、(B)千葉氏（島津庄寄郡高城郡・東郷別府・入来院・祁答院・甑島地頭職）、(C)中原氏（大隅正八幡宮領荒田庄地頭職）、(D)鮫島氏（宰府領阿多郡地頭職）、(E)二階堂氏（阿多郡北方地頭職）、(F)渋谷氏（高城郡・東郷別府・入来院・祁答院地頭職）

以上は瀬野氏もあげられた諸氏であるが、なお、細かく検出すれば、(G)北条氏（川辺郡地頭職）、(H)小川氏（甑島地頭職）、(I)斑目・大井氏（祁答院名主職）、(J)本田・酒匂・猿渡・鎌田・東条・中条氏（島津氏被官）、(K)千竃氏（北条氏被官）となる。右の中、(A)～(D)は瀬野氏の分類にしたがえば、「(イ)鎌倉幕府の鎮西支配のための何等かの特殊権限を附与され、その経済的基盤として給与されたもの、(ロ)源平争乱勲功賞」の何れかに当たるべく、(E)～(H)は「(ニ)承久乱勲功賞、(ホ)宝治合戦勲功賞」とみてよいであろう。(I)(J)(K)はそれぞれ(F)(A)(G)の代官的立場にあったものとしてよいであろう。彼らははじめ代官としてその在地性は稀薄であったが、次第にその在地性を濃厚にし、この時代後半から次代にかけて在地領主として活躍するようになる。

以上鎌倉時代、東国出自の武士で薩摩国に所領を有するに至ったものを列挙したわけだが、この中には(B)千葉氏、(C)中原氏、(G)北条氏の如く不在領主、代官支配のまま在地に根を下ろすことのなかったものもあり、また下向して在地に根を下ろしたものもその時期にはそれぞれ先後があったのである。(A)守護兼惣地頭島津氏の下向は第一回の蒙古襲来、即ち文永の役後建治年間のこととされており、[1] (E)二階堂氏もその所領、阿多郡北方地頭職に補任されるのは、宝治元年一〇月、前地頭鮫島家高が新田宮神官に狼藉の振る舞いがあったため改易された後の、建長元年のことではあるが、[2] 実際に在地に下向して根を下ろすことになるのは、まず文永八年九月、蒙古襲来に備えて器用代官の差遣が命ぜられ、ついで正応五年、隠岐入道後家子息泰行の下向が命ぜられてから後のことである。[3]

このように東国御家人の薩摩国への下向、定住は元寇以後本格化するのであるが、他方(D)鮫島氏の如くいち早く現地に下向、阿多平氏等在地の豪族と姻戚関係を結び、在地豪族として根をはるに至ったものもある。鮫島氏系図によれば、同氏は駿河国鮫島郷司であり、建久五年、薩摩国阿多郡地頭職として下向した鮫島四郎宗家の妻は薩南平氏の一流鹿児島六郎平忠良の女であり、その所生の男子で同郡北方地頭職を承襲した家高の妻は同じ薩南平氏の一流川辺二郎左衛門尉景道の女とあり、また家高の妹はそれぞれ同薩摩平氏流伊作実澄、伴氏流大隅国串良院領主北原延兼、藤氏流曽於郡司税所義祐の妻として嫁している。さらに家景の妻は山門郡司平秀忠女で、その所生にかかる家貞が平姓山門郡司に代わって藤姓山門郡司の初祖となっている。また家貞の妹の一人は伊作庄惣公文藤原純貞の、いま一人は谷山太郎忠成の妻となっている。[4] このように鮫島氏が所職補任後直ちに現地に下向したと思われるのは赴任地阿多郡が平家与力人として改易された平姓阿多郡司平宣澄の本拠地であったことと深くかかわり合っているのであろう（阿多宣澄が平家謀反之時、張本其一也としてその所領谷山郡、伊作郡、日置南郷、同北郷、新御領名田等を没収されたのは建久三年一〇月のことである。[5] 阿多郡の改易はほぼ同時期とみてよい）。即ちその付近一帯に繁衍している同姓の郡司（彼らはやがて頼朝の御家人として掌握されることになる人々であるが）の動きに対処しつつ慎重に支配権を拡張していく必要があったのであり、不在領主、代官支配というわけにはいかなかったのであろう。鮫島宗家は治承四年八月二〇日、頼朝が伊豆より相模国土肥郷に赴く際、扈従した四六人中の一人ではあるが、元暦元年六月一七日の一条忠頼誅殺の際、御方討の事があったため体罰を蒙っており、以後「吾妻鏡」の記載にはみえない。恐らくこのことは同氏が本貫の地鮫島を去って薩摩の新任地に下向したことを示すものであろう。多分幕府の命によるものであろうが、或いは駿河国田子浦に面した海岸段丘にある鮫島の故地を離れるについて所領経営上の何らかの問題が存したのかもしれない。

二、渋谷氏

東国御家人の渋谷氏が薩摩国に地頭職を与えられたのは前地頭の千葉氏が宝治元年の三浦合戦でその所職を失ったからに他ならない。千葉氏の領有は常胤が文治二年、島津庄寄郡五箇郡司職に補任されたことからはじまる。(6) 五箇郡とは高城郡・東郷別府・入来院・祁答院・甑島をさし、そこでいう郡司職とは即ち総地頭職に他ならぬ。以後曽孫の秀胤まで同職は相伝されたわけであるが、もとより不在地頭、代官支配の形態であったと考えてよい。(7) この中、入来院の場合については千葉氏より渋谷氏への地頭の交代を具体的に示す史料が残されている。「入来院家文書」建長二年四月二八日の関東裁許状がそれである。これは入来院内塔原名主伴氏（寄田信忠）と地頭渋谷定心との名主職相論に関するものであるが、その中で信忠は「当職者父信俊重代職也、当国御家人雖不帯御下文、知行所領之条、為傍例之間、故右大将家御時、千葉介雖給物地頭、至名主職者、無相違之処、寛元四年上総介秀胤蒙御勘気之刻、名主等為訪下向之時、信忠称不訪、被押領所職畢」と述べている。この秀胤が勘気を蒙るとは、「吾妻鏡」寛元四年六月七日条に評定衆を除かるとあり、同一三日条に北条（名越）光時配流とあり、ついで「又上総権介秀胤被追下上総国、有相度事之由、依令露顕也」とあるのに該当し、執権経時と時頼の交代を契機に表面化し、ついには翌年の宝治合戦にまで発展する幕府の内訌にかかわっていることを知るのである。秀胤は三浦泰村の妹婿であり、泰村以下三浦一族がはげしい戦の後法華堂で自尽して果てた翌々日の宝治元年六月七日、その与党として追討の命をうけた大須賀左衛門尉胤氏・東中務入道素暹等の軍兵を上総国一宮大柳之館にむかえ、嫡男時秀以下四子と共に自殺、居館に火を放って滅亡している。一方渋谷氏は名越光時の陰謀の噂が流れ、極度に物騒がしくなった鎌倉市中の警固に執権時頼の命をうけて一族で当たっていることが、「吾妻鏡」寛元四年五月二四日条に記されており、該当記事はないが、当然その後おこった三浦合戦にも北条氏の側にたって活躍したのであろう。そしてその恩賞地として秀胤の旧領五郡院郷の中、甑島を除く四郡院郷は渋谷光重に与えられたのであろう。入来院氏系図に「光重告将軍家、以相伝所領須譲数子、令惟太郎本国、二郎以下兄弟五人、皆下向薩州之所領、以所是慮子孫無窮之栄也」とあり、曽司五郎定心について「宝治二年戊申之春、定心応厳親光重之命、下著薩州入来院住清色（色或作數）城、爾来改称号入来院」とあるが、恐らくこれは事実であろう。他の早川三郎実重、吉岡三郎重保、大谷四郎重諸、落合六郎重貞らについても自身或いはその子が前後して薩摩の新領に下向、相模の旧領地名にかえてそれぞれ東郷・祁答院・鶴田・高城を称することになったのであろう。(8)

これら新地頭の在地支配が前地頭千葉氏のそれに比較して格段の前進を示したことは前出の入来院塔原名主寄田（伴）氏と入来院地頭渋谷定心との相論や、建長四年の高城郡吉枝名主伴師永と高城郡地頭渋谷重秀の相論における訴陳の内容からもうかがわれるところである。[9] 右の場合における幕府の裁定は名主職は地頭の進止下にありとする新地頭にとって有利なものであり、爾来彼等は古来よりの在地領主の勢力を幕府の威権を背景に制圧しつつ、且つは族的結合によって在地に根を下ろし、領主権の拡大に成果をあげていくのである。相論の内容、経過等については阿部猛氏の論文[10]に詳細に記してあるのでここでは省略する（『中世日本荘園史の研究』四〇三頁以下）。

三、小川氏

(H)小川氏についてはかつて「薩摩国甑島地頭小川氏の史料」（『鹿大史学』一〇）においてふれたことがあるので詳しくは右拙文によられたいが、同氏の場合も前記渋谷氏のそれと相似している。『高城村沿革史』所収、建長六年正月二〇日の関東下知状を抄記すれば左の如くである。

高城太郎信久与小河宮内左衛門太郎季張相論薩摩国高城郡甑下島郡司職事

右、対決之処、如信久申者、重代之所職也、地頭郡司為各別之条国例也、而宝治元年為新補之地頭、令混領之条、無其謂云々、如季張申者、前地頭代々進止之間、私所成下文也、而信久致不忠、上島三郎入道成仏年来依致沙汰□申之間、充給了、信久者宝治以前一両年依為地頭所譲令知行許也、全非相伝、且信久非指関東御家人、不帯証文、何可訴申哉云々（中略）凡常胤以後、代々地頭之時、不帯各例（別）証文之間、為地頭進止之条、無異儀、然者非沙汰限者、依将軍家仰、下知如件、

即ち宝治元年以降、小川氏は前地頭千葉氏に代わって甑島地頭となった。小川氏は武蔵七党系図等によれば、日奉姓、武蔵国多西郡内小川郷を本貫の地とする。所伝によれば承久の乱の功によって甑一島、肥後益城郡内七〇町の地を与えられ、甑島へ居住したとある。しかし実際は宝治合戦の結果闕所地となった甑島の新地頭として補任され下向してきたものであろう。当然在地領主との間に摩擦の予想されるところである。高城太郎信久とは武光氏系図によれば建久図田帳に甑島四〇町内、下村二〇町、本地頭薬師丸とあるものの孫で、前述の伴師永とは従父兄弟である。薬師は高城郡司高信、仮名武光の童名である。信久が不在地頭千葉氏の下にあって郡司職を帯して来たところ、新地頭小川氏は信久が不忠を致したとして改易、上島成仏にこれを与えたため相論がおこっているのである。結局幕府は地頭の進止権を認め、信久の訴えを斥けたのであるが、このことは小川氏の在地支配が千葉氏の場合と異なり、より積極的、直接的であったことを示すものであろう。小川氏が本貫の地を去って遙か西方僻遠の地に下向するについては単に所職が与えられたからというだけでは説明にならない。小川氏の場合は前の渋谷氏の場合よりさらに史料が不足して明らかでないが、もし推定の如く元寇以前の下向（元寇以後の下向は当然）とするならば、下向するに至らしめた原因として東国本貫地における所領問題も考慮すべきであろう（この点、『旧記雑録前編』六　弘安七年一二月一四日の沙弥某御教書の小川時仲の堺論は一つの手がかりを与える史料であろう）。

四、斑目氏・大井氏

(1)斑目氏は橘姓、『祁答院記』に「右族姓者出羽国斑目住人橘以広者実朝将軍家之時、建永之頃、使住居于出羽国、而有故下向薩州、以広之孫子橘三広長者無子、故祁答院家二代渋谷平太重尚之次男為養子、号斑目兵衛尉泰基、鎌倉御下文祁答院一分之地頭有之、自夫子孫十二代住祁答院」とある。「斑目文書」に建永元年七月二四日、出羽国斑目郷地頭職補任状案があり、橘元長の名がみえるが、この文書は疑問があり、ただちに拠証とはなしがたい[11]。また同文書中に系図数点も含まれているが、その一つを系図①として掲げてみよう。

橘右馬助以広、或いは橘三蔵人惟広の名は「吾妻鏡」にも屡々現れ、おおむね系図記載の内容と合致する。系図の橘大膳亮広長については「吾妻鏡」宝治元年六月二二日条の三浦泰村以下自殺討死生虜交名中「自殺討死等」として「橘大膳亮惟広　同子息左近大夫　同弟橘蔵人」とあるのに当たるのであろう。惟基は羽州在国のため直接関係はなかったが縁坐で所領を失ったという。惟基の後をついだのが泰基であるが、泰基は惟基の実子ではなく養子である。「斑目文書」正応元年八月一一日　行蓮譲状案に「斑目兵衛二郎入道聖蓮ハ、為舎弟上、異国警固の代官として忠をいたすあひた、薩摩国祁答院柏原の内河口の野、并其内のあらひ新田弥源次入道作等をハ譲渡也、向後更不可有他人之妨、若此志をわすれて不慮之次第出来候時ハ、此状ニよるへからす、仍証文之状如件」とあり、聖蓮は行蓮の弟であり、異国警固の代官なることを知る。聖蓮とは泰基の法名であり、行蓮とは祁答院地頭渋谷重松の法名である。即ち泰基

【系図①】

右馬権頭
遠江権頭
正五位下
以広　右大将家御時、始下向関東、文治元年十二月廿四日勝長寿院供養為布施取、建久三年八月為政所衆同十一月辞退之、同月廿五日永福寺供養将軍御出間供奉則取導師被物、同九年十二月廿七日相模河橋供養供奉奉公間所領数箇所拝領之、
―惟広　法名惟蓮　橘三蔵人　建久三年三月九日補蔵人、同九年十二月廿七日相模河橋供養供奉、承元二年十二月十二日神宮寺御本尊事奉行之、同五年正月十日為問註所衆、建暦二年四月十八日大慈寺造営間奉行随一也、同三年三月十六日将軍家御祈事奉行之、同八月廿日御移徒《（ママ）》時為前駈、建保二年七月廿七日大慈寺供養時為前駈
　―広長　橘大膳亮　嘉禎四年四月廿日任大膳亮、仁治三年五月十八日将軍家御祈事奉行之、寛元々年四月三日叙爵、同二年正月為問註所衆、宝治元年為泰村伴党、自害畢、
　　―長高　掃部助　前美作守藤原時綱為子与父同日自害了、
　―惟基　斑目三郎兵衛尉　法名尊蓮　羽州在国間、雖不知其意、舎兄広長自害時被召所帯了、
　　―泰基　号次郎　法名聖蓮
　　　―政泰　六郎
　　―員基　号三郎　法名良円

【系図②】

重尚　吉岡平太二郎　法名行円
―惟重　二郎太郎　法名道円
―重松　又二郎　法名行連
　―行重　平二郎　法名　行意
　　―重実　二郎左衛門　法名行祖
―泰基　行連一腹舎弟斑目次郎　法名聖蓮
　―政泰　六郎　法名行恵

は祢答院渋谷氏の出身なのである。斑目文書中の一系図によれば系図②の如くでその関係は明らかである。入来院氏系図によれば、宝治二年光重の三子吉岡三郎重保は薩州所領に下向、後祢答院氏と名を改めたという。しかし別の渋谷系図によると重尚が祢答院を宝治合戦賞として給わるとある。何れにしても祢答院の支配は重尚、重松と相伝され強化されていったのであろう。重松が弟泰基に所領を分譲したのは異国警固役の代官を勤めたからとあるが、斑目氏が祢答院にそれ以前から所領を有していたとは考え難い。恐らく宝治合戦後所領を失った斑目氏は縁戚関係等何らかの縁故によって吉岡渋谷氏の庇護を受け、やがて同氏の祢答院への下向、土着に伴い同氏の名跡を一族の者が相続し代官職を勤め、やがて所領を譲与され独立の御家人として振る舞うようになったのであろう。同様の事例として大井氏がある。

大井氏は紀姓、本貫の地は武蔵国荏原郡内大杜、永富郷（地頭職）である。「吾妻鏡」にもその名のみえる大井実春

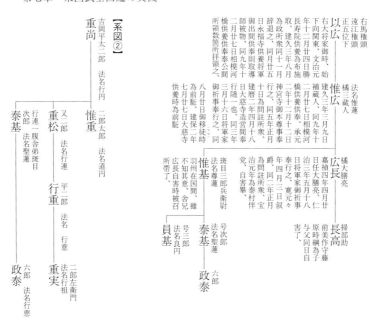

をはじめとして秋春、蓮実、頼郷と前記の他伊勢国鹿取庄内上郷地頭職並びに鎌倉屋地等を相伝している。大井氏が祁答院柏原内平河に所領をもつようになったことを示す史料の初見は延慶三年四月三日の平行重譲状であり[12]、同氏が斑目氏と同様、祁答院渋谷氏の縁族であることを知る。則ち同氏もまた渋谷氏との縁故関係によって所領を祁答院内にもつに至り、同地の在地小領主として発展したのであろう。『旧記雑録前編』一五所収、暦応三年七月二〇日　大井小四郎宛島津貞久軍勢催促状、同四年七月　渋谷千代童丸代信政申状及び同状に副進された放火狼藉人等交名注文等によりのちの大井氏の動向を承知しうる。以上の如く斑目・大井両氏は何れも東国の武士であったが祁答院渋谷氏との縁故関係から同氏の所領内に所領をもつ在地小領主に転化したものといえよう。西遷の契機は東国での所領の喪失、惣庶の分立に伴う庶子の本貫地における所領経営の困難性、縁族の西遷及び在地領主としての発展が彼等を追随して西遷せしめたものといえよう。

五、島津氏被官、千竈氏

(J)酒匂・本田・猿渡・鎌田・東条・中条氏等島津氏の被官については、前に些少の考察を加えたことがある（拙稿「薩摩国守護島津氏の被官について」『鹿大史学』一二）。彼らの系譜については必ずしも明らかではないが、恐らく殆んど東国出自の武士とみてよいであろう。彼らが伝承の如く文治または建久年間、島津氏の薩摩国入部と共に或いはそれに先立って入国したとするのは実証困難であるが、本田氏の如きは史料の上でも早く宝治二年宮里郷地頭代としてその名が見えている。[13] 本田氏は島津氏と縁戚関係にある畠山氏の一の郎党の出で畠山氏女の入嫁に従って島津氏の被官となり代官を勤めたのであろう（島津氏の被官にはこのケースが多くみられる）。本田氏と並んで活躍するのが相模国出自の酒匂氏で同氏は本宗島津氏の代官としてとくに鎌倉期後半その任国経営に功労があったのである。猿渡氏以下の諸氏についてもおそくとも鎌倉期後半島津氏の任国下向のころには共々東国より下向、その勢力扶植に与って力のあったろうことは疑う余地はない。

北条氏の被官、(K)千竈氏についても一言しておこう。千竈氏の系譜も明らかではない。しかし、尾張国千竈郷を本領とし、駿河、常陸等にも所領をもつ東国系の武士であることに間違いあるまい。「吾妻鏡」によれば承久三年六月一四日の宇治橋合戦戦死輩交名中、千竈四郎・同新太郎の名をみる。千竈氏が北条氏の被官となった時期についても明らかでないが、鎌倉時代の後期には承久乱後得宗領化したと思われる薩摩国川辺郡の地頭代官郡司職となっている。『旧記雑録』所収、弘安二年四月一一日関東御教書案、及び建武元年六月二九日観忍奉書や、「長島千竈家文書」嘉元四年四月一四日千竈時家譲状等はこれを立証する。そして千竈氏が北条氏滅亡後も在地領主として活躍したことはその後の史料の示すところである。

以上東国武士（その多くは御家人）の薩摩国下向の若干の例について記したのであるが、彼らの大部分は地頭職、またはその代官職として下向してきたのであり、はじめから永住の意図があったとは考えられない（たとえ薩摩国が西国の中でもとくに僻遠の地であるとしても）。その所領も薩摩のみではなく、鎌倉や他所領への出向も時にはあったことであろう。しかし結果的には大部分の武士がそのまま土着し、在地領主化の道を辿ったことは、元寇以後の幕府の強制によることはおくとしても、鎌倉時代後半の政治的、社会的情勢の推移に対応したものであり、下向後の領主権の維持確保の為には代官に委任していたのではすまされぬ、たとえば在地領主との競合の問題等があったのであろう。即ち古来よりの在庁官人、庄官等の領主権強化の動きに対応して、より強力な領主権を確立するためには、在地に定住しなければならなかったのであろう（このことは僻遠の地であればなおさらのことであろう）。そして好むと好まざるとに拘わらず、始めに所領が与えられ、後に下向し、そして定着するという三段階を経て薩摩国に所領をもち、そして下向した東国武士はこの時代末期より南北朝時代の前半にかけてほぼ定着をおえたということになろう。

註

（1）『鹿児島県史料　旧記雑録前編』一―一〇八一号　嘉元三年三月一九日　島津忠長申状案。

（2）同一―四四六・四四七号　宝治元年一〇月二五日　関東下知状案、同関東御教書案、『鹿児島県史料　旧記雑録拾遺　家わけ一』「二階堂文書」三号　建長元年八月九日　関東御教書。

（3）同一―七二六号　文永八年九月一三日　関東御教書、「二階堂文書」一六号　正応五年一一月七日　関東御教書。

（4）鹿児島県史料集Ⅶ『薩摩国阿多郡史料』所収　鮫島氏古系図。故水上一久氏は「南北朝内乱に関する歴史的考察」（『金沢大学法文学部論集』哲史編三、一九五五年）で同乱における鮫島氏の行動（南党の立場）は、同氏が他の東国より下向の武士と異なって早く在地領主化したことに負うところが大きいとの意味のことを述べておられる。首肯すべき説といえよう。

（5）『鹿児島県史料　旧記雑録前編』一―一五九号　建久三年一〇月二二日　関東御教書案。

（6）同一―一〇五号　文治二年八月三日　源頼朝下文。

（7）古文書に千葉介常胤代官字紀太清遠の名がみえる。千葉氏の下向を示す史料伝承とも全く存しない。島津氏の場合についてここに併せて記しておこう。島津氏の有する地頭職中、惣領家の相伝するところは山門院・薩摩郡・市来院・鹿児島郡等にとどまり、庶家相伝分の方が多い。島津氏の地頭職支配は当然はじめは代官支配であったろうが、早くより庶子に譲与したところでは地頭の下向が惣領家よりも早くみられたかもしれない。一番早いのは忠綱の場合（知覧院・揖宿郡）であるが、文暦年間、揖宿郡司平忠秀と争っているのはその代官で本人は依然鎌倉にあったものらしい。

また谷山郡では島津氏二代忠時の孫、忠真が文永九年、地頭職を忠時より譲与されているが、系図によれば、同人と谷山郡司との姻戚関係が記されているので、同人の下向は惣領久経下向の時期より早かったかもしれぬ。因みに同人は文永二年には牛屎院地頭職を、同じく祖父忠時より譲与されている。なお半ば伝承的史料となるが、文永二年、三代守護島津久経の弟阿蘇谷大炊助久時は「為薩州守護代奢権威、恣雅意、与市来太郎政家争家ノ高卑」（島津正統系図）のことがあったため、久経は久時を改易し、自ら下向して国務をみたという。これは惣領に代わって庶子が代官となった例であるが、以後島津氏の代官となるのは後掲の酒匂・本田等被官衆で一族がこれに当たることはほとんどなかった。このことは在地豪族と東国下向武士との対立を示し、後者の前者を支配することの困難さを示す一史料といえよう。

（8）杉山博「相模国高座郡渋谷庄について」（『史苑』二五―三、一九六五年）参照。
（9）『鹿児島県史料　旧記雑録前編』一―四九七号　建長四年六月三〇日　関東裁許状案。
（10）渋谷一族の族的結合については拙稿「入来院山口氏について」（『鹿大史学』一一、一九六三年）所収「山口文書」嘉元四年正月渋谷重心重陳状案参照。
（11）桑波田興「斑目文書」（『九州史学』一六、一九六〇年）参照。
（12）『鹿児島中世史研究会報』七「大井文書」七号。なお尊卑分脈所収紀氏系図によれば大井氏は早く鎌倉初期より渋谷氏と縁戚の関係にあることがみえる。
（13）『鹿児島県史料　旧記雑録前編』一―四五六号　宝治二年七月一九日　弾正忠宗下知状。

第2部

建久図田帳の研究

第一章　薩摩国建久図田帳雑考

─田数の計算と万得名及び「本」職について─

一、はじめに

建久八年の薩摩国図田帳については同年の大隅、日向両国図田帳と共に最近史料的に高く評価され、これに疑をはさむ論のあることを知らない。[1] 中でも薩摩国図田帳は建武元年の古写本が島津家文書の中に収められており、近来これによって多くの論考が発表されている。[2] しかし信憑すべきこの史料についても当然伝写の間の誤脱も考慮に入れねばならず、またその記載通りそのままを本来あるべきものと同一であると考えることも早計であろう。この古写本を正確に活字にされたと思われる大日本古文書「島津家文書之一」（一六四）、或いは「入来文書」、「入来関係文書」（九）等によって領主別に或いは地域別に整理、集計した場合、計算の不一致が生じてくる。[3] したがって若干の記載事項の補正を行わない限り、満足な整理、集計の結果が得られない。このことは早く『改定史籍集覧』二七冊所収の薩摩国図田帳写（同じく前掲建武元年写本を伝写せるもの。但し誤脱が少なくない）において恐らく藩史局者の筆であろう註記が付されており、集計や記載事項補正等についての意見が所々に述べられている。[4] 勿論右の註記も参考にはなるが、しかし疑わしい点も少なくなくそのままとることはできない。

図田帳の記載順序はまず全田数及び地頭（中原親能、島津忠久、千葉常胤、鮫島宗家）、一円国領、寺社領別内訳があり、次にその中での寺社領（安楽寺領、弥勒寺領、正八幡宮領、府領社）の内訳が記され、次で島津庄について一円庄の内訳、寄郡内没官領の地頭別内訳（千葉常胤、島津忠久）があり、さらに島津庄以外の没官領たる阿多久吉の記載があって、その後に郡・院・郷の

地域別田数があげられ、その各々について名別田数、庄公寺社領、寄郡、没官領等の記載、地頭氏名、下司、郡司、名主等の領主氏名が記されている。前述の如く、この記載のままを整理集計すると同じく図田帳記載の合計数と一致しないのであり、そこでその数が一致するように種々験算をこころみ、図田帳記載事項の補正を行わねばならない。

次にその補正の結果を地域別、庄公寺社領別、地頭別等に整理して表示してみよう。

（尚、図は図田帳記載の郡・院・郷の所在を大略示し、併せて図田帳記載の田数を記したものである。近世及び現在における諸郷、町村界よりの逆推もあって必ずしも正確とはいい難いが、参考資料として掲げた。）

註

（1）建久図田帳の信憑性については水上一久氏が「南北朝内乱に関する歴史的考察」（『金沢大学法文学部論集』哲史編三、一九五五年）一四頁、註（1）において述べられ、石井進氏も「鎌倉幕府と律令制度地方行政機関との関係―諸国大田文の作成を中心として―」（『史学雑誌』六六―一一、一九五七年）三九頁、註（24）においてさらに広い視野に立って論ぜられた。私も旧稿「薩摩の御家人について」（『鹿大史学』六、一九五八年）二〇頁、註（3）において一言ふれたが、その古写本の存する点、及び既に鎌倉時代中頃からそれが証拠文書として取扱われている点、たとえば宝治元年一〇月二五日　関東下知状案（『鹿児島県史料　旧記雑録前編』一―四四六）など、またその前後の史料に田数の一致、近似値を示すものの存する点などからも信憑すべきものと考える。このことは大隅、日向両国図田帳についても同様であると思われるが、これらについては稿を改めて述べてみたい。

（2）前掲論文の他、たとえば石母田正「内乱期における薩摩地方の情勢について」（『古代末期政治史序説　下』未来社、一九五六年所収）。竹内理三「薩摩の荘園―寄郡について―」（『史淵』七五、一九五八年）。

（3）前掲拙稿において二表を図田帳を基として作成したが（表２・表10）それには誤脱が多い。不注意故の脱落もあるが、図田帳の記載通りを表記したことによる誤り、計算の不一致も少なくない。

（4）『史籍集覧』所収の建久図田帳はその末尾の附記に明治一四年三月鹿児島県庁において書写せることを記しており、原本は県庁旧蔵本なることがわかる。恐らく三ケ国図田帳それぞれの古写本より伝写し、まとめて合本としたものであろう。今その所在を知らないが、同系統に属すると思われるものに現鹿児島大学附属図書館所蔵玉里文庫本がある。「島津家文書」所収の建武古写本と比較して共に誤脱が多いが、藩史局者の筆と思われる朱註には注目すべき箇所が少なくない。

二、記載事項の補正と田数の計算

図田帳の記載事項を適宜補正して郡・院・郷別に表記したのが表1である（庄公領種別欄に一円御領、寄郡とあるのは何れも島津庄についてである。職、領主名欄は下司、郡司、名主等の在地領主名及びその所願を記した）。補正の箇所を一々指摘することは繁雑になるので省略するが（数字の誤りについては備考欄に所見を記した）、主な点は寄郡、没官領、地頭の記載位置の不適当、及びその脱落等が目立ち、整理集計について誤解を招く因をつくっているといえよう。(1)

次にこれを島津一円庄、寄郡、没官領、国領、寺社領（安楽寺領、弥勒寺領、正八幡宮領、府領社に分ける）に整理集計すれば表2の如くになる（没官領は阿多久吉を除きすべて島津庄寄郡でもあるが、没官領として記し、寄郡の中に加えていない）。この小計及び合計は図田帳記載のそれと全く一致する。(2)

次に地頭別に整理分類すれば表3の如くである。この小計も図田帳記載のそれと全く一致する。(3)

以上の如く表2、表3において整理、集計を行った結果が図田帳記載の小計及び合計と合致するので、表1で行った図田帳記載事項の補正が妥当であったことを立証しえたことになる。

表1

郡・院・郷	田数	庄・公領種別	地頭	職	領主名	備考
1 和泉郡	三五〇 丁段	一円御領	右衛門兵衛尉	下司	小大夫兼保	
2 山門院	二〇〇					
老松庄	二四・四	安楽寺				
公領	一七五・六	寄郡	右衛門兵衛尉			
光則	一三三・六	〃	〃	院司	秀忠	
弁済使分	二七	〃	〃	名主	島津御庄領家沙汰	
高橋	一五	〃	〃	本名主	是兼入道死去後	
3 莫祢院	四〇	寄郡	右衛門兵衛尉			
延武	三五	〃	〃	院司	成光	
土師浦	五	〃	〃	名主	小大夫兼保	
4 高城郡	二五五					
寺領	三五	安楽寺		下司	僧安静	
温田浦	一八	〃・没官御領	千葉介	〃	在庁師高	
社領	三〇	弥勒寺		〃	僧経宗	
寺領	三〇	〃		〃	僧安慶	
公領	一四二					
若吉	三六	寄郡・没官御領	千葉介	本郡司	薬師丸	
時吉	一八	〃 〃	〃	名主	在庁道友	
得末	二	〃 〃	〃	〃	江田太郎実秀	肥後国住人 コノ中ヨリ一〇丁減
吉枝	一九	〃 〃	〃	〃	在庁師高	
武光	三三・五	〃 〃	〃	〃	〃	
三郎丸	一〇	〃 〃	〃	〃	在庁種明	
万得	一五	万得		〃	在庁師高	
草道万得	一五	〃		〃	紀大夫正家	島津御庄論
大河	三・五	〃				〃

5 東郷別府		五三・二					
	寺領	八・五	弥勒寺		下司	僧安慶	
	社領	二	正八幡領		〃	在庁道友	
	公領	四二・七	寄郡・没官御領	千葉介			
6 祁答院		一一二	寄郡・没官御領	千葉介			
	時吉	一五	〃	〃	郷司名主	在庁道友	
	得末	四	〃	〃	名主	江田太郎実秀	肥後国住人
	吉枝	七	〃	〃	〃	在庁師高	
	若吉	六	〃	〃	〃	小大夫兼保	
	時吉	一〇・七	〃	〃	郷司	在庁道友	
7 薩摩郡		三五一・三					
	富光	五四	〃	〃	本郡司	熊同丸	
	倉丸	三〇	〃	〃	本主	滝聞太郎道房	
	時吉	一五	〃	〃	本名主	在庁道友	
	得末	一三	〃	〃	本主	江田太郎実秀	肥後国住人
	寺領	二六・八	安楽寺		下司	僧安静	
	〃領	五・八	弥勒寺		〃	僧安慶	
	社領	一・七	府領五社内中島宮		〃	郡司忠友	
	公領	三一七					
	成枝	八六			郡司	忠友	
	光富	二九			名主	荒河太郎種房	
	〃	二〇	万得		〃	〃	
	是枝	九			〃	在庁家弘	
	時吉	六九	寄郡	右衛門兵衛尉	〃	在庁道友	
	若松	五〇	〃	〃	〃	在庁種明	
	永利	一八	〃	〃	〃	〃	
	吉永	一二	〃	〃	〃	当国拒捍使崎田五町（郎ヵ）	
	火同丸	一四	〃	〃		島津御庄方弁済使	
	都浦	一〇	万得				島津御庄論

8	宮里郷	七〇					
	社領	七・五	安楽寺		下司	在庁道友	
	〃領	一	弥勒寺		〃	僧経宗	
	公領	六一・五	寄郡	右衛門兵衛尉	郷司	紀六大夫正家	
9	入来院	九二・二					
	寺領	〇・二	安楽寺		下司	僧安静	
	〃領	二	弥勒寺		〃	僧安慶	
	社領	一五	〃・没官御領	千葉介	〃	在庁種明	市比野
	公領	七五	寄郡 〃	〃			
	弁済使分	五五	〃 〃	〃	本地頭	在庁種明	
	郡名分	二〇	〃 〃	〃	本郡司	在庁道友	
10	牛屎院	三六〇	寄郡	右衛門兵衛尉			
	永松	二四〇	〃	〃	院司	元光	
	幸万	五五	〃	〃		島津御庄方弁済使	
	木崎	一五	〃	〃	名主	前内舎人康友	
	光武	五〇	〃	〃	〃	九郎大夫国吉	
11	甑島	四〇	寄郡・没官御領	千葉介			
	上村	二〇	〃 〃	〃	本地頭	在庁道友	
	下村	二〇	〃 〃	〃	〃	薬師丸	
12	日置北郷	七〇	一円御領・没官御領	右衛門兵衛尉	本郡司	小藤太貞隆	
	日置庄	三〇	弥勒寺		下司	小野太郎家綱	北郷内
13	日置南郷	三六	寄郡・没官御領	右衛門兵衛尉			
	日置南郷内外小野	一五	一円御領〃	〃			外小野
14	満家院	一三〇	寄郡	右衛門兵衛尉	院司	業平	
15	伊集院	一八〇					

	上神殿	一八	万得				
	下神殿	一六	〃				
	桑田	一五	〃				
	野田	六	〃				島津御庄論
	大田	一五	〃		本主	在庁道友	〃
	寺脇	八	〃		名主	〃	〃
	時吉	二五	〃		〃	〃	
	末永	二五	〃		院司	八郎清景	
	続飯田	八	〃		名主	権太郎兼直	
	土橋	一三	〃		〃	紀四郎時綱	
	河俣	一〇	〃		〃	僧忠覚	
	谷口	一四	寄郡・没官御領	右衛門兵衛尉			
	十万	六	万得		名主	紀平二元信	
	飯牟礼	三	〃				
	松本	一八	〃				
16	市来院	一五〇	寄郡	右衛門兵衛尉	院司	僧相印	
17	伊作郡	二〇〇	一円御領・没官御領	右衛門兵衛尉			
18	阿多郡	二五〇					
	寺領	四四・八	弥勒寺		下司	僧安慶	
	社領	四	〃		〃	僧経宗	
	寺領	五	安楽寺		〃	僧安静	
	社領	〇・八					正八幡宮論一宮
	公領	一九五・四	没官御領	佐女嶋四郎			
	久吉	一四五・四	〃	〃	本名主	在庁種明	
	高橋	五〇	〃	〃			
19	加世田別府	一〇〇					
	社領	二五	弥勒寺		下司	塩田太郎光澄	
	公領	七五					

	山田村	二〇	寄郡	右衛門兵衛尉	名主	石居入道	肥前国住人
	千与富	四〇	〃	〃	郷司	弥平五信忠	
	村原	一五	没官御領	佐女嶋四郎			
20 河辺郡		二二〇		右衛門兵衛尉			
	社領	一〇〇	府領五社内新田宮	〃	下司	平太道綱	
	公領	一〇〇	寄郡	〃	郡司	道綱	
21 知覧院		四〇					
	社領	九・七	府領五社内開門宮	右衛門兵衛尉	下司	忠答	正八幡宮論
	公領	三〇・三	寄郡		郡司	〃	
22 穎娃郡		五七					
	社領	二三	府領五社内開門宮	右衛門兵衛尉	下司	穎娃次郎忠康	正八幡宮論
	公領	三四	寄郡		本郡司	在庁種明	
23 揖宿郡		四七					
	社領	九・三	府領五社内開門宮		下司	忠元	正八幡宮論
	公領	三七・七	寄郡	右衛門兵衛尉	〃	平三忠秀	
24 給黎院		四〇	寄郡	右衛門兵衛尉	郡司	小大夫兼保	
25 谷山郡		二〇〇					
	社領	一八	府領五社内伊作知佐	右衛門兵衛尉			
	公領	一八二	寄郡・没官御領	〃			
26 鹿児島郡		三二二					
	寺領	三七・五	安楽寺		下司	僧安静	
	社領	八〇	正八幡宮領荒田庄	掃部頭			
	〃領	七・五	府領五社内郡本社	右衛門兵衛尉	下司	前内舎人康友	
	公領	一九七	寄郡	〃	郡司	〃	本宮司平忠純

表2

番号	郡・院・郷	島津一円庄 丁	島津一円庄 段	寄郡 丁	寄郡 段	没官領 丁	没官領 段	国領 丁	国領 段	寺社領 丁	寺社領 段	安楽寺 丁	安楽寺 段	弥勒寺 丁	弥勒寺 段	正八幡宮 丁	正八幡宮 段	府領社 丁	府領社 段	合計 丁	合計 段
一	和泉郡	三五〇																		三五〇	
二	山門院			一七五	六					二四	四	二四	四							二〇〇	
三	莫禰院			四〇																四〇	
四	高城郡					一〇八	五			一四六	五	五三		六〇		三三	五			二五五	
五	東郷別府					四二	七			一〇	五			八	五	二				一五三	二
六	祁答院					一一二														一一二	
七	薩摩郡			一六三				一二四		六四	三	二六	八	五	八	三〇		一	七	三五一	三
八	宮里郷			六一	五					八	五	七	五	一						七〇	
九	入来院					七五				一七	二		二	一七						九二	二
一〇	牛屎院			三六〇																三六〇	
一一	甑島					四〇														四〇	
一二	日置北郷	七〇								三〇				三〇						一〇〇	
一三	日置南郷	一五				三六														五一	
一四	満家院			一三〇																一三〇	
一五	伊集院					一四		八七		七九						七九				一八〇	
一六	市来院			一五〇																一五〇	
一七	伊作郡	二〇〇																		二〇〇	
一八	阿多郡					＊一九五	四			五四	六	五		四八	八		八			二五〇	
二〇	加世田別府			六〇		＊一五				二五				二五						一〇〇	
二一	河辺郡			二一〇						一〇								一〇		二二〇	
二二	知覧院			三〇	三					九	七							九	七	四〇	
二三	頴娃郡			三四						二三								二三		五七	
二四	揖宿郡			三七	七					九	三							九	三	四七	
二五	給黎院			四〇																四〇	
二六	谷山郡					一八二				一八								一八		二〇〇	
二七	鹿児島郡			一九七						一二五		三七	五			八〇		七	五	三二二	
	合計	六三五		一六八九	一	八二〇	六	二一一		六五五		一五四	四	一九六	一	二二五	三	七九	二	四〇一〇	七

但し安楽寺～府領社は寺社領の内訳。没官領の中＊は阿多宣澄旧領、その他は島津庄寄郡内没官領。

表3

氏名	郡・院・郷	庄・公領	名	田数（丁段）	種別	備考
右衛門兵衛尉（島津忠久）	和泉郡	一円御領		三五〇		
	山門院	公領		一七五・六	寄郡	
	莫禰院	〃		四〇	〃	
	薩摩郡	〃	時吉	六九	〃	
	〃	〃	若松	五〇	〃	
	〃	〃	永利	一八	〃	
	〃	〃	吉永	一二	〃	
	〃	〃	火同丸	一四	〃	
	宮里郷	〃		六一・五	〃	
	牛屎院	〃		三六〇	〃	
	日置北郷	一円御領		七〇		
	日置南郷	公領		三六	寄郡・没官御領	
	〃	一円御領	外小野	一五		
	満家院	公領		一三〇	寄郡	
	伊集院	〃	谷口	一四	〃・没官御領	
	市来院	〃		一五〇	〃	
	伊作郡	一円御領		二〇〇		
	加世田別府	公領	山田村	二〇	寄郡	
	〃	〃	千与富	四〇	〃	
	河辺郡	社領		一〇	府領五社内新田宮領	
	〃	公領		二一〇	寄郡	
	知覧院	〃		三〇・三	〃	
	頴娃郡	〃		三四	〃	
	揖宿郡	〃		三七・七	〃	
	給黎院	〃		四〇	〃	
	谷山郡	社領		一八	府領五社内伊作知佐領	
	〃	公領		一八二	寄郡・没官御領	
	鹿児島郡	社領		七・五	府領五社内郡本社	
	〃	公領		一九七	寄郡	
合計				二五九一・六		

千葉介（千葉常胤）	高城郡	寺領	温田浦	一八	弥勒寺・没官御領	
	〃	公領	若吉	三六	寄郡	〃
	〃	〃	時吉	一八	〃	〃
	〃	〃	得末	二	〃	〃
	〃	〃	吉枝	一九	〃	〃
	〃	〃	武光	三三・五	〃	〃
	〃	〃	三郎丸	一〇	〃	〃
	東郷別府	〃		四二・七	〃	〃
	祁答院	〃		一一二	〃	〃
	入来院	社領		一五	弥勒寺	〃
	〃	公領		七五	寄郡	〃
	甑島	〃		四〇	〃	〃
	合計			四一一・二		
佐女嶋四郎（鮫島宗家）	阿多郡	公領		一九五・四	没官御領	
	加世田別府	〃	村原	一五	〃	
	合計			二一〇・四		
掃部頭（中原親能）	鹿児島郡	社領		八〇	正八幡宮領荒田庄	

（若吉～東郷別府の欄に「コノ中ヨリ一〇丁減」、入来院〃（公領）の欄に「市比野」）

次に寺社領の補正集計について具体的に述べてみよう。図田帳記載の寺社領内訳を簡明に記せば次の如くである（括弧は補正部分、△は地頭設置をしめす）。

寺社領　六五五町

安楽寺領　一五四町四段　領家即別当

国分寺　一〇四町五段　郡々散在　下司僧安静

天　満　宮　　七町五段　宮里郷内　下司在庁道友
老　松　庄　二四町四段　山門院内
温　田　浦　△一八町　高城郡内没官御領　地頭千葉介
弥　勒　寺　領　一九六町一段　領家即別当
五　大　院　九一町一段　郡々散在　下司僧安慶
八幡新田宮　三五町　郡々散在　下司僧経宗
同宮領市比野　△一五町　入来院内没官領　地頭千葉介
下司在庁種明
日　置　庄　三〇町　同北郷内　下司小野太郎家綱
益　山　庄　二五町　加世田別府内　下司塩田太郎光澄
大隅正八幡宮御領　二二五町（三段）
一円御領荒田庄　△八〇町　鹿児島郡内　地頭掃部頭
万　得　領　一四五町三段　郡々散在
右　　内　五七町五段　島津御庄論
此外没官領内　阿多久吉内八段
伊作庄内二三町五段二〇　右同
府領社五ヵ所　七九町二段

開門宮領　　四二町　　（知覧・頴娃・揖宿郡内）
新田宮領　　△一〇町　　河辺郡内（地頭右衛門兵衛尉）
中島宮領　　一町七段　　薩摩郡内
伊作知佐領　　△一八町　　谷山郡内（地頭右衛門兵衛尉）
郡本社　　△七町五段　　鹿児島郡内　地頭右衛門兵衛尉

右合計六五五町の中、地頭設置六箇所計一四八町五反を差引、五〇六町五反が図田帳記載の方々権門領寺社の田数と合致する。またその各々についても表1・2の計算に随えば全く一致する。ただ大隅正八幡宮領については少しく問題があるのでこれについて更に述べよう。

正八幡宮領二二五町三段は一円領荒田庄八〇町と万得領一四五町三段とからなる。万得領については後述するが、「郡々散在」とあるように郡・院・郷に散在し、正税官物は国衙に弁済し、公事は正八幡宮に納入する応輸田である。その中五七町五段に島津御庄論とあり、島津庄とその帰属をめぐって争論中なることがわかる。その他没官領内阿多久吉内八段、伊作庄内二二町五段二〇歩の地についても同じく島津庄と繫争中であったが、これは正八幡宮領の中に加えられていないので論外とする。前の五七町五段は表1により次の所々であることを知る。

高　城　郡
草道万得　　一五町　　名主　紀大夫正家
大　　河　　三町五段
薩　摩　郡

都　浦　一〇町

伊集院

野　田　六町

大　田　一五町　本主　在庁道友

寺　脇　八町　名主　同

次に右以外の万得領は一四五町三段より五七町五段を減じて八七町八段となる。これを表1に求めるとまず左の所々が該当する。

高　城　郡

万　得　一五町　名主　在庁師高

東郷別府

社　領正八幡領　二町　下司　在庁道友

薩　摩　郡

光　富　二〇町　名主　荒河太郎種房

阿　多　郡

社　領正八幡宮論一宮　八段

右の合計三七町八段を前の八七町八段より減ずると五〇町となる。そしてこの五〇町は表2にも記した如く伊集院の中に求めるべきであろう。伊集院は田数一八〇町の中、谷口一四町が没官領で残りの一六六町はすべて「万得」となっている。その中野田・大田・寺脇の計二九町は既述の如く正八幡宮万得領島津庄論とあるからそれらを減じて一三七町となる。[4] 一方図田帳記載の一円国領は二一一町であるが、表1でそれに該当するものを求めると薩摩郡成枝八六町、光富二九町、是枝九町の計一二四町がある。残りの八七町は表2に示した如く伊集院内に求めるべきであろう。かくて伊集院内の「万得」とのみある一三七町は五〇町の正八幡宮万得領と八七町の一円国領とからなっているといわなければならない。しからば具体的に何々が前者であり、何々が後者であるといえようか。断定はできないが、その名称、及び領主氏名の記載の有無（国領に記載例多く、正八幡宮領に記載例少し）などから次のように分けられるのではなかろうか。

正八幡宮領	五〇町	
上神殿	一八町	以上の中何れか一〇町減。計五〇町
下神殿	一六町	
桑羽田	五町	
飯牟礼	三町	
松本	一八町	
一円国領	八七町	
時吉	二五町	名主在庁道友
末永	二五町	院司八郎清景
続飯田	八町	名主権太郎兼直

土　橋　　一三町　〃　紀四郎時綱
河　俣　　一〇町　〃　僧忠　覚
十　万　　六町　　〃　紀平二元信

以上で図田帳記載事項の補正、及びその計算について述べてきたのであるが、次に同じく図田帳に屢々見える前述の「万得」及び領主名の記載中に見える「本郡司」「本地頭」「本名主」等について若干私見を述べてみたい。

註

（1）たとえば高城郡についてみれば、「高城郡二五五町内　島津御庄寄郡」とあるが、「島津御庄寄郡」は後の「若吉三六町」以下「三郎丸一〇町」に至る間の各々の下につくべきであり、また「公領一四二町　没官御領　地頭千葉介」とあるが、これも「若吉」から「三郎丸」までで、「万得」以下にはかけるべきではない。さらに「寺領五三町　安楽寺　下司僧安静」とあるが、五三町は温田浦一八町を加算しての合計であろうから、正確には三五町と改むべきであろう。右の様に訂正した上で計算しないと誤った結果を招くことになる。

（2）『鹿児島県史』一、二七四〜二七五頁に図田帳の郡・院・郷別田数を島津一円庄、寄郡、没官領、国領、寺領、社領、に分かって表示しているが、伊集院一八〇町全部を不明としている他、誤っている箇所が少なくない。尚県史の行っている寺領、社領別の集計は安楽寺、弥勒寺領の各々についても下司の異同によってそれぞれ寺領、社領の別があり、特に各別集計の意味をもたないと思ったので行わなかった。

（3）図田帳に、
御庄寄郡内没官御領六一〇町二段内
三七八町三段　　地頭千葉介

二三二町　　地頭右衛門兵衛尉

とあるが、これは千葉介については四一一町二段の中から高城郡温田浦一八町、入来院社領一五町を除いた数であり、右衛門兵衛尉については日置南郷公領三六町、伊集院谷口一四町、谷山郡公領一八二町の合計である。

（4）史籍集覧本によれば野田六町、大田五町、寺脇八町としている。大田で一〇町減じたから伊集院の小計一八〇町となり、計算が合うようだが、かくする時島津庄論万得領田数五七町五段は一〇町不足し合わなくなる。したがって大田はやはり一五町とし、右三ヶ名及び没官領谷口を除く他の諸名から一〇町余剰分を除くべきであろう。尚、集覧本は得末名主を沼田太郎実秀としているが、これも江田とあるのが正しいのであろう。

三、万得名

既述の如く建久図田帳によれば薩摩国における正八幡宮万得領は一四五町三段であるが、同領は隣国大隅にも見える。大隅国建久図田帳によれば正八幡宮領応輸田（=半不輸国領）、七九五町八段の中、主たるものは万徳、恒見、宮永名であり、中でも万徳名は二二〇町余でもっとも大きい[1]。その郡・院・郷に散在の状況は次表の如くである（表4）。

この万徳は万得と同じく、図田帳では大隅の場合万徳とあり、薩摩の場合万得となっているが、この前後の史料は両者を共に混用している[2]。

しからば、この正八幡宮領の中、大きな割合をしめている万得（徳）領（名）とはいかなる由来をもつものであろ

表4

郡・院・郷	田数（丁・段・歩）
一　曽野郡	五・二
二　小河院	一六〇・三
三　桑東郷	一二
四　桑西郷	一四・四
五　帖佐郡	五・三・二四〇
六　蒲生院	一七・三
七　吉田院	一
八　加治木郷	四・五
計	二三〇・〇・二四〇

うか。これについては不明な点が多いが若干の史料により私見を述べてみたい(3)。

天承元年（一一三一）正八幡宮執印僧行賢が所領を同じく大隅国の名刹台明寺に寄進せる状に、

八幡正宮執印僧行賢敬白

寄進台明寺毎年九月中旬三箇日夜不断大念仏燈油仏聖僧供料、贈吩郡止上居取内万得領水田捌段内弐段者、止上御供料奉寄畢、残陸段并畠地壱所字由久留薗事（後略）

とある(4)。即ち万得領八段の内先に止上社に寄進せる二段を除き六段并に畠地（薗）一所を台明寺に毎年九月中旬三ヶ日夜の不断大念仏燈油仏聖僧供料として寄進したのである。また康治元年（一一四二）の同人の同じく台明寺への寄進状には、

正宮執印僧行賢敬白

奉寄台明寺衆集院阿弥陀堂毎日仏聖料万得領田玖段事

在贈於郡

一条三里九坪捌段　字楠本

同条四里十九坪内壱段　字久保山

右行賢、以去寛治元年親父惟宗朝臣在位(任カ)之時、下向当国、有事縁、時々参詣於彼寺矣、住僧等尋旧跡、致二季彼岸不断経勤之処（中略）因茲、買得便宜水田、取国判等、施入於彼供料先畢、而於毎日仏聖者、依無其料田、

為便宜之故、雖不足年中之相折、永以所施入件領田九段也、（後略）

とある。[5] これも行賢が台明寺衆院阿弥陀堂二季彼岸不断経勤の供料については先に寄進したが、毎日仏聖料の料田として新たに万得領田九反を寄進したというのである。以上の二史料何れも万得領田の寄進状であるが、これにより次の二つのことが推測される。即ち、

一、万得領田は執印行賢の自由進退の所領であったらしいこと。

二、それはまた寛治元年（一〇八七）父惟宗朝臣在任の時、当国に下向以後の買得田であったらしいこと。

さらに康治元年より二〇数年後の二史料は右についてもっと具体的に示してくれる。即ち応保二年（一一六二）の台明寺住僧の解状、[6] 及びそれに対する大宰府下文[7]がそれである。大略は台明寺住僧が大隅国住人藤原篤房の寺領内を妨げることの停止を請い、大宰府がそれによってその停止を命じたものである。記載内容に重複する箇所が多いので、今前者によって史料の一部を掲げると次の如くである。

大隅国台明寺住僧等誠惶誠恐謹言　申請　大宰府裁事

請被殊蒙　鴻恩、任正八幡宮執印故行賢寄文状、依代代国判旨、停止当郡住人篤房謀略非理沙汰子細状

（中略）正八幡宮執行故行賢大徳、為紹隆仏法、買取篤房之祖父篤定幷檜前篤季之田地、在当山牓至内、相副本券、当山毎年二季彼岸之勤幷燈油料、寄進弐町陸段田地、又以年来伝領戒勢之田薗、当山三箇日夜不断常行三昧料薗壱所幷田地陸段、同以寄進畢、其後七十余箇年之間、敢無他沙汰、（中略）而今篤房雖為篤定末孫、不受継郡司職、私訴阿多平権守忠景、以彼之武威、乍置相伝郡司、分領半郡事、僅及四五箇年之間、謀計之心甚、欲分取逕多年寺領田、（中略）或押領四至有限寺薗之条、非理沙汰也、誑惑之甚也、就中於彼岸田燈油田者、台明寺

牓至内也、(中略)又去去年篤房之所進府解状偁、篤房先祖有指宿願、申請国司、以私田薗寄進台明寺云云、是大無実也、大虚妄也、其旨見於故行賢寄文状、以一推万、誑惑甚也、宰府依不令知案内、於彼解状、被成御外題歟、

(後略)

即ちこの時既に没していた正八幡宮執印行賢の寄進田地は台明寺枢要の所領たるのところ、大隅国住人藤原篤房が私領と称して押領せんとしたのでこれを訴え、大宰府の承認を求めたものであろう。藤原篤房は中世、在庁官人、郡司であり御家人でもあった曽野郡司一族の先に当たるのであろう[8](藤原姓または檜前姓。他に税所、河俣氏等も同族)。右の史料によって明らかなように執印行賢の寄進田地は一は藤原篤房の先祖の私領を買得せるものであり、一は年来伝領地とあるが、「戒勢之田薗」とある如くこれも本主戒勢より取得せるものと思われる。前者の二町六段の田地は前掲康治元年の寄進状に見える「二季彼岸不断経勤」の供料田に当たり、後者の薗一所、田地六段は、同じく前掲天承元年の寄進状に見える「三箇日夜不断大念仏燈油仏聖僧供料」田薗に該当することは明らかであろう。そしてこれらが共に万得領(名)と呼ばれたことは後年の史料によっても明らかである[9]。ともかくも以上の田薗はかつては大隅国住人藤原(檜前)氏等の私領であったのであり、既述の如く執印行賢がそれらを買得し、さらに台明寺に寄進したものであろう。以上の例は曽野郡に限られているが、これを他にも及ぼして、即ち万得領の性格としてそれが私領主よりの買得田であるという推測が成立つものと考える。また右の史料で以上の田地は寄進以後七〇余年間、他の沙汰なしとあるが、同文書の作成年応保二年より七〇余年以前といえば丁度寛治年間にあたる。前掲康治二年の史料に寛治元年親父推宗朝臣在任の時、当国に下向とあり、その後便宜の水田を買得し、台明寺に寄進したとある。執印行賢の父惟宗朝臣についてては明らかでないが、「在任之時」とあるのは恐らく大隅国司の任にあったことをいうのであろ

う[10]。とすれば、国司の子息として正八幡宮神官の中、特に高く実力を伴う執印の職につき、行賢が多大の便宜を有しながら神領の買得を行ったことは充分考えられることではあるまいか。

　次に執印行賢についてさらに他の史料からみてみよう。「薩隅日三州他家古城主来由記」の大隅国吉田城の条によれば、「上古三位大蔵行忠と言る人数代吉田の郡司たり、しかるに天仁三年（一一一〇）の頃正月十九日、執印行賢と云人に吉田を令沽却、行賢買い得て後為重に譲る、為重ハ鎮西八郎為朝の二男なり、為重此地を知行して長太夫清道に譲渡す、為重は清道か為には母方の祖父なり、（中略）大隅国正八幡宮の神官公文執当権政所助清其子長太夫清道、此人より吉田の元祖に立、（中略）桑畑中納言家は吉田の庶流也」とあり、[11]また「本藩郷里史」蒲生正八幡宮条に「鳥羽院の御宇、執印行賢領地《（知）》の時、従三位通基の嫡孫上総介藤原順《（舜）》清、下大隅に下向して行賢女に内縁《を娶り》あり、一男を生む、行賢無男故、順《（舜）》清を養ふて子とし、吉田蒲生を譲る、順《（舜）》清若宮八幡宮を保安四年癸卯閏二月廿一日蒲生院に勧請す」とある。これにしたがえば執印行賢は吉田、蒲生院に所領（共に神領として買得せるものであろう）を有し、後、吉田院は正八幡宮神官吉田氏、蒲生院は同蒲生氏にそれぞれ女婿の関係によって伝えられていったことになる。勿論以上の史料は無条件でとるべきものではないが、前掲表4に見る如く両院それぞれに万得領が存在し、また両院の領主吉田、蒲生氏共正八幡宮神官として特異な存在であったことなどからかなり信憑性を有するもののように思われる。

　また、保安二年（一一二一）祢寝院南俣村に神人の差遣を令した正八幡宮政所下文に署名している執印大法師[12]、天承二年（一一三二）八幡名字石躰二基出現を報じた八幡正宮牒に署名している執印大法師は共に行賢であろう[13]。一体大隅正八幡宮発展の歴史には幾つかの段階があったようであるが、その薩隅両国にまたがる広大な神領を有するようになるのはほぼこの前後のことであったらしい。「桑幡文書」ならびに系図によれば長久年間（一〇四〇〜一〇四三）

始良庄は国司の寄進をうけ[14]、保延二年（一一三六）帖佐郷は知足院より寄進をうけたとある。また祢寝院南俣が領主建部氏より正八幡宮へ寄せられたのもこのころのことであった[15]。恐らくこのころ執印職にあった行賢の神領拡大に果たした役割はきわめて大きかったと思われる。臆測を逞しくすれば万得領（名）とはかかる執印行賢（或いはその父惟宗氏をも含めて）の買得せる在地領主の私領だったのではあるまいか。万得領（名）の応輸田なることについては前にふれたが、それは元来が公田であり、在地領主の私領田であったことに基づくものであろう。薩隅両国図田帳に見える万得領（名）が正八幡宮領もしくは公領であることも右の事情を示しているものと思われる。永万元年（一一六五）の石清水八幡宮寺政所下文によれば[16]、

寺家政所下　新田宮所司神官等

仰下参箇条

一、可早任先例、牒送国衙、企出庁、令勘合当宮例名常見浮免田百五十余町事

（中略）

一、可早停止字別苻五郎忠明地頭政所職事

（中略）

一、可早任先例、当国内万得所領田畠等、為宮領、且宛神事用途、且調進御年貢事

右、如訴申者、前沙汰之人兼俊之子孫、今構事於謀計、被相語横人、令譲沙汰之由者、事実者、停止彼等沙汰、為宮領可致沙汰之、

以前条事、任下知之旨、可致沙汰之、敢勿違失、以下、

とあり、万得所領田畠は本来公領ではあるが、宮領になることは先例であるとしている。[17] 終わりに「万得（徳）」の名称の由来であるが、薩隅両国の場合普通名の名称は名の開発者、または所有者の仮名によるものが多いようである。たとえば図田帳に見える薩摩国阿多郡久吉名の名称は保延四年（一一三八）阿多郡司平忠景の寄進状に連署している財（田）久吉の名によるものであり、[18] 薩摩郡、高城郡、東郷別府、祁答院、伊集院に散在する時吉名の名称は久安二年（一一四五）頃見える大前道助の仮名時吉によるものである。[19] その他図田帳にあらわれない名の名称についても同様であることは多くの例がそれを示している。[20] 万得（徳）名についても以上の場合と同じく個人（執印行賢或いは親父惟宗氏）の仮名であるとも思われるが、その特殊性からみて仮名以外の祥号によるものかも知れない。[21] これについては改めて検討してみたい。

註

（1）大隅国建久図田帳は薩摩、日向の如く古写本が島津家文書の中に収められておらず、専ら史籍集覧本が利用されているが、検討を要する点が少なくないようである。田数を計算した場合、一致しない所も多い。これらについては別に考察するとして、今は図田帳記載の合計及び小計をそのままあげれば大隅国中惣田数三〇一七町五段大、その中正八幡宮領一二九六町三段小、内訳は不輸田五〇〇町五段小、応輸田七九五町八段である。また応輸田恒見は五四町大、宮永は六七町四段である。応輸田とは図田帳にまた「国方所当弁田」とあり、「為半不輸、正税官物者弁済国衙也」とあるのに該当する。本来公領であり、私領主の寄進、沽却によって正宮領に編入された所領であろう。

（2）大隅国の場合、たとえば後掲史料にはすべて万得領と見える。薩摩国の場合、永仁五年六月、善法寺尚清処分帳（大日本古文書『石清水八幡宮文書』二四五）に大隅国内の宮領に混じて「薩摩万徳」とあり、応長二年六月一七日の武光法忍同日一筆譲状（『鹿

児島県史料　旧記雑録前編』一—一一五一）に万徳名とあり、正和五年三月一三日の武光兼治避状（同一—一一八九）には万得名とある。

（3）万得名について考察を加えられた先学としては水上一久氏があるのみである。水上一久前掲論文二一頁、同「中世譲状に現れたる所従について—大隅禰寝氏の場合—」（『史学雑誌』六四—七、一九五五年）二六頁、註（10）。氏はその中で「万得名は、大隅にも同様のものがあり、その一部は島津庄と論所となっているから、正八幡宮関係の特殊の沿革をもつもののようである」といわれ、前の論文では「万得名がこの種のものの最大のものであり、且つ図田帳当時では伊集院全部の万得名が細分されているのを見れば、その沿革の古さも察せられる。（中略）久吉、時吉、万得の名主は現実にその人の名に由ると推定せられるものであって、しかも郡司、在庁的なものの私領地化したものと考えられる」と述べておられる。しかし万得と時吉とを同列におくことには問題があるようである。後述（21）。

（4）『鹿児島県史料　旧記雑録前編』一—一一七　天承元年九月一七日　八幡正宮執印僧行賢寄進状。

（5）同一—一二四　康治元年九月二〇日　正宮執印僧行賢寄進状。

（6）同一—一四〇　応保二年五月一五日　台明寺住僧等解。

（7）同一—一四一　応保二年一〇月二九日　大宰府所下文。

（8）これについては拙稿「大隅の御家人について　上」（『日本歴史』一三〇、一九五九年）四二頁において若干ふれている。

（9）『鹿児島県史料　旧記雑録前編』一—九四六　正応四年一一月　台明寺々領注進状。この中「衆集院燈油田　一丁三段　万得御名行賢執印寄進　公事無之」とか、「一日吉田　一丁一段　仏聖田　七段　已上一丁八段　万得御名行賢執印寄進　公事無之」とかあるのは以上の寄進田をさすものであろう。また、同一—六七七　文永元年一二月二四日　台明寺文書目録案の中に「一日吉田、一巻五通、国司幷行賢御寄進状」とあるのもこれを示すものであろう。

（10）執印行賢在職時の大隅国司に惟宗朝臣の名はみえないが、惟宗氏の名は大宰府官人の中に屢々見える。或いはこれらと関係があるかとも思われるが、以前の大隅国司の中に大介惟宗朝臣の名がみえ、恐らく行賢の父惟宗氏も大隅国司に補任されたことがあったのであろう。大宰府官人より転じたのかもしれない。

（11）鹿児島県立図書館所蔵　宝暦三年「薩隅日三州他家古城主来由記」。また「薩隅日地理纂考」五五頁参照。
（12）『鹿児島県史料　家わけ一』「祢寝文書」六三九　保安二年六月一一日　大隅国正八幡宮政所下文。
（13）『石清水八幡宮文書』五（「宮寺縁事抄」一二一）天承二年四月二三日　八幡正宮牒「八幡大隅国正宮御殿艮方八幡御名石躰二基顕出現事」。
（14）『鹿児島県史料　旧記雑録拾遺　家わけ十』「桑幡家文書」一―4　暦応二年一一月一八日　正八幡宮講衆殿上等申状。
（15）『鹿児島県史料　旧記雑録拾遺　家わけ一』「祢寝文書」六三九　保安二年六月一一日　大隅国正八幡宮政所下文。同六四五　文治三年一一月　大隅国正八幡宮神官等解。
（16）『鹿児島県史料　家わけ十』「新田神社文書」一〇五―1　永万元年七月　検校法印下文案。
（17）当時、薩摩国新田八幡宮は大隅国正八幡宮と共に本家は石清水八幡宮善法寺であった。故に本家本位に考えた場合、共に同一所領ということになる。しかし中世、大隅国正八幡宮の勢位の方がはるかに新田八幡宮のそれを上回っていたようである。
（18）『鹿児島県史料　旧記雑録拾遺　家わけ一』「二階堂文書」九一　保延四年一一月一五日　平忠景施入状案。このことについては前掲水上一久「中世譲状に現れたる所従について」二六頁、註（10）に詳論がある。
（19）『旧記雑録前編』一―四二九　寛元三年八月五日　寺家公文所下文。これについては前掲拙稿「薩摩の御家人について」二一頁、註（31）において少しくふれた。
（20）たとえば前掲時吉名と共に久安年間に見える勢万（勝遅仮名）名は図田帳にはあらわれない。また、大隅国図田帳に桑東郷、宮永名二三町とあるが、その内訳は保延元年二月の宮永社役支配状写（『鹿児島県史料　旧記雑録前編』一―一八～二〇）によれば表の如くである。この中、一、二を除き何れも地主の仮名と見るべきであろう。

名	田数（丁・段・歩）
中津河	一八丁
山口田	九段
与楽	六
是国	四・二四〇歩
秋次	三
久楽	九
秋松	七
友永	七
恒久	三
末吉	一・一二〇
計	二三

（21）図田帳に「伊集院　時吉二五町　万得」とある。これはいかに解すべきであろうか。既述の如く時吉名は公領＝私領であり、図田帳の集計では一円国領となっている。万得領は公領＝八幡宮領であるから、この名は一時万得領の中に入れられていたことを示すものであろうか。

ともかく万得領（名）が時吉等の諸名を包括する名であったことは、単に量的に大きいというのではなく、質的にも他の諸名とは異なることを示しているものと思われる。註（20）の大隅国宮永名も万得名につぐ大きい正八幡宮領応輸田であるが、宮永名が既述の如く多数の群少名より構成されている点は注目すべきであろう。宮永名は図田帳の記載でも明らかなように正八幡宮の修理料所として宛てられている特殊の名と思われる。また、万得名、宮永名と同列の名として恒見名があるが、これは恐らく「ツネミ」とよみ、前掲永万元年の新田八幡宮文書にみえる常見名と同種の名であろう。また、「八幡宇佐神領大鏡」（『大宰府史料』上―一〇、一六三三頁）には宇佐八幡宮領常見名について「件称常見名田者、多分者治開田地也、又甲乙領主奉寄少々有之、於半不輸之地、毎年入勘国検田使」とある。恐らく正八幡宮の場合も以上の諸名は八幡宮の勢威の拡大と共にいくつかの小名を併せて構成されていった大名田であろう。このように万得名はおおむね買得、寄進によって集められた名田（公領＝私領）から構成されていたとみてよいであろう。万得（徳）の名称は、恒（常）見、宮永等と共に他の寺社領にも見えるし、またその語義からしても仮名ではなく、特に設けられた名称とも考えられる。

四、「本」職

次に同じく図田帳にしばしば見える本郡司・本地頭・本名主・本主等の意味について若干考察を加えてみよう。前掲表１についてこれらを求めると次の如くである（表５）。これによってみると一四例の中１・11～14を除きすべて島津庄寄郡内没官領であることがわかる。(1) １は島津庄寄郡、山門院高橋の名主であるが、「是兼入道死去後」とあるから、名主是兼入道の死去により「本」名主としたものであろう。11は日置北郷で、島津庄一円領であるが、これも日置南郷外小野、伊作郡と共に建久三年の没官領であった。(2) 13も阿多宣澄旧領の没官領である。15は鹿児島郡内の公領、寄郡で郡司は前内舎人（惟宗）康友とあるが、平忠純は郡司職につき繋争し、このころ一旦敗退していたものと思われる(3)。即ちこの本郡司とは元の郡司の意味であることは明らかである。12は島津庄と相論中の正八幡宮万得領であるが、在庁道友はこの他にも伊集院内に名主職をもっており、特にここだけが本主職とあるのは他と異なる（即ち所職を離れる）状況にあったことを思わせる。14は島津庄寄郡で地頭は島津忠久となっている。在庁種明は前記13に

表5

番号	郡・院・郷	名	田数（町段）	種別	地頭	職	領主名
1	(2)山門院	高橋	一五	寄郡	右衛門兵衛尉	本名主	是兼入道死去後
2	(4)高城郡	若吉	三六	〃・没官領	千葉介	本郡司	薬師丸
3	(6)祁答院	富光	五四	〃　〃	〃	〃	熊同丸
4	〃	倉丸	三〇	〃　〃	〃	本主	滝聞太郎道房
5	〃	時吉	一五	〃　〃	〃	本名主	在庁道友
6	〃	得末	一三	〃　〃	〃	本主	江田太郎実秀
7	(9)入来院	弁済使分	五五	〃　〃	〃	本地頭	在庁種明
8	〃	郡名分	二〇	〃　〃	〃	本郡司	在庁道友
9	(11)甑島	上村	二〇	〃　〃	〃	本地頭	〃
10	〃	下村	二〇	〃　〃	〃	〃	薬師丸
11	(12)日置北郷		七〇	一円領　〃	右衛門兵衛尉	本郡司	小藤太貞隆
12	(15)伊集院	大田	一五	正八幡宮領		本主	在庁道友
13	(18)阿多郡	久吉	一四五・四	没官領	佐女嶋四郎	本名主	在庁種明
14	(22)頴娃郡		三四	寄郡	右衛門兵衛尉	本郡司	〃
15	(26)鹿児島郡		一九七	〃	〃	本宮（郡カ）司	平忠純

おいても本名主職とあり、ここで本郡司職とあるのは同一の事情によるものであることを思わせる。即ちこのころ既に所職を奪われていたのではあるまいか。在庁種明及びその子孫の以後この地方に領主としてその名のみえないのも右の推測を可能にしている。その他の諸例は既述の如く悉く没官領であるから、これらの「本」もすべて「元」の意味で旧所知者を示すものであろう。そしてそれは現に所知権を失っていることを示しているものと思われる。表１によれば没官領は他にもあり、没官領内の所知者悉く所職を失った訳ではない。即ち高城郡内の若吉以外の諸名の所知者、東郷別府の郷司、名主等がそれである。しかしまた、没官領内（一円領即ち島津一円庄）ですでに所知者、旧所知者の記載の見えない所は早く或いは全くそれらが失権していることを示すものであろう。[4] またその記載のあるのは図田帳作成直前一旦没収されたことを示すものであり、未だ完全な失権ではなく、復権しうる可能性もあることを示しているものであろう。「本」の記載のない場合はそのまま安堵されたことを示すものであろう。

次にその個々についてさらに検討を加えてみよう。まず「本」の記載ある所職をもつものそれぞれの所領全てを図田帳により示すと次の如くになる（表６。但し表５の１是兼入道死去後、15平忠純は省略）。この中、１〜３・７が「本」の記載のある所職のみを有するもの、４〜６はそれ以外の所職をも併せ有するものである。さらに１薬師丸についてみると、同人は武光氏系図によれば、[5] 武光氏の祖高城郡司高信で仮名武光三郎とあり、同じく図田帳に高城郡吉枝、武光等の名主としてみえる在庁師高はその子ということになる。その後武光氏は師高の子孫が相承したが、高城郡郡司職としての所見はなく、同郡司職は武光氏系図に見える六郎信康─太郎信久が相伝したようである。[6] しかし同職はこのころ一旦失われたものの如く、そのことは建久九年の文書に高城新郡司豊津友安とあり、建久八〜九年の間に新郡司補任の事実のあったことによってもうかがわれる。[7] ２熊同丸、３滝聞太郎道房については史料がなく明ら

表6

番号	氏名	郡・院・郷	名	田数	種別	職	地頭
1	薬師丸	高城郡	若吉	三六町段	寄郡・没官領	本郡司	千葉介
		甑島	下村	二〇	〃 〃	本地頭	〃
2	熊同丸	祁答院	富光	五四	〃 〃	本郡司	〃
3	滝聞太郎道房	〃	倉丸	三〇	〃 〃	本主	〃
4	在庁道友	高城郡	時吉	一八	〃 〃	名主	〃
		東郷別府	〃	一五	〃 〃	郷司名主	〃
		〃	〃	一〇・七	〃 〃	郷司	〃
		〃		二	正八幡宮領	下司	
		祁答院	時吉	一五	寄郡・没官領	本名主	千葉介
		薩摩郡	〃	六九	〃	名主	右衛門兵衛尉
		宮里郷		七・五	安楽寺領	下司	
		入来院	郡名分	二〇	寄郡・没官領	本郡司	千葉介
		甑島	上村	二〇	〃 〃	本地頭	〃
		伊集院	大田	一五	正八幡宮領	本主	
		〃	寺脇	八	〃	名主	
		〃	時吉	二五	国領	〃	
5	江田太郎実秀	高城郡	得末	二	寄郡・没官領	〃	千葉介
		東郷別府	〃	四	〃 〃	〃	〃
		祁答院	〃	一三	〃 〃	本主	〃
6	在庁種明	高城郡	三郎丸	一〇	〃 〃	名主	〃
		薩摩郡	若松	五〇	〃	〃	右衛門兵衛尉
		〃	永利	一八	〃	〃	〃
		入来院	市比野	一五	弥勒寺領	下司	千葉介
		〃	弁済使分	五五	寄郡・没官領	本地頭	〃
		阿多郡	久吉	一四五・四	没官領	本名主	佐女嶋四郎
		頴娃郡		三四	寄郡	本郡司	右衛門兵衛尉
7	小藤太貞隆	日置北郷		七〇	一円領	〃	〃

かでないが、恐らく共に祁答院に本拠をもつ薩摩の旧族、在庁官人でもある大前氏であろう。そして熊同丸は高城郡における薬師丸―在庁師高と同じく、在庁道友と親子関係ではなかったろうか。そして滝聞太郎道房はその一族ではあるまいか(8)。彼等は高城郡司薬師丸と同じく、この時既に所職より離れていたものであろう。本主とあるのはこの場合本名主、元の名主の謂であろう(9)。一体表３にも示したように、高城郡・東郷別府・祁答院・入来院・甑島の五郡・院・郷、島津庄寄郡、没官領の地頭職は千葉常胤の管掌するところであるが、その由来については次の「島津家文書」文治二年（一一八六）八月の源頼朝下文に明らかである(10)。

当御庄寄郡五箇郡者、以常胤令補郡司職了、而守其職許、可随国司下知之処、件清遠猥乱入庄家、致種々非法、苛法狼藉之間、土民不安堵、不及預所并地頭等沙汰之由、有其聞、事実者、清遠之所行、甚以奇怪也、以郡司職、何可打妨預所・地頭之下知哉、自今以後、早可停止件非道狼藉、若尚令違背者、召取其身可処重科也、且常胤下遣正道者之由、令言上了、而此条尚以不当也、早停止非法、為郡司職代官、可致国司・本家所役勤、

即ちこれは千葉常胤の代官の非法停止を令したものであるが、ここに「当御庄寄郡五箇郡」とあるのは前記郡・院・郷のことと思われ(11)、千葉常胤は最初それらの郡司職に補任されたことがわかる。しかしこの郡司職は在地領主の有した郡司職と同じとは思われず、それらを統轄する惣郡司職、いいかえれば小地頭職に対する惣地頭職の如き立場にあたるものであろう(12)。そして後、図田帳に五郡・院・郷の地頭職として記される前身をなすものと考えられる。しかしともかくも千葉常胤の郡司職補任は在来の領主の所職に変更を生ぜしめることになったものと思われる。或いは五郡・院・郷の「本」職所有者はこの時所職より離れたのではあるまいか(13)。勿論既述の如く五郡・院・郷内すべての所職が失われたのではなく、またそれも永続的であったというのではない。その復活もあったと思われる。たとえば

表5の7「入来院　弁済使分　五五町　本地頭　在庁種明」とあるが、種明の後と思われる大蔵氏は後にこの地を先祖相伝の地と述べている。[14]また「本」の記載のない没官領内の所職はそのまま安堵されたものであろうことは、たとえば高城郡吉枝名がその後も在庁師高の子孫によって相伝されていること等によっても知られるが、[15]さらに図田帳に記載されていない名、たとえば郡名分とか公田とかの中に没入してあらわれない名の名主職も多くはそのまま安堵されたことであろう。建長二年（一二五〇）の薩摩国入来院内塔原名主寄田（伴）弥太郎信忠と地頭渋谷定心との相論についての関東下知状[16]に信忠の言分をのせ、「当職者、父信俊重代職也、当国御家人雖不帯御下文、知行所領之条、為傍例之間、故右大将家御時、千葉介雖給惣地頭、至名主職者、無相違之処」とあるのは右の事実を示している。以上1〜7の「本」職所知者は3・5を除き、すべて在庁官人、郡司であるが、その立場が源平交代及びその前後の変動期に際して平家方加担者と見なされ、或いは反幕府出先機関者と目された為であろう。[17]

以上、薩摩国建久図田帳に少なからず見える「本」の記載を有する所職はその旧所知者のそれを示すものであることをいい、「本」記載のない所職とは別格の特別な所職ではないことを述べた。[18]しかしこの問題については前節の万得名と共に未だ推測の段階を出ず、検討の余地が多く残されていると思うので大方の御教示をお願いし、さらに補正を行いたいと考えている。

註

（1）没官領は表1・表2に示した如く、一二郡・院・郷にわたり田数一一〇五町にのぼる。その内訳は島津庄一円領内没官領二八五町、寄郡内没官領六一〇町二段、阿多久吉二一〇町四段である（表2では、島津庄一円領内没官領は一円庄の中に集計したので没官領の合計はそれらを除き八二〇町六段となっている）。尚13鹿児島郡々司は前内舎人康友とあり、本宮（郡であろう）司平忠純は小字の割書で「但何々」と記されている。

（2）「島津家文書」所収薩摩国図田帳によれば島津御庄一円御領六三五町内、没官御領二八五町内として伊作郡二〇〇町、日置北郷七〇町、同南郷内外小野一五町をあげている。集覧本によれば、以上三行の後に、「三行合二百八十五町没官御領ノ内也」と朱註がいれてある。県史またこれを採り、「此の伊作以下の地は伊作平次以来、当地方平姓の所領であって、島津庄の寄郡であったが、阿多氏の叛によりて、阿多郡と同様没官となったものである云々」と説明を加えている（『鹿児島県史』一、二二九頁）。これらの地は年来島津庄寄郡の地たるところ、文治三年三月、平重澄＝宣澄、島津一円庄として寄進し（『鹿児島県史料　旧記雑録前編』一―一一四　平重澄寄進状案）、同四年一〇月その認可を得たのであったが（下司・郡司職等を留保して）（「島津家文書」一―五四一　伊作庄立券状案）、建久三年一〇月「彼宣澄者、平家謀反之時、張本其一也」ということで没官領に入れられたのである（同　二九八　建久三年一〇月二二日　関東御教書案）。尚本郡司小藤太良隆は集覧本に貞澄とあり、県史またこれを採って重澄の子であろうとしているが（『県史』一　二三〇頁）、いかがであろうか。

石母田正氏は前掲論文「内乱期における薩摩地方の情勢について」（四九九頁）で島津庄の発展が、郡司、在庁官人等（私領主の運動の反映として、国衙領（公領＝私領）→寄郡→一円庄の経過を辿ることを述べておられるが、鋭く本質をつかれた見解というべきであろう。

また多くの論者が引用されている『鹿児島県史料　旧記雑録前編』一―八五七　弘安七年七月一日の、薩摩郡一分郡司孫太郎忠能と惣地頭島津久経との相論についての関東下知状に「右訴陳之趣、子細雖遍、所詮島津庄三箇国日向・大隅・薩摩内、云本庄云寄郡云私領、所務各別也、本庄者領家一円之地、寄郡者半不輸、私領者領家地頭不相綺」とあるが、ここで問題となっているのは郡司名田であり、それが私領の範疇に入ることになる。前述の私領とあるのがこれに当たるのであろう。

（3）これについては『鹿児島県史』一、三二六頁。また、前掲拙稿「薩摩の御家人について」一八頁参照。

（4）没官領内で所知者の記載のないのは13日置南郷寄郡、及び一円領（外小野）、15伊集院谷口、17伊作郡、18阿多郡高橋、19加世田別府村原、25谷山郡公領の七である。この中伊集院谷口を除く外、悉く旧領主は阿多重澄またはその一族と思われる。重澄は建久三年所職を停止されたことは既述の如くである。尚以上の郡・院・郷内で旧所知者の記載のあるのは既述の12日置南郷、本郡司小藤太貞隆と阿多郡久吉、本名主在庁種明であるが、右は所職の喪失が尚決定的でなかったのではあるまいか。図田帳作成後間もなく守護島津忠久より発出された「内裏大番役支配注文」（『鹿児島県史料　旧記雑録前編』一―一七五～一七七　建久八年一二月二四日　島津忠久内裏大番役支配注文案）にみえる御家人交名二四名中、右の没官領内の領主と思われる伊作平四郎、南郷万楊房の名がみえる。前者は阿多重澄一族で相伝系図にみえるその後の伊作庄下司則純であろう（「島津家文書」一―五三九　薩摩伊作庄幷日置郷下司系図）。また後者は建久三年一〇月の島津忠久をして阿多宣澄旧領の地頭職知行を令した関東御教書案に「件所領内壱所者、可宛給僧覚弁者」とある（「島津家文書」一―二九八　建久三年一〇月二二日　関東御教書案）その人であろう。図田帳にあらわれていないが、共に鎌倉幕府の御家人として認められていた在地領主である（拙稿「薩摩の御家人について」一三～一五頁参照）。

「本」＝「元」については大隅国図田帳に二つの用例をみる。何れも「旧」の意味である。即ち一は史籍集覧本と別系統本と思われる桑幡本（『鹿児島県史料　旧記雑録拾遺　家わけ一〇』「桑幡家文書」一二。『古事類苑』神祇部一〇〇　鹿児島神宮条所引のものはこれに近い）に「祢寝南俣四十丁　元建部清重所知」とある。そしてその後に「賜大将殿御下文、菱刈六郎重俊知行之」とあって、この時建部氏は所職を失っていたことを知る（この後建部氏＝祢寝氏と菱刈氏との争論が久しく続けられ、前者が本家八幡の支援をえてこの所職を復するのであるが）。他の一は「始良庄五十余丁　正宮大般若庄内沙汰元吉門・高信・宗清所知」とある。これは恐らく以前の知行者名で、実際には「吉門・高信・宗清跡所知」の意味であろう（前掲拙稿「大隅の御家人について」上」、四五頁参照）。

（5）「入来文書」―「入来院文書」二二四　武光氏系図。

（6）「高城村沿革史続編」五五頁　高城氏所蔵文書　建長六年正月二〇日　関東下知状「高城太郎信久与小河宮内左衛門太郎季張相論薩摩国高城郡甑下島郡司職事」に信久の云分として「西国御家人雖不給御下文所知行来也、高城郡司職事藤内民部大夫遠景執進之」とあるのはこのことを推測させる。

（7）『鹿児島県史料　旧記雑録前編』一―一八一　建久九年三月　新郡司豊津友安奉免状。

（8）前掲拙稿「薩摩の御家人について」九頁参照。
（9）既述「内裏大番役支配注文」の大番交名中、高城郡司、在国司の名が見える。前者は薬師丸の子、前掲信康か。後者は熊同丸の子か。「本」の語義は単に「元」という意味だけではなく、たとえば前掲伊作庄幷日置郷下司系図にその最初の人良通を「伊作本主」としているように開創者、即ち「根本」「本来」という意味もあるであろう。しかしともかく当人は所職よりはなれていたことは明らかで、それも高城郡、祁答院の場合、没官領とあるのであるから、一旦所職を没収されたことは疑いあるまい。但しその子等がその跡を襲職する事も当然考えられ、高城郡司はその例であろう。
（10）「島津家文書」一―六　文治二年八月三日　源頼朝下文。
（11）これについて西岡氏は前掲論文七八五頁において説明されているが、問題の島津庄寄郡五ヶ郡として河辺・高来・頴娃・谷山・鹿児島郡かとされているが、従いがたい。
（12）薩摩国には所謂小地頭職の所見は殆んどないが、鎌倉時代以前既に在地領主の地頭職（名頭職ともいう）が見え、図田帳にも甑島、入来院に本地頭職がある。これらと島津忠久、千葉常胤等の地頭職とは異質のものであり、後者が惣地頭職であるのに対して、これらは他の郡・院・郷司職、名主職等の領主職と共に所謂小地頭職に該当するものであろう。
（13）尚、西岡虎之助「中世前期における庄園的農村の経済機構」（『庄園史の研究』下巻二、岩波書店、一九六六年）七七〇頁～七七一頁に入来院の領主伴氏の系譜について述べ、伴氏はのち阿多氏の統制下に入り、阿多氏が平家に与党したため、没官領となったと述べておられる。しかし阿多宣澄の没落は建久三年のことであり、千葉氏の郡司職補任は文治二年のことであり疑問がある。しかし何れにしても註（17）に述べるように源平交替期の動乱に関係があることは勿論であろう。
（14）「入来文書」―「入来関係文書」一四　正応五年三月一四日　伴師員譲状。
（15）「入来文書」―「入来院文書」二二六　正和三年一〇月三日　藤原親郷等勘渡文書目録。
（16）「入来文書」―「入来院文書」八二　建長二年四月二八日　関東裁許状。
（17）これについては石母田正氏の前掲論文に詳細な論述がある。図田帳末尾の「右件図田注文、去文治年中之比、依豊後冠者謀叛、彼乱逆之間、被引失了、仍大略注進如件」とあり、集覧本にはこれについて「宮城柿木原氏ノ文書ニ日向国真幸院草部重兼カ文治二年正月十五日進上セシ状云謀反人豊後冠者義実大夫義祐云々見ヘルトソ此ニ云冠者ノコトナルヘシ」とあり、同じく前掲玉里文庫本には「宮之城人柿木原平右エ門家蔵文書進上謀叛人事豊後冠者義実大夫義祐右進上如件文治二年正月十五日日向真幸院郡司草部重兼上」とある。草部氏については「島津国史」四　文明一七年冬一一月条に「柿木原平右衛門家蔵文書、文治二年真幸院郡司曰草部重兼、承久二年草部重能嗣父職為真幸院郡司職……則草部氏世為真幸院郡司職矣」とある。豊後冠者義実とは為朝の子、上西門院判官代義実と思われ、また阿多氏とも関係があったらしい。『鹿児島県史料　旧記雑録前編』一―一六四　建久五年五月の新田八幡宮所司等申状には、「依豊後冠者義実追討、人民餓死之事者一両年之事也」とある。

また、日向国図田帳末尾には「右去元暦年中之比武士乱逆之間於譜代国之文書者散々取失畢、雖然寺社庄公物図田太略注進如件」とあり、源平交替期における薩・隅・日三ヶ国の動乱が深刻であったことを如実に物語っている。この他これに先立って薩・隅両国に大きな波紋をまきおこした阿多忠景の謀叛とよばれる動乱があり、平氏の追討をうけている。宣澄＝重澄はその女婿といわれ、のち平氏与同の科により、その所職を没収されたことは既述の如くである。尚、阿多氏については『鹿児島県史』一、二四五頁以下に詳しい。

(18) この時代、薩摩、大隅に「本名」の呼称のあったこと、及びその内容については水上一久「本名体制と惣領制」(『日本歴史』一一五・一一六、一九五八年)に詳細な論究がある。この「本名」の「本」は前掲「根本」「本来」の語義であろう。尚、武光氏の所領に高城郡「本万得(徳)名」があるが、これはこの意味に用いられている場合と、別に高城郡には「草道万得」、のちには「上村万得」があるのでそれらと区別するために用いられている場合とがあるようである。

第二章　大隅国建久図田帳小考
—諸本の校合と田数の計算について—

一、図田帳の写本

薩摩・日向両国の建久図田帳については前者が建武元年の、後者が応永二八年の古写本を伝え、何れも大日本古文書「島津家文書」一に収載されている。しかるに大隅国建久図田帳については「島津家文書」に収載されておらず、史籍集覧本による他はない。即ち『改定史籍集覧』二七冊には建久図田帳として薩摩・日向両国図田帳と共に大隅国図田帳をのせている。これはそれぞれの古写本より伝写せるものを合本としたものと思われ、その中、薩摩・日向両国図田帳は共に前記建武・応永の古写本よりの伝写であることはそれぞれ末尾の、

「建武元年八月廿四日巳時許書写了　於京都綾小路烏丸面西頬宿因交点了　筆者沙弥光祐」

「応永廿八年二月二十七日　忠敦
　元禄二年己巳春二月望日書写於官窓下　重英」

とある記事から明らかである。しかるにそれらについて伝写・印行の際に生じたと思われる誤脱が前記「島津家文書」のものと校合した場合少なからずあることを知る。

一体史籍集覧本はどのようにして出来たのであろうか。まずこれについてみてみよう。集覧本末尾に、

時維明治十四年三月、藤沢親之氏我内務卿ノ命ヲ奉シ、旧鹿児島藩士族持高実地検査トシテ鹿児島県ニ到ルノ日、適々県庁ニ於テ此図田帳ヲ見ル、是実ニ建久年間島津ニ存スル所ノモノタリ、蓋建久ハ今ヲ距ル殆ト七百年、而シテ此書ノ土地ノ事ニ関スルヲ以テ之ヲ我地理局ニ存セハ、亦往昔ノ一斑ヲ窺フニ足ランコトヲ思ヒ、乃チ書写シテ齎帰ル、茲ニ聊其事由ヲ概記シ、以テ他日ノ覧ニ供スト云爾、

明治十四年四月

右、壱巻借写、井上頼国氏蔵本一校了、

明治三十五年八月　　近藤圭造

とあるのは、この間の事情を明らかにしている。即ち集覧本のもとは明治十四年の県庁所在本の伝写本であることがわかる。県庁所在本とは恐らく旧藩時代以来の写本で、朱註が多くみられるのは藩史局者の書き入れであろう。これらの註記は一面では図田帳解明の手がかりをあたえてくれるが、他面その誤りも少なくなく、また本文も前記の如く伝写の間の誤脱が少なくない。薩摩・日向両国図田帳の場合は「島津家文書」所収の古写本によって校合補訂が可能であるが、大隅国図田帳の場合、他の二国の場合と異なりよるべき古写本が伝わらず、自ら別途の方法によらねばならない。集覧本の原本はその最初に「古本在隅州宮内隈元治左衛門家」と記されているように大隅国正八幡宮（鹿児島神宮）社家隈元氏の蔵本であったことは明らかである。そしてまた末尾に、

右者前々御用付差上置申候処、去年依焼失、写仕置候者、今度差上可申旨被仰渡候間、如此御座候以上、

丑二月廿五日　　宮内　隈元治左衛門

とあってその由来が記されている。即ち大隅国図田帳（恐らく薩摩・日向両国図田帳の如き古写本であろう）はかねて藩当局の求めに応じて提出したのであったが、去年焼失してしまったので、改めてその写しがあれば差出すようにとの命にしたがい提出する次第であるというのである。ここに去年の焼失とは、恰も子年に当たり、恐らく元禄九年（丙子）四月二三日の鹿児島城内を焼いた大火のことであろう。そしてこの災禍によって大隅国図田帳の古写本は失われてしまったと考えられる。これが薩摩・日向両国の場合と異なり、大隅国の場合、その図田帳に信憑すべき古写本の伝わらない理由の一つであろう。さて集覧本の原本（大隅国図田帳写本）隈元本が藩当局に提出されたのは右の推定から元禄一〇年のことと思われ、恐らく前記災禍により焼失せる古写本の代わりとして在社家写本の提出が求められたためであろう。しからば焼失せる古写本が藩当局の許に提出されたのはいつのことであったろうか。前掲「前々御用付差上置申侯」との文言よりみてもそれ程以前のこととは思われず、或いは元禄初年、古文書の採訪が伊地知重張などの手によって行われていること等からみても、このころのことであったかとも思われる。前掲集覧本、日向国図田帳の末尾に、「元禄二年己巳春二月望日書写於官窓下　重英」とあるが、この重英とは重張の初名であり、日向田図田帳の古写本が同じくこのころ採訪され、伊地知重張の手によって書写されている事実もこの推測の裏付けとなろう。

しかるに集覧本には所々に「イ」本によれば云々の註記がみえ、後に異本との校合が行われていることが知られる。また『古事類苑』神祇部一〇〇、政治部七七に大隅国図田帳の部分があげられているが、後に見る如く、これを前記「イ」本と比較した場合、一致する点が少なくない。一方古事類苑本と集覧本とを比較した場合、後に見る如く、相違する箇所が少なくない。そしてこの場合、その記載数字の集計や文意その他の点からみて概して前者の方が善本であることが判明する。ともかく大隅国図田帳には右の如く、集覧本（隈元本）と別の系統に属する異本の存在が知られるのである。

ここでさらに筆者の知る大隅国図田帳の写本として次の二史料を紹介せねばならない。一は大隅正八幡宮＝鹿児島神宮の社家桑幡家に伝えられる写本であり（以後「桑幡本」とよぶ）、一は鹿児島大学附属図書館架蔵にかかる玉里文庫本「図田注文」の中におさめられている写本である（以後「玉里本」とよぶ）。その細部の比較検討は後節に記すが、桑幡本についてはその内容からみて前掲古事類苑本と概ね一致し、「イ」本、古事類苑本系統の写本であることがわかる。しかもかなり早い時期（近世前期？）の写本と思われ（袋綴。表紙に「大隅国図田帳古写本」「国分宮内桑幡喜右衛門秘蔵」とある）、その史料的価値はかなり高いと思われる。玉里本は薩摩・日向両国図田帳と共に収載され、さらに終わりに建治二年の石築地配符案をも併載している点、その体裁は集覧本に近い（集覧本は別に石築地配符案をのせず、その島津庄以下の部分についてのみ図田帳の行間に書入れている）。そしてその図田帳の末尾（薩摩・大隅・日向国図田帳の順）には次の如く伝写の次第が記してある。

右在宮内社家
元禄二年己巳春二月望日写之
文政七年正月　伊地知季彬写之
同十年丁亥春弥生　和田秋郷写之
天保十四年後九月六日　畠山真彦写之
弘化二年正月初六日　淵辺元幸写之

同年乙巳五月　山内弘章写之
万延元年庚申七月　得能通古写之

また、石築地配符案の末尾には、

文政十年丁亥弥生望日　和田秋郷
天保十四年閏九月廿四日　畠山真彦
弘化二年正月八日　淵辺元幸
同年五月　山内弘章
文久二壬戌年十二月十七日　得能通古

とあり、最後に、

明治二十一年一月中旬以得能氏原書写之
筆者　岡田銅之助
同二十二年八月上旬糾合終　鎌田政敏
児玉五兵衛

の記載がある。即ち玉里本は得能通古が万延・文久年間に伝写せるものをさらに明治二一年に筆写したことが明らかで、その伝写の間に誤脱の生ずることは否定できない。事実その種の誤脱がかかなり目につく。ただ集覧本と比較して隈元治左衛門家本の書入れがなく、また末尾の焼失により再提出の記事もない。細部についての異同は後述の如くであり、やはりその原本は集覧本のそれとは異なることが推測できる。或いは前掲図田帳末尾の「右在宮内社家、元禄二年己巳春二月望日写之」とあるのは、日向国図田帳のみならず全体にかかり、元禄二年藩史局者の採訪・筆写せるものが同本の原本であるとも推測される。かくみるとき玉里本の原本は正八幡宮社家が当初提出した古写本の写本ということになり、集覧本のものは焼失後第二回目に提出せる写本の写本ということになるが、いかがであろうか。玉里本と集覧本との形式上・内容上の相違点はかかる事情から出来したものとも思われる。

以上紹介した二写本は要約すれば桑幡本が「イ」本、古事類苑本に近く、玉里本はどちらかといえば集覧本に近いということができよう。しからばこの両者はいかなる関係にあるのであろうか。内容上前者の方が善本であることは前にも述べたが、しかし前者がもとで、後者がその写しであるとはいえない。即ち後述の如く、相違箇所の多くは前者の方が概して正しいと思われるが、また前者が誤りで後者の方が正しいと思われる箇所もあり、また前者に欠け、後者によって補足しうる箇所も少なくないからである。かくて私は右の二系統の写本は何れも一つの原本から発した写本であり、その時期の相違、或いはまたその筆写人の相違等から生じてきた異同であろうと考えるのである。この推測の裏付けとして大隅国図田帳の後尾に附加されている同じく在庁注進にかかる建久九年三月一三日の御家人交名注文の形式及び内容から論じてみよう。

御家人交名注文をあげている史料としては前記集覧本・玉里本・桑幡本の他、旧記雑録がある。即ち『旧記雑録前編』一には大隅国図田帳はのせず、御家人交名注文のみをあげている。今その各々について御家人氏名の配列をみるとそれぞれ相違がある。即ち刊本である集覧本を除いて写本のみについてみると、桑幡本及び旧記雑録本は二段に記され、玉里本は三段に記されている。まずその何れが原の形であるかについて考えてみる必要があるが、そのためには右の大隅国御家人交名と同種類の史料と思われる『旧記雑録前編』一所収、建久八年一二月二四日の薩摩国内裏大番役支配注文についての考察からはじめなければなるまい。これには現在伝えられているものに三史料があり、一は

22	19	16	13	10	7	4	1	
23	20	17	14	11	8	5	2	A
24	21	18	15	12	9	6	3	

22	16	13	10	7	4	1	19	
23	20	17	14	11	8	5	2	B
24	21	18	15	12	9	6	3	

22	19	16	13	10	7	4	3	
23	20	□17	14	11	8	5	1	C
24	21	18	15	□12	9	6	2	

24	21	19	14	10	7	4	3	
	22	20	15	11	8	5	1	D
	23	18	16	13	9	6	2	

江田源助蔵本とあるもの、二は市来与左衛門本とあるもの、三は長谷場氏文書とあるものである。以上の中、三だけが二名少なく、他は計二四名となっている。

今一の史料により御家人氏名を配列順に番号を付して記すと次の如くである。1川辺平二郎、2別府五郎、3鹿児島郡司、4頴娃平太、5伊作平四郎、6薩摩太郎、7知覧郡司、8益山太郎、9高城郡司、10在国司、11牟木太郎、12江田四郎、13莫禰郡司、14山門郡司、15給黎郡司、16指宿五郎、17南郷万楊房、18小野太郎、19市来郡司、20満家郡司、21宮里八郎、22萩崎三郎、23伊集院郡司、24和泉太郎（他の二史料では和泉小大夫となっているが、同一人であろう）。三において脱している二名とは12江田四郎と17南郷万楊房とである。今一の史料により、配列順のままを番号で記すとA図の如くである。次にこの番号によって二の史料による御家人氏名の配列を示せばB図の如くになる。即ち19市来郡司を筆頭にもってきたため第一段16迄を一つずつ左に動かしていることがわかる。三の史料の場合も当然これと同じような操作が行われたと思われる。即ち3鹿児島郡司を筆頭にもってきたため、第一行の1・2を一段ずつ下げ、その配列はC図の如くあるべきであった。しかし三の史料を前史料と同様に図示すれば、D図の如くになり一致しない。これはC図に示した□の番号が脱落し、13～16・21～24が一つずつくり上げられ、また19・20が右に一行ずつ動かされたためであろう。このように解しない限り、以上三史料間の配列矛盾は解釈できない。かくみるとき原史料におけ

19	17	15	13	11	9	7	5	3	1	A′
	18	16	14	12	10	8	6	4	2	

19	16	13	10	7	4	1	
	17	14	11	8	5	2	B′
	18	15	12	9	6	3	

19	[18]	11	10	7	4	1	
	[17]	15	12	8	5	2	C′
	16	[14]	13	9	6	3	

19	16			13	10	7	4	1	
		17	14	11		8	5	2	D′
			18	15	12	9	6	3	

19	11	10	7	4	1	
	15	12	8	5	2	E′
	16	13	9	6	3	

[13]	10	7	4	1	
[14]	11	8	5	2	A″
	12	9	6	3	

る御家人交名の記載は三段でなければならない。即ち薩摩国御家人交名の配列は三段に記されているのが、原史料の形を正しく伝えているものであることがわかる。そしてこれと同じことが今問題としている大隅国御家人交名についてもいえると思われる。大隅国御家人交名は国方・宮方と分かたれて記されているが、まず順序とは逆に疑問点の多い宮方御家人についてみてみよう。

第一に桑幡本及び旧記雑録本は二段配列で、これを番号で記すとA′図の如くである（今この史料により御家人氏名を配列順に番号を付して記すと次の如くである。国方、1税所篤用、2田所宗房、3曽野郡司篤守、4小河郡司宗房、5加治木郡司吉平、6帖佐郡司高助、7執行清俊、8東郷郡司時房、9河俣新大夫篤頼、10佐多新大夫高清、11弥三郎大夫近延、12禰寝郡司、13木房紀太郎良房、14西郷酒大夫末能。宮方、1政所守平、2長大夫清道、3源大夫利家、4修理所為宗、5権政所良清、6栗野郡司守綱、7脇本三郎大夫正平、8太郎大夫清直、9六郎大夫高清、10矢太郎大夫種元、11執行大夫助平、12島四郎近延、13始良平大夫良門、14小平大夫高延、15新大夫宗房、16弥次郎貫首友宗、17肥後房良西、18敷禰次郎延包、19三郎大夫近直）。次にこれを三段配列に直すとB′図の如くになる。また玉里本は三段配列であるが、その記載順のままを番号で表すとC′図の如くである。この矛盾はいかにして生じてきたのであろうか。恐らくそれはD′図の如く、B′図の記載を写し誤ったからではあるまいか。また集覧本により宮方御家人の氏名を配列すればE′図の如くであるが、これはC′図の□の番号の脱落によるものであろう。右の考察によって、玉里本・集覧本共宮方御家人交名記載の誤りは三段配列御家人交名を伝写の際、誤脱せることによって生じたことが推定された。これは両者が共に桑幡本（A′図）によるものではなく、桑幡本・旧記雑録本のもとと思われる三段配列記載本（B′図）によっていることを示しているものと思われる。そして集覧本は玉里本の誤りをさらに誤っていることから、集覧本の原本は玉里本の原本と同じ系統に属する写本であることを知る。尚国方御家人については桑幡本・旧記雑録本（二段配列）・玉里本（三段配列）共に御家人氏名記載の順番に相異がなく、集覧本のみが13木房紀太郎良房、14西郷酒大夫末能の二名を脱しているが、これは終わりの一行（□）を脱落せることによるものであろう。即ちA″の如くである。

終わりに桑幡本と旧記雑録本との関係について一言ふれておきたい。旧記雑録本の末尾には、「右正文、在于隅州宮内之社家」との記載がある。また桑幡本の裏表紙は抹消されていて殆んど読めないが、「此壱冊弘化二巳年郡奉行□（郡カ）山……御用…亦　弘化三午三月」の書込みがある。伊地知季安の旧記雑録編纂の仕事はこのころすでに手がけられていたから、その記事は或いはこのことと関係があるのではあるまいか。即ち季安が宮内社家桑幡家蔵本を借覧して写しとり、これを旧記雑録に入れたのではあるまいか。桑幡本・旧記雑録本、殆んどその内容・形式を一にする点からも妥当な見方であろうと思っている。尚、旧記雑録本は異本との校合を行っているが、その異本とは史籍集覧本と思われる。

さて以上の考察によって一応の結論（勿論推測の段階であるが）を記してみよう。即ち桑幡本は集覧本・玉里本のもとではなく、善本ではあるが、やはり古写本（元禄九年焼失の古写本であるか否かは問題が残るが）よりの神社側における一写本であり、「イ」本、古事類苑本も同一本よりのその前後における写本がもとであろう。これと別に玉里本・集覧本は前者が古写本（元禄九年焼失の古写本と推定）よりの藩史局者の一写本、後者が元禄九年古写本焼失後、社家（隈元家）より再提出された写本の伝写本であろうと思われる。この関係を図示すれば図1の如くになる。

即ち原本に近い古写本（その一が元禄九年焼失）を前後に亘ってそれぞれ写した写本の幾種類が伝存しているということになる。そしてその筆写の正確・不正確、さらに伝写の間に生じた種々の誤脱が、それぞれ現在の形になって伝えられているのであろう。それぞれ一長一短があるが、前述の如く桑幡本、またその一部を伝えている古事類苑本・史籍集覧本所載「イ」本が善本であり、それについで玉里本がよく、隈元本をもととせる史籍集覧本はもっとも誤りが多いということになろう。

【図1】

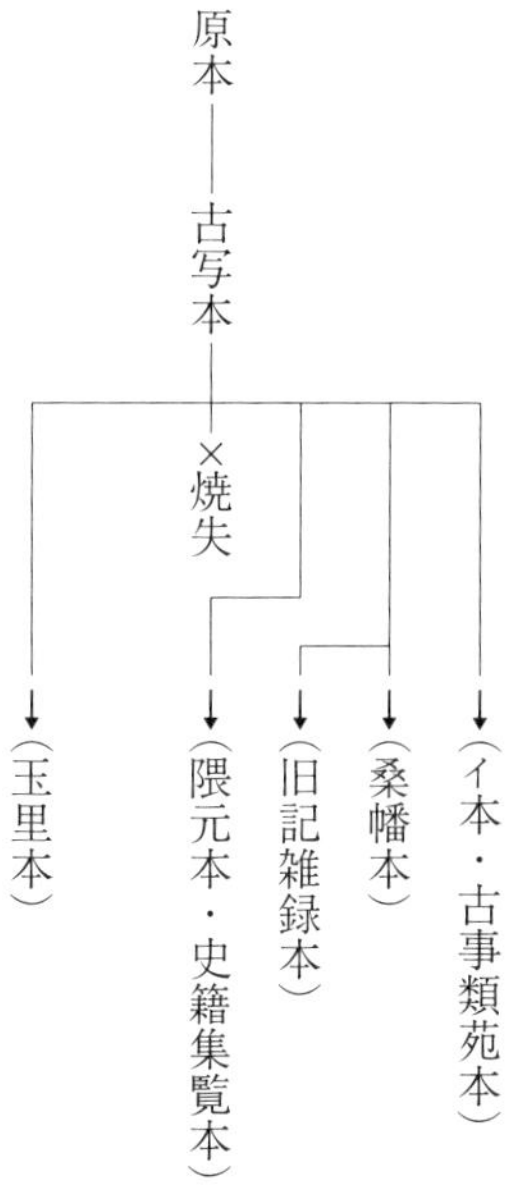

二、図田帳・御家人交名の復元

前章で述べた如く大隅国図田帳には原本（古写本）が伝わらず、その後の幾つかの写本が伝存しているのであるから、それらを互いに比較検討しつつ、その相違箇所については最も妥当と思われるものをとり（これについては一々その理由を記すべきであるが、繁雑をさけるため省略した）、本来あるべき形への復元をこころみねばならない。以下図田帳全文及び建久九年の御家人交名全文をあげ、諸本の相異箇所は一々番号を付し、後に一括してその異同を表記した。本文は主として桑幡本により、その誤脱箇所は他本により補訂をこころみた。また、諸本全てが疑わしいと思われる箇所については本文は訂正せず、傍に括弧を付して私見を記した。尚明瞭に印行・書写の際の誤りと思われる箇所についてはその異同の指摘を一々行わず省略した。書体は必ずしも原文通りではなく、各行の位置・上下等も諸本により一定していないので、ここではそれらを勘案しつつ、私見を加えて適当と思われる形に改めた。

大隅国
　注進　国中惣田数寺社庄公領幷本家（損カ）領所地頭弁済使等交名事
合田参仟拾漆町伍段大
正宮領　本家八幡　　地頭掃部頭
　田千二百九十六町三段小
　不輸五百丁五段小
　応輸七百九十五町八段
国領
　公田百（六脱カ）丁半
　不輸百三十三丁三段小
　府社五箇所十六丁　大府御沙汰

島津御庄領　殿下御領　地頭衛(右脱カ)門兵衛尉

新立庄七百(五十カ)十五丁

(1)寄郡七百十五丁八段三丈(2)

近郷

曽野郡二百廿九丁四段大

正宮領五十六丁一段　本家八幡　地頭掃部頭

御供田十四丁七段

寺田十五丁(3)七段

国方所当弁田

万徳五丁二(4)段丁別十疋

恒見廿丁五段丁別十九疋三丈(5)

国方

公田(6)八十一丁

重枝廿丁　郡司藤原篤守所知

重富三十三丁　税所藤原篤(7)用所知

件両名依令私奉寄於正宮、耕作御佃三丁也

用松十五丁　藤原篤頼所知

弟子丸五丁　田所建部宗房所知
重武三丁　税所藤原篤用所知
元行五丁　権大掾建部近信所知
寺田九丁六段半仏性灯油料
経講浮免田五十三丁六段大　聖朝府国御祈禱料、於正宮御宝前講衆各請募之
府社五丁七段　大府御沙汰
島津御庄永利廿三丁三段三丈(8)　殿下御領　地頭衛（右脱カ）門兵衛尉
小河院三百四十八丁三段大
正宮領二百七十四丁八段　本家八幡　地頭掃部頭
御供田十五丁六段六十歩
寺田三十二丁六段
小神田五丁三段六十歩
国方所当弁田
万徳(9)百六十丁三段丁別十疋
恒見三丁九段(10)大丁別十九疋三丈(11)
公田五十七丁
功徳(12)丸十二丁

用富四十五丁　郡司酒井宗房[13]所知

国領

公田八丁五段半

廻村弟子丸五丁三段大　田所建部宗房所知

武元二丁　執行建部清俊所知

元行一丁[14]二段三百歩　権大掾建部近信所知

寺田一丁九段仏性灯油料

経講浮免田[15]廿八丁四段大　聖朝府国御祈禱料、於正宮御宝前講衆各請募之

府社八丁四段　大府御沙汰

島津御庄永利廿五丁七段三丈[16]　殿下御領

桑東郷百八十九丁四段大

正宮領　百[17]四十三丁九段大　本家八幡　地頭掃部頭

御供田廿七丁七段

寺田五十一丁八段六十歩

[18]小神田三丁五段

国方所当弁田

恒見四丁九段半[19]丁別十九疋三丈[20]

万徳十二丁丁別廿(十カ)疋
宮永廿三丁　正宮修理料、(21)此内不蒙免、押募名々被成歟
公田廿一丁丁別廿疋
万善十二丁
松永七丁　　　税所藤原篤用所知
千(22)手丸二丁
国領
公田十五丁五段丁別廿疋
武安六丁　宗(字カ)新大夫建部高清所知
主丸五丁　字紀(23)大夫良房所知
元行(24)二丁五段　僧覚慶所知　篤(25)時始論
秋松二丁　郡司大中臣時房所知
寺田二丁八段仏性灯油料
経講浮免田廿六丁四段　聖朝府国御祈禱料(26)
府社八段　大府御沙汰
桑西郷百五十六丁二段六十歩　正(27)宮敷地
正宮領百四十三丁六段大　本家八幡　地頭掃部頭

御供田五十八丁五段半
御服田六丁六段
寺田廿四丁五段半
小神田三丁一段
国方所当弁田
万徳十四丁四段丁別十疋(28)　(29)酒井未(末カ)能所知
宮永卅六丁四段大(30)丁別廿疋、此内不蒙国免、(31)押募名被成歟、正宮修理料、
溝部在河(二カ)丁　酒井未(末カ)能所知
小浜村八丁　僧兼俊所知
国領
公田一丁　郡司則貞所知
寺田一丁二段仏性灯油料
経講田九丁二段半　聖朝府国御祈禱料
府社一丁一段　大府御沙汰
帖佐郡(32)二(二カ)百七十一丁大
正宮領　本家八幡　地頭掃部頭
為半不輸、正税官物者弁済於国衙也

御供田九丁七段小

寺田廿六丁六段

小神田六十四丁九段半

大般若三丁

経講浮免(田脱カ)十四丁二段　聖朝府国御祈禱料

国方所当弁田

万徳五丁三段大丁別十疋

恒見八丁七段大丁別(33)十九疋三丈

宮吉五丁丁別八疋

正政所十丁丁別十五疋

権政所五丁丁別十五疋

公田六十八丁四段半丁別廿疋村々十箇所

蒲生院百十丁九段半

正宮領　本家八幡　地頭掃部頭

為半不輸、正税官物者弁済国衙也

御供田十二丁六段

大般若一丁

寺田十四丁五段

小神田三十一丁

経講浮免田二丁（段カ）　聖朝府国御祈禱料

国方所当弁田

宮吉一丁丁別八疋

万徳十七丁三段丁別十疋

恒見七丁九段半丁別十九疋三丈(34)

公田廿五丁四段丁別廿疋(35)

吉田院十八丁二段

正宮領　本家八幡　地頭掃部頭

御供田二丁

寺田七段

(36)小神田三丁五段

経講田一丁　聖朝府国御祈禱料

国方所当弁田

万徳一丁丁別十疋

公田十丁丁別十（廿カ）疋

加治木郷百廿一丁七段半
正宮新御領　本家八幡　地頭掃部頭
公田永用百六丁二段半　郡司大蔵吉平妻所知
件名雖為社領分(37)、号府別府、以数百余丁宛五十丁、所当准千疋、残六十余丁不弁済府国両方、恣私用也、
動不随国務也
鍋倉村三丁　僧忠覚所知
宮(38)永八丁　正宮修理所酒井為宗所知
万徳四丁五段
禰寝南俣(39)四十丁
正(40)宮領　本家八幡　地頭掃部頭
郡本三十丁丁別廿疋　元(41)建部清重所知
賜大将殿御下文、菱刈六郎重俊知行之(42)、但(43)去文治五年以後、号(44)府別府、以多丁弁四百疋之(45)外、不弁社家年
貢、不随国務、任自由、知行之(46)
佐汰十丁丁別廿疋
賜大将殿御下文、建部高清知行之
栗(47)野院六十四丁
正宮領　本家八幡　地頭掃部頭

御供田四丁
　公田六十丁
鹿屋院内恒見八丁　正宮領
始良庄五十余丁　(48)正宮大般若庄内沙汰
　　　　　　　　（右脱カ）元吉門高信宗清所知
島津庄　殿下御領　地頭衛門兵衛尉
　新立庄七百(49)五十丁
深河院百五十余丁
財部院百余丁　謀反人故有道(50)・有平子孫于今知行之(51)
多禰島五百余丁
　件三箇所保延年中以後新庄(52)、不随国務也
寄郡七百十五丁八段(53)三丈
　但付去(54)仁平三年御庄方検注帳(55)注進之、御庄官等検田入部時、満作年者貴居（号カ）(56)沽田付之、弁済所当物、不作年者
　雖遂検田、不幾(57)田数、国衙訴也
横(58)河院三十九丁五段二丈(59)
菱刈郡百三十八丁一段
　郡本
　賜大将殿御下文、三郎房相印知行之

入山村筥崎宮浮免田

賜同御下文、千葉兵衛尉沙汰之

串良院九十丁三段二丈

鹿屋院八(60)十五丁九段

肝付郡百三十丁二段三丈

禰寝北俣四十丁五段(61)四丈

下大隅郡九十五丁九段

姶良西俣廿四丁六段二丈

小河院内百引村十三丁四丈近郷小河(62)院内有之

同永利十二丁六段四丈(63)同近郷内有之

曽野郡永利廿三丁三段三丈

筒羽野四十八丁五段一丈

件村者筥崎浮免田以四十余丁押募十五丁、残不随国務、恣弁済使私用之、

右件惣田数、任御教書之旨、注進如件、

建久八年六月　日

大判官代藤原

諸司検校散位大中臣在判

田所散位建部宿禰在判
税所散位藤原朝臣在判
目代源在判

右、今年去五月廿二日守護所牒六月二日到来併(64)、欲任鎌倉殿御教書旨、在庁参上注進当国内郡郷図(65)田并寺社庄薗田数同(66)本家領(67)家領（預カ）所(68)及地頭政所弁済使交名事、牒、今年四月十五日御教書到来併（倂カ）、(69)九州之内一国令(70)其国案内候在庁(71)仁仰付、国(72)惣田庄公可令注進給也、其国(73)幾土、其内庄分、公領分、各幾計、可被注進也、且又次第郡立候庄公可令分注載給也、其(74)上庄者本家領（預カ）所(75)地頭、公領者地頭某可令注申給也、地頭者自是補任之所、国無隠知歟、且是（自カ）不補給（令脱カ）(76)之地頭其（某カ）可被注候(77)也、以宮(78)国之方、地頭某(79)又政所弁済使何候歟計、懸紙各神妙(80)可（令脱カ）注(81)給候也、自是地頭補任、不令補給之所、知食、又誰人何出来時分、明為知食也、仰旨(82)如此、仍執達如件、者当国内云(83)郡郷田数、云庄薗田数、并本家領家預(84)所及地頭政所弁済使等交名、任御教書旨在庁参上令着(85)到、子細具可□□(86)也、事(87)急速之御下知也、更不可在延怠也(88)、□□(89)如件、以牒之、者任御牒之状注(90)進言上如件、

建久八年潤七月　日

権大掾伴
権介清原
権介藤原
権介藤原
権介伴

権介小野氏祐
権介大中臣
権介平
権介[91]大中臣
権介[92]平
権介小野氏範
権介大神
権介藤原朝臣
権介[93]御春惟康
権介大中臣朝臣為則
権介惟宗朝臣

大隅国注進御家人交名等事
国方
税所篤用　田所宗房　曽野郡司篤守
小河郡司宗房　加治木郡司吉平　帖佐郡司高助
執[94]行清俊　東郷郡司時房　河俣新大夫篤頼
佐多新大夫高清　弥[95]三郎大夫近延　禰寝郡司[96]朽損

木[97]房紀太郎良房　西郷酒大夫未（末カ）能
宮方
政所守平　長大夫清道　源大夫利家
修理所為宗　権政所良清　栗野郡司守綱
脇本三[98]郎大夫正平　太郎大夫清直　六郎大夫高[99]清
矢[100]太郎大夫種元　執[101]行大夫助平　島四郎近延
始良平大夫良門　小[102]平大夫高延　新大夫宗房
弥[103]次郎貫首友宗　肥[104]後房良西　敷[105]禰次郎延包
三郎大夫近直
右件御家人、為上覧各交名大略注進如件、
建久九年三月十三日
諸[106]司検校大中臣時房
田所検校建部宗房
税所検校藤原篤用

番号＼諸本	桑幡本	玉里本	史籍集覧本	同イ本	古事類苑本	旧記雑録本
(1)	寄	寄	崎			
(2)	丈	大	大			
(3)	丁	丁	段（丁カ）		丁	
(4)	二	一	二		二	
(5)	丈	大	大		丈	
(6)	方	田	田			
(7)	用	用	周			
(8)	丈	大	大			
(9)	「欠」	百	百		百	
(10)	大	大	「欠」		「欠」	
(11)	丈	丈	大		丈	
(12)	丸十二	九十二	九丁二		丸十二	
(13)	房	房	方		方	
(14)	二	三	二			
(15)	「欠」	田	田			
(16)	丈	大	大			
(17)	四	「欠」	「欠」		「欠」	
(18)	小…段	小…段	「欠」	小…段	小…段	
(19)	半	半	「欠」	半	半	
(20)	丈	丈	大		丈	
(21)	「欠」	此内不蒙免、押募名々被成敷	此内不蒙免、押募名々在成敷		此内不蒙免、押募名々在成敷	
(22)	牛丸二	平九十二	平九十一	手丸二	手丸十一	
(23)	紀大夫	紀大夫	紀新大夫			
(24)	二	「欠」	「欠」			
(25)	「欠」	篤時始論	篤時始論			
(26)	新	「欠」	「欠」			
(27)	「正宮敷地」ノ位置六十歩ノ下ニアリ	大府御沙汰ノ下ニアリ	大府御沙汰ノ下ニアリ	六十歩ノ下ニアリ		

(28)	十	廿	廿		
(29)	「酒井末能所知」ノ位置				
	丁別十疋ノ下ニアリ	弁田ノ下ニアリ	弁田ノ下ニアリ	丁別十疋ノ下ニアリ	丁別十疋ノ下ニアリ
(30)	大	大	「欠」		
(31)	「欠」	押募名被成歟	押募名々成歟		押募名々成歟
(32)	二	三	三		三
(33)	十九疋三丈	廿疋三丈	廿疋三大		
(34)	丈	丈	大		
(35)	廿	十	廿		
(36)	小…段	小…段	「欠」		
(37)	貴	貴	貴	分号	分号
(38)	宮	宮	万	宮	宮
(39)	保	保	保	役	役
(40)	正宮領	「欠」	「欠」		
(41)	元	「欠」	「欠」		元
	「元…知」ノ位置				
	四十丁ノ下ニアリ	廿疋ノ下ニアリ	廿疋ノ下ニアリ	掃部頭ノ下ニアリ	掃部頭ノ下ニアリ
(42)	之	也	也	之	之
(43)	但去	「欠」	「欠」	但去	但去
(44)	貴	貴	貴	号	号
(45)	之外	也別	也別	外	外
(46)	之	也	也	之	之
(47)	栗	栗	栗	栗	栗
(48)	「元…知」ノ位置				
	五十余丁ノ下ニアリ	五十余丁ノ下ニアリ	五十余丁ノ下ニアリ	嶋津庄ノ下ニアリ	
(49)	五	六	六		
(50)	有道有平子孫	有送平分損	有逆平分損		
(51)	之	也	也		

(52)	庄	府	府		
(53)	三丈	「欠」	三大		
(54)	去	其	其		
(55)	注	「欠」	「欠」		
(56)	貴	貴	費		
(57)	田	「欠」	「欠」		
(58)	河	河	川		
(59)	丈	丈	大		
(60)	十	十	丁		
(61)	三	三	四		
(62)	河	川	河		
(63)	「近…之」ノ位置				
	同ノ下ニアリ	三丈ノ下ニアリ	三丈ノ下ニアリ		
(64)	併	併	併(侮クカ)	併	
(65)	図田	庄薗	庄薗	図田	
(66)	幷	同	同	同	
(67)	領家	領家	「欠」	「欠」	
(68)	領所	領所	領所	領所	
(69)	併	「欠」	「欠」	併	
(70)	令	「欠」	ツ、	「欠」	
(71)	仁	仁	江	仁	
(72)	「欠」	国	国	国	
(73)	国幾土	施幾	施(地カ)幾	国幾土	
(74)	其：也	其：也	「欠」	其：也	
(75)	領所	領所	「欠」	領所	
(76)	之	「欠」	「欠」	之	
(77)	候	進	「欠」	候	
(78)	管	以官	以宮	管	
(79)	某	申	申	申	
(80)	令	可	可	可	
(81)	注給候	注進給候	注給	注給候	
(82)	付	旨	旨	旨	

83	之……之	之……「欠」	之……「欠」		云……云	
84	領所	領所	預所		領所	
85	差別	差別	差別		着到	
86	破損	破損	破損		□	
87	事	大事	大事		事	
88	「欠」	也	也		也	
89	朽損	朽損	久		此間文欠	
90	注	注	「欠」		注	
91	権介大中臣	権介大中臣	権大中臣			
92	権介平 権介小野氏 範	権介平 権介小野氏 範	「欠」「欠」			
93	御春	春	秦			
94	執	執	修			執
95	弥三郎…延	弥三郎…延	弥三……遠			弥三郎…延（遠イ）
96	朽損	朽損	欠			「欠」
97	木…能	木…能	「欠」			木…能
98	三郎	三郎	六郎			三（六イ）郎
99	高	高	為			高（為イ）
100	矢太郎大夫種元	矢太郎大夫種之	弥太郎大夫種之			矢太郎種元（弥太郎大夫種之イ）
101	執	執	修			執
102	小…延	小…延	「欠」			小…延
103	次	次	二			次
104	肥…西	肥…西	「欠」			肥…西
105	敷禰次郎延 朽損	敷禰次郎延 包	「欠」			敷根次郎 延包
106	諸司	諸司	○司			連署人名「欠」

表1

庄公別	田数A			田数B		
	丁	段	歩	丁	段	歩
正宮領	1296	3	120	1296	3	120
不輸	500	5	120	500	5	120
応輸	795	8		795	8	
国領	(255	3	300)	(249	3	300)
公田	106		180	100		180
不輸	133	3	120	133	3	120
府社	16			16		
島津御庄	(1465	8	180)	(1430	8	180)
新立庄	750			715		
寄郡	715	8	180	715	8	180
合計	3017	5	240	2976	5	240

〔前表備考〕「欠」とあるのは記載を欠くことを示す。
□は桑幡本に一部朽損部分あり、後転写の際これを補足せる語を示す。
尚御家人交名記載順序の異同については前章に記したので省略した。
またその配列は三段に改めた。

三、田数の計算

前節において不十分ながら一応大隅国図田帳の原本（古写本）の復元をこころみたのであったが、本節では更にそれによって若干の表を作成し、主として図田帳の計算についての私見を述べてみよう。

まず図田帳の最初に記載されている小計及び合計をそのまま表示してみよう（表1の右欄B）。しかしこれでは合計と小計の集計とが一致しない。これは表1左欄Aの如く改めるべきであろう。恐らく原本よりの伝写の間に、早く生じた誤りではあるまいか。次に図田帳に見える正宮領、国領、寺田、経講田、府社領、島津庄の田数を各郡・院・郷毎に整理・集計すると表2の如くである（若干の私見を加えて。また、『鹿児島県史』一、二七六頁には同じく郡院郷別表をあげているが、疑うべき点が少なくない）。ここで寺田とあるのは集計の際には正宮領の内に含まれると思われるので、

表２

郡・院・郷	正宮領	国領	寺田	経講田	府社	島津庄	合計
	丁 段 歩	丁 段 歩	丁段 歩	丁段 歩	丁段	丁 段 丈	丁 段 歩
1 曽野郡	56 1	81	9 6 180	53 6 240	5 7	23 3 3	229 4 240
2 小河院	274 8	8 5 180	1 9	28 4 240	8 4	25 7 3	347 8 240 (348 3 240)
3 桑東郷	143 9 240	15 5	2 8	26 4	8		189 4 240
4 桑西郷	143 6 240	1	1 2	9 2 180	1 1		156 2 60
5 帖佐郡	206 8 240			14 2			221 240
6 蒲生院	110 7 180			2			110 9 180
7 吉田院	17 2			1			18 2
8 加治木郷	121 7 180						121 7 180
9 禰寝院	40					40 5 4	80 5 4丈
10 栗野院	64						64
11 鹿屋院	8					85 9	93 9
12 始良庄	50余					24 6 2	74 6 2丈
13 深川院						150余	150
14 財部院						100余	100
15 多禰島						500余	500
16 横川院						39 5 2	39 5 2丈
17 菱刈郡						138 1	138 1
18 串良院						90 3 2	90 3 2丈
19 肝付郡						130 2 3	130 2 3丈
20 下大隅郡						95 9	95 9
21 筒羽野	33 5 1丈					15	48 5 1丈
小計	1270 6 60 〔1286 1 240〕	106 180	15 5 180	133 3 120 (133 1 300)	16	1459 3 4	3000 9 60 (3001 2 240)
表1A	1296 3 120	106 180	15 5 180	133 3 120	16	1465 8 3	3017 5 240

〔　〕は正宮領小計（＋）寺田小計。5帖佐郡合計は271丁240歩とあるのを訂正。
経講田（　）は集計実数。合計（　）は小河院（　）による集計実数。

終わりに正宮領と合算集計した。経講田とあるのは前掲図田帳小計、国領の中に不輸とあるのに該当する。但し田数の集計は一三三町一段三〇〇歩であるが、前掲図田帳小計には一三三町三段一二〇歩とある。計算の誤りか、どこかに誤脱があるのであろう。ここでは合計を出す際に後の小計をとって計算した。また、正宮領・島津庄の集計は図田帳記載の小計と合致せず、前者については一〇丁一段二四〇歩の不足、後者については六丁四段四丈の不足となる。したがって合計では一六丁六段三丈の不足である。郡・院・郷毎の小計は概ね図田帳記載のものと同じであるが、これをそのままとると、その各々の内訳の集計と喰違ってくるものが若干ある。たとえば小河院は図田帳に三四八丁三段二四〇歩とあるが、そ

表3

新　庄・寄　郡　別	建久図田帳田数	建治石築地配符田数
	丁　段　丈	丁　段　丈
新　立　庄	750	750
深　河　院	150余	150
財　部　院	100余	100
多　禰　島	500余	500
寄　郡	715　8　3	750　8　1
横　河　院	39　5　2	39　5　2
菱　刈　郡	138　1	138　1
串　良　院	90　3　2	90　3　2
鹿　屋　院	85　9	85　9
肝　付　郡	130　2　3	130　2　3
禰　寝　北　俣	40　5　4	40　5　4
下　大　隅　郡	95　9	95　9
姶　良　西　俣	24　6　2	24　6　2
小河院内百引村	13　　4	13　　4
〃　永　利	12　6　4	12　6　4
曽野郡　〃	23　3　3	11　1　240歩
筒　羽　野	15	48　5　1
入　山		20
合　計	1465　8　3 (1459　3　4)	1500　8　1 (1500　7　1)

（　）は集計実数。

の内訳の集計にしたがえば三四七丁八段二四〇歩で五段多過ぎる。また、帖佐郷の小計は二七一丁二四〇歩とあるが、その内訳の集計にしたがえば二二一丁二四〇歩である。これらについてはなお検討を加えなければならないが、ここでは共に後者をとり計算した（表2の合計、括弧内は小河院についてのみ前者をとり計算したもの、但しそれよりその超過分五段を差引き、経講田の不足分一段一八〇歩を加え、正数をうる）。

次にこれと関連して問題となる島津庄の集計、及び正宮領の集計についてみてみよう。表3の左欄は建久図田帳記載の田数を各郡・院・郷毎に記したものであり、右欄は建治二年石築地配符案にみえる島津庄田数を同じく郡・院・

郷毎に記したものである。両者を比較するとその田数は新立庄において等しく、寄郡においては若干の増減がある。左欄筒羽野一五丁とあるのは建久図田帳に「筒羽野四十八丁五段一丈、件村者筥崎浮免田以四十余丁押募十五丁、残不随国務、恣弁済使私用之」とあるのにより、島津庄一五丁、筥崎浮免田三三丁五段一丈と推定したものである。それが建治二年の石築地配符案では全て島津庄と認定されて四八丁五段一丈となったのではあるまいか。

一体島津庄寄郡については図田帳に「寄郡七百十五《(五十ヵ)》丁八段三丈、但付去仁平三年御庄方検注帳注進之、御庄官等検田入部時、満作年者貴《(号ヵ)》居沽田付之、弁済所当物、不作年者雖遂検田、不幾田数、国衙訴也」とあるように、その田数小計七一五丁八段は仁平三年の検注帳によるものであろう。しかしその後筥崎宮浮免田を押募ること等によって次第に増加したものと思われる。但しそれが島津庄として公認される迄にはしばらくの間、迂余曲折があり、不安定の状態がつづいたのではあるまいか。図田帳に見える筒羽野の田数の変動もそのような観点からみるべきであろう。また入山についても図田帳に田数をあげず、菱刈郡一三八丁一段の中に郡本と並んで「入山村筥崎宮浮免田賜同御下文、千葉兵衛尉沙汰之」とのみあるが、建治二年の石築地配符案では菱刈郡一三八丁一段とは別に入山村二〇丁をあげている。この入山も前記筒羽野と同じく本来筥崎宮浮免田であったのが、後に押募られて島津庄となったものではあるまいか。建久図田帳の段階ではやはり一部島津庄、一部筥崎宮浮免田という状態であったのではあるまいか。田数の記載のないのはそれが脱落したものか、不定の状態であったため故意に記さなかったものか断定できない。しかし何れにしても田数の集計に際してはこれが加算されていないとは限らない。このように考えてみた場合、甚だ確証のない便宜的な推測となるが、一応図田帳記載の島津庄小計を正しい数値とみなして、それと一致させるために、入山の島津庄田数を六丁四段四丈と設定してみては如何であろうか。因みに入山村は菱刈郡に属し、筒羽野村は後の吉松郷で

表４

郡・院・郷	不輸田			応輸田			合　計		
	丁	段	歩	丁	段	歩	丁	段	歩
曽野郷	30	4		25	7		56	1	
小河院	53	5	120	221	2	240	274	8	
桑東郷	83		60	60	9	180	143	9	240
桑西郷	92	8		60	8	240	* 143	6	240
帖佐郡	104	2	300	102	5	300	206	8	240
蒲生院	59	1		51	6	180	110	7	180
吉田院	62			11			17	2	
加治木郷				121	7	180	121	7	180
禰寝院				40			40		
栗野院	4			60			64		
鹿屋院				8			8		
姶良庄	50						50		
計	483	3	120	763	7	240	* 1237	1	
合計（計＋寺田）	498	8	300	763	7	240	* 1252	6	180

＊　桑西郷の集計実数は153丁６段240歩なるも、図田帳記載小計をとる。したがって計及び合計の数も集計実数より10丁の減となっている。

栗野院の北に位置するが（前掲『鹿児島県史』一の郡院郷別表では筒羽野を帖佐郷に入れて計算しているが疑問である）、共に郡・院・郷とは別個に独立して取扱われている点注意すべきであろう（入山については建治二年石築地配符案において）。

右の如く操作することによって島津庄の集計は新立庄・寄郡合算して一四六五丁八段三丈となり、図田帳記載の島津庄の小計と合致する。

次に正宮領についてみてみよう。正宮領とは正八幡宮（鹿児島神宮）領であるが、これは大別して不輸田と応輸田とからなっている。今図田帳の記載のままを両者に分類して郡・院・郷別に表記すれば表４の如くになる。さらにその内訳は表５Ａ・Ｂの如くである。Ａは不輸田、Ｂは応輸田である。これらの集計は何れも図田帳記載の正宮領（表１）と合致しない。これはいかなる事情によるものであろうか。ここで先に島津庄のとこ

表 5A

郡・院・郷	御供田			寺田			小神田			御服田			大般若			計		
	丁	段	歩	丁	段	歩	丁	段	歩	丁	段	歩	丁	段	歩	丁	段	歩
曽野郡	14	7		15	7											30	4	
小河院	15	6	60	32	6		5	3	60							53	5	120
桑東郷	27	7		51	8	60	3	5								83	60	
桑西郷	58	5	180	24	5	180	3	1		6	6					* 92	8	
帖佐郡	9	7	120	26	6		64	9	180				3			104	2	300
蒲生院	12	6		14	5		31						1			59	1	
吉田院	2				7		3	5								6	2	
加治木郷																		
禰寝院																		
栗野院	4															4		
鹿屋院																		
始良庄													50余			50		
計	144	9		166	4	240	111	3	240	6	6		54			* 483	3	120

表 5B

郡・院・郷	万徳			恒見			宮永			公田			その他			計		
	丁	段	歩	丁	段	歩	丁	段	歩	丁	段	歩	丁	段	歩	丁	段	歩
曽野郡	5	2		20	5											25	7	
小河院	160	3		3	9	240				57						221	2	240
桑東郷	12			4	9	180	23			21						60	9	180
桑西郷	14	4					36	4	240				10			* 60	8	240
帖佐郡	5	3	240	8	7	240				68	4	180	20			102	5	300
蒲生院	17	3		7	9	180				25	4		1			51	6	180
吉田院	1									10						11		
加治木郷	4	5					8			106	2	180	3			121	7	180
禰寝院													40			40		
栗野院										60						60		
鹿屋院				8												8		
計	222		240	54		240	67	4	240	348	1		74			* 763	7	240

＊桑西郷の計はA・B何れかにおいて10丁減のこと。したがって総計においてもA・B何れかにおいて10丁減のこと。

ろで問題とした筥崎宮浮免田の存在に注目してみよう。筥崎宮とは当時正八幡宮と同じく本家は石清水八幡宮であり、或いはかかる事情から図田帳の集計において筥崎宮浮免田は便宜、正八幡宮領の中に含められているのではあるまいか。このように解釈して前記筒羽野三三丁五段一丈をこれに加え、表2の集計一二八六丁一段二四〇歩をえたのであるが、その数はなお図田帳記載の正宮領小計（寺田を含む）に一〇丁一段二四〇歩不足する。しかるに島津庄のところでも述べたように、菱刈郡入山村は筥崎宮浮免田とあって田数の記載がない。或いはこれも筒羽野村の場合と同じく、一部島津庄、一部正八幡宮領として計算されているのではあるまいか。このように便宜的に解して、今一応一〇丁一段二四〇歩を入山村の正八幡宮領の田数としておこう。とすれば正宮領の田数は一二九六丁三段一二〇歩となり、図田帳記載の小計と合致する。また郡・院・郷毎の小計の集計もこのように操作するとき図田帳記載の合計と一致する。もとよりこれは一つの推測であり、建久図田帳の小計及び合計を正しいものと仮定した上での逆推なのである。一つの考え方として提示したにすぎない。尚、正八幡宮領応輸田とは国方所当弁田とあり、官物を国衙に弁済し、公事は正八幡宮に弁済する半不輸国領である。その国衙への納入額はその名毎に何疋と定められていた如くである。今これを表記すると表6の如くになる。これからみても図田帳の記載にはかなりの誤脱があるように思われる。

以上の考察により、一見集計の誤りが特に甚しいと思われる大隅国図田帳においても若干の補訂を加えることによってその数値は概ね認めてよいのではないかと思われる。

大隅国図田帳は薩摩・日向両国図田帳と異なり、信憑すべき古写本が伝わらず、そのために本来あるべき形の原本の復元は極めてむずかしい。しかし右の如く現在伝えられる数種の異本を比較校合し、さらに若干の推測を加えるとき、或程度迄それに近付きうるものと考える。薩摩・日向両国図田帳についてみても当時の在庁役人の集計が大概誤

表6

郡・院・郷	万　徳	恒　見	宮　永	公田	宮吉	正政所	権政所	郡本	佐汰	国領
曽　野　郡	10疋	19疋3丈								
小　河　院	10	19　3		?						
桑　東　郷	*20	19　3	?	20疋						20疋
桑　西　郷	10		20疋	?						
帖　佐　郡	10	19　3		20	8疋	15疋	15疋			
蒲　生　院	10	19　3		20	8					
吉　田　院	10			*10						
加治木郷	?		?	20						
禰　寝　院								20疋	20疋	
栗　野　院				?						
鹿　屋　院		?								

国領とある以外は正八幡宮領応輸田。＊20とあるは10、10とあるは20と思われる。？は記載洩れと思われる。

りのないことは明らかであり、ひとり大隅国図田帳のみ、杜撰な集計を行っているとは考えられない。また図田帳記載の所領田数が部分的にこの前後の史料にあらわれ、その数値が一致する点（たとえば『旧記雑録前編』一　保延元年二月の宮永社役支配状写の宮永名田数との一致。「新編禰寝氏正統系図」二　正慶元年一二月二五日　鎮西探題裁許状における建久八年図田帳の所見）、また建治二年の石築地配符案と比較した場合の異同などからみても図田帳の内容は大体において認めてよく、否定さるべき史料とは思われない。ただ前掲島津庄寄郡の場合でも知られるように、集計の基となる資料が各方面からの持寄りであり、また年代的にも相違があるため、当初より若干の喰違いと、不正確さのある点、それに現状を必ずしもそのまま示していないという欠陥のあることは認めなければなるまい。

以上三節にわたって大隅国建久図田帳についての若干の考証を行って来たのであるが、その過程において寡聞のため、よるべき善本の伝存することを知らず、また傍証史料の存在をもこの他は知らないが故に敢えて臆測の域を出ない集計案についても記すに至った。

これを機会に大方の叱正を得て、なお不明確な点の多い大隅国図田帳の解明が更に進められるならば筆者望外の喜びである。

尚今回は大隅国図田帳作成の意義、一々の内容等について考察は省略し、論及しなかったが、これについては石井進氏がそのすぐれた論稿「鎌倉幕府と律令制度地方行政機関との関係―諸国大田文の作成を中心として―」（『史学雑誌』六六―一一、一九五七年）においてふれておられる。また、筆者の旧稿「大隅の御家人について」（『日本歴史』一三〇・一三一、一九五九年）において所々に図田帳を引用しているが、その際は主として史籍集覧本・玉里文庫本によっていたため、現在、訂正さるべき箇所が若干出て来ている。しかし今は一々これをあげることをしなかった。

【付記】本稿の執筆については東大竹内理三教授の学恩に負う所が多い。即ち教授は昨春史料採訪に来鹿され、鹿児島神宮社家桑幡家蔵の大隅国図田帳写本の存在に注目され、筆者らに多くの示唆を与えられると共に、その調査方を慫慂された。今成稿に及んで厚く御礼を申上げると共に、にも拘わらず蕪雑な考証に終始したことをお詫びしたい。また心よく史料の閲覧を許して下さった桑幡公秀氏、その便宜をはかって下さった隼人町郷土史研究会三ツ石友三郎氏、調査の際、種々助言を与えられた九大大学院桑波田興氏にも深く謝意を表したい。

第三章　日向国建久図田帳小考

―諸本の校合と田数の計算―

一、薩・隅・日三国図田帳諸本の来由

先に私は薩摩・大隅両国の建久図田帳について田数の計算その他に関し若干述べるところがあったが（『日本歴史』一三七・一四二）、日向国の建久図田帳についても程度の差こそあれ、同様の問題があるのでここに機会を得て再び些少の私見を申述べてみたい。

日向国建久図田帳として一般に利用し得るのは、大日本古文書「島津家文書」一所収のもの（以後「島津本」とよぶ）と、『改定史籍集覧』二七冊所収のもの（以後「集覧本」とよぶ）とである。島津本はその末尾に「応永廿八年二月廿七日」とあり、集覧本は、

応永廿八年二月二十七日　　忠敦

元禄二年己巳春二月望日書写於官窓下　　重英

とある。即ち両本共応永二八年二月二七日の写本またはその伝写本であり、その原本は一つでなければならない。しかるにその記載の内容、形式に若干の相違があるのは、たとえば田数の相違、振仮名の有無（前者は地名、人名等に

一々振仮名を付しているが後者にはない）等がみられるのは、伝写の間の誤脱、書き入れ、移動によるものであろう。しかし一概に島津本が古写本で正しく、後者が伝写本で誤りが多いとばかりいえないのは共に原本そのものではないからであろう。

一体集覧本の底本については前にも論じた通り明治一四年、鹿児島県庁所在本であり、これは旧藩時以来の写本で朱註の多く見られるのは藩史局者の書き入れであろうと考えた。しかるに「島津家大系図正統」上（鹿児島大学附属図書館所蔵玉里文庫本による）に薩・隅・日三国の建久図田帳が収載されており、その形式、内容はそのまま集覧本のもとであることを示している（以後「系図本」とよぶ）。「島津家大系図正統」が薩藩の碩学伊地知季安の編述であることは明らかであり、したがって集覧本の朱註、書き入れは伊地知季安その人の手になったものであることは疑いえない。このことは季安が「管窺愚考」その他の編述において図田帳の記載についての考証を行っていることからも裏付けられる。系図本の末尾は、

応永廿八年二月二十七日　　　　忠敦

右在于宮内社家

元禄二年己巳春二月望日書写於官窓下

となっており、集覧本において「右在于宮内社家」の語句が脱落したことがわかる。また同じく玉里文庫には別に薩・隅・日三国建久図田帳を収めた「図田注文」のあることも旧稿において紹介したが（以後「玉里本」とよぶ）、その末尾は、

応永廿八年二月二十七日

忠敦

右在宮内社家

元禄二年己巳春二月望日写之

文政七年正月　伊地知季彬写之

とあり、以下「万延元年庚申七月　得能通古写之」まで数名の伝写の次第を記している。伊地知季彬は季安の前名で季安その人であろうから、系図本・玉里本共に季安の手による宮内社家本（大隅正八幡宮＝鹿児島神宮社家）の元禄二年写本の伝写本であることがわかる。忠敦とあるのはいつのいかなる人か、にわかに明らかにしがたいが、その名からして恐らく島津氏一族であり、応永古写本を伝写した人の名であろう。また重英とあるのは伊地知重張で、当時の藩史局者であることは旧稿において述べた。

集覧本の誤脱の著しいことは前にも述べたが、ことに薩摩国図田帳においてそれは甚しい。即ち薩摩国図田帳の最初の六行の地頭、国領、権門寺社領別の小計をあげた後、次の「伊作郡二百町云々」に至るまでの間に、「寺社領六百五十五町内」より、「没官御領二百八十五町内」まで実に二四行の脱落があることである。しかしこれが本来的なものでなかったことは「方々権門寺社五百六町五段」とある上段に記した朱註に「権門領ハ次ノ寺社領ノ内ヨリ地頭ヲヌケルアト也」とあることからも知られる。そして集覧本のもと本と思われる「系図本」が全くこれと同じ誤脱をおかしているので、これは藩史局者＝伊地知季安の伝写の際における誤脱と断ぜざるをえない。同じ季安の手による写といっても玉里本の伝写は文政七年でかなり早く、系図本の伝写はさらに後年のことと思われるので、そのことが前者に註記（季安のみならずそれ以後の伝写者の註記を含む）が少なく、後者に註記が多い理由でもあろう（このことは彼の史観、考証の造詣が後年に及んでさらに深まったことを示すものであろう）。また大隅国図田帳の場合、集覧本（系図本）に丑（元禄一〇年）二月二五日付、宮内隈元治左衛門の古写本の焼失により写本提出の記事があり、玉里本にそれがないのは季安の後の書き入れであることを示している。即ち大隅国図田帳については元禄二年の藩史局者による宮内社家本の書写に伴い、社家本そのもの（古写本）も藩当局の蔵するところとなり、それがたまたま元禄九年の城内の火災で焼失したので、その代替として宮内社家所在の写本が再び提出を命ぜられたのであるが、或いはそれの返還されたものか、またはその控えが宮内社家隈元家にあって、季安はそれを参照したのであろう。系図本、大隅国図田帳のはじめに、朱で「古本在隅州宮内隈元治左衛門家」とあるのはそのことを示しているのであろう。しかし玉里本と系図本とを比較した場合、おおむね前者が元禄二年の写本の形に近く、系図本はその後の誤脱が多いといえよう。だが前述の如く、これには後年の季安の補筆が加えられており、個々の数字、人名、地名等についていえば必ずしも玉里本がよく、系図本が悪いとはいえない。何れにしても共に伝写本であるから、伝写の間の誤脱がそれぞれにみられるのはやむをえないのであろう。集覧本になるとさらに印行の際、そのもと本系図本の形を崩し、活字に組んでいるから、その間の誤りがそれに付加されることになる。

次に玉里本・系図本共にみられる末尾の「右在（于）宮内社家」の語句であるが、これは単に日向国図田帳にかかるのみならず、薩摩・大隅両国図田帳にもかかるものと解するのが妥当であろう。とすれば次のような推測が成立つことになる。即ち元禄二年藩当局は図田帳の古写本を宮内社家に求め、併せてこれを筆写した。ここに古写本と元禄二年写本とが並存することになる。古写本の中、薩摩・日向のものはそのまま島津家に伝存し、大隅のものは元禄九年の火災に焼け、さらに古写本控えの提出を求めた。元禄二年の古写本はその後伝写され、そのあるものは玉里本となり、あるものは系図本となり、さらに集覧本となったということになろう。一応試論として掲げておく。以上旧稿を補足しながら、薩・隅・日三国図田帳諸本の来由について述べてきたが、次に問題を再び日向国図田帳のみに限定して検討を進めてゆきたい。

二、「長谷場文書」中の日向国建久図田帳写

日向国図田帳の薩摩・大隅両国図田帳と異なる点は、所領別の記載の他に別に郡別の田数記載が付け加えられていることである。勿論その郡別の田数記載が何時付け加えられたものか明らかでない。或いは応永の古写本においてはじめて付け加えられたものかも知れない。しかし所領別記載（Aとする）の田数と、郡別記載（Bとする）のそれとでは若干の喰違いがあり、集計、総計数との勘案によってAの誤りをある程度までBによって補正しうる（その逆の場合もある）。

一体日向国建久図田帳記載の田数計算の不一致については、早く伊地知季安も注目し、徳重浅吉氏も「鎮西島津庄、その成立・増大・住人並に伝領」（『大谷学報』一〇—四）において「日向の図田帳に於ても寺領、社領、権門領国領等を合計すれば、どうしても総田数八千六十四町と合致しない。これは宇佐宮領に於て誤写か誤植があるらしいが、さりとてその総田を郡別に記したものは惣八千八百八十町、或八千四百三十町二段とあるのに、計算すれば八千百六

十二町となるのであるから、何れにしても此の書の数字は絶対の信頼もおけず、又訂正も容易でない」と述べておられる。しかし前述の如く、日向国図田帳の場合、薩・隅両国の場合と違いＡ・Ｂ両史料の並存がこの問題解決の端緒を与えてくれるし、さらに前出の玉里本、系図本を参照することによってその間の矛盾を明らかにしうる箇処もある。しかし以上の史料だけでは尚田数記載の疑問点を解決してはくれない。ところが最近、以上の諸本とは別個に東大史料編纂所所蔵「長谷場文書」の中に日向国建久図田帳の写のあることを竹内理三教授よりお教えいただいた。そしてその新史料（Ｃとする）に記されている田数が右の問題の解決に一つの役割を果たしてくれるように思われる。その結果についてては後述するが、まずは新史料の紹介と簡単な所見を記そう。はじめに文書の表・裏全文をあげると次の如くである（『鹿児島県史料　家わけ五』「長谷場文書」七二・七三）。

（表）

所下

四貫八百文壬四月廿一日　京替銭之時進之、長谷場方請取在之、

五百文　壬四月卅日　伊崎大弐公請取在之、

一貫文　六月十七日　長坂七郎請取在之、

五百文　七月十八日　平五郎上之時、そふつニ給、

左近入道請取在之、

四百文　岡本京上之時請取在之、

五十文　雨こひの之時僧衆酒直、

五貫百文　　　　　　念阿請取在之、
　　已上拾弐貫参佰伍拾文
　　　過上弐百九十文
一絹四両行方内　　三両行方　不作逃亡ノ分
　　弁一両　　念阿請取在之、
一延麦地子四石三斗内　二石四斗　御免不作分
　　定納二石九斗内
　　　一石二斗　内山方ニ進之味曽料、
　　四斗　　道智子請取在之、
　　三斗七升　同人請取、
　　七升　　大宮虫祭花米、
　　八斗　　市のうしろのつゝみつきのしきニ進之了、
　　　已上二石八斗四升
　　未進六升
一作大豆六斗三升内　一斗八升　不作逃亡跡
　　弁四斗五升　延　一斗三升五合　過分延定
　　并延大豆五斗八升五合内

三升　九月中ニすりたうふニして進之、

五升　十月中ニ同前、

三升　十一月中ニ同前、

五升　十二月御別時ニ同前、

已上一斗六升

残四斗二升五合　未進

是ハ内山殿方ニ可進候ト仰候、

一茜十二把内　二把給分　二把逃亡

弁八把　進之了、

一麻苧七十内　十五不作　二十未進

□弁三十五　進之了、

（但し抹消字はあけず訂正字のみ記す）

（裏）

日向国注進国中寺社庄公物図田事

合物　田数八千六十四町内　寺領田弐百三十八丁　弥勒寺領百十五丁

権門　八条女院御領国富庄田代千百二丁　一円庄三百八十二丁　加江田八十丁　在宮崎郡内地頭平五　加納二

百丁　大田百丁　国富北郷二百四十町　左右恒見百丁　隈野八十丁　吉田三十町　源藤六丁　鏡渕六丁　今

泉三十町　那河二百丁　田島破(院カ)四十丁　袋十五丁　佐土原十五丁　倍木三十町　新田八十町　下富田百三十町

寄郡百二十丁　穂北郷七十町　鹿野田郷五十町

前斎院御領田代二百七十八町　平郡庄百丁　藤田別符(太)二十町　久目田八丁　規於(都)院百五十町　殿下御領　一円名二千二十町　北郷三百丁　中郷百八十町　南郷二百丁　救二郷百六十丁　財部郷百五十町　三俣院七百丁

島津破(院)三百丁　吉田庄三十丁

寄郡千八百十七丁　新名五十町　浮目七十丁　伊富形十五丁　新納院百二十町　宮頸三丁　穆佐院三百丁　飯(飫)肥

北郷四百丁　同南郷百十一丁　救二院九十丁　真幸院三百二十町

没官御領田代六十八丁　三宅郷二十丁　三納郷四十丁　間世田八丁

公領右松保田代二十五　在同部地頭土持太郎信綱

塩見三十町在柏杵郡内　富高三十町在同郡内　舟曳五十町在宮崎郡内　安楽寺領六十三丁　馬関田庄五十町在諸県郡内　湯宮十三丁在児湯郡内　国分寺田二十丁　法元寺田二十丁同在同郡内　尼寺十丁在同郡内　安寧寺田十町在同郡内

社領田代二千百十六丁　宇佐宮領千九百九十三丁　県庄百三丁在柏杵郡内

富田庄八十丁在同郡内　岡富庄五十丁在同郡内弁済使土持太郎信綱

多奴木田十町在同郡内　諸県庄四百五十町在諸県郡内

浮田庄三百丁在宮崎郡内　広原庄百三十丁在那河郡内

新名爪別符八十丁在同郡内　宮崎庄三百町在宮崎郡内
調（殿カ）石十六丁在児湯郡内
鷹居別符四十丁在那河郡内　渡別符五十丁
竹崎別符四十五丁在同郡内　苽生野別符百丁在宮崎郡内
大墓別符二十丁在同郡内　細江別符二十五丁在同郡内
長峯別符十七丁在同郡内　衾田別符三十丁在諸県郡内　伊佐保別符二十丁在同郡内
妻万宮領九十八丁　清水社六十丁在児湯郡内　江田社三十丁在那河郡内
高智尾社八丁在柏杵郡内　福野宮神田二十五丁在児湯郡内

島津庄日向方本庄分田数事　三俣院千町　北郷二百十四丁三反二丈
中郷内破木別符十一丁四反卅部　同秋永三丁六反十　同恒吉三丁一反卅部　同綿丸四丁四反卅　同益光四丁
四反廿　迫万三丁反廿　南郷百五十七丁四反卅部　救二郷百二十八丁廿　島津院百二丁八反十中　吉田村三
十四丁七反卅　木野別符八丁一反卌　世多良志村十四丁二反　早水社十三丁七反中　中務（霧）島十三丁五反廿部
同寄郡　飯（飫）肥北郷五百七十町二反中　真幸院四百七十八町七反十部　大隅方本庄　財部院四十七丁八段四
丈　深河院八十余丁　新富別符五丁九反十部　筒羽野村三十丁六反部　多禰島二百十九丁九段　同寄郡　横
河院六十一丁九反四丈　曽小河村三十七丁一丈　下大隅郡百二十五丁三反十　串良院八十八丁三反卌　西俣
村十八丁七反廿部　小原別符四十丁五反卅　百引村七丁四反十部　肝付郡　薩摩方諸郷院合四千十町七段

建久八年六月　日　　目大部依包　権拯矢田部恒包

権介草部盛直　権介草部行直
権介草部重直　権介草部宿禰盛綱

表文書は傍証史料がなく、年代推定が困難であるが、形式内容等からみて恐らく南北朝時代のものと思われる。(1) したがって裏文書の図田帳写は当然それ以降のものということになる。さてこの図田帳写（C）は二つの部分から成立っている。即ち二九行目迄とそれ以後の「島津庄日向方本庄分田数事」以下の部分とである。この中、前半の分はAと本質的に同じく、所領別の田数記載であるが、Aと異なって地頭、領主名、郡名の記載を殆んど欠いている。それに弥勒寺領百十五丁の後に来るべき塩見以下福野宮神田までが最後尾に来る筈の公領右松保田代の次に来るという甚しい錯簡がみられ、田数、地名等の記載にも誤脱が目立ち、決して図田帳の写として善本とはいい難い。にも拘わらず注意すべきことはCが応永古写本によったものではなく、それとは別個の、即ち応永古写本の原本乃至別本によったものであろうと思われることである。だから一方で誤脱が多いわりにAを補正しうる部分もあることが認められるのである。

後半の分はさらに細別して三つの部分に分けられる。一は島津庄日向方本庄並びに寄郡の記載、二は同大隅方本庄並びに寄郡の記載、三は薩摩国全田数の記載である。この中三は薩摩国建久図田帳の総田数に一致し、問題はないが、他の二に関しては何れも建久図田帳の田数と一致せず、地名その他からみて末尾の年月日とは関係なく、さらに後年の状態を示すものと考えられる。その年代を推定することは困難であるが、今建久図田帳その他の諸史料と比較対照して地名、田数の上から大体の見当をつけてみよう。

表1は右の中、日向方に関して整理したものであるが、個々についてみれば建久図田帳に比し田数の増加したもの

表１

建久８（1197）日向国図田帳島津庄田数		本史料島津庄日向方田数		天正16（1588）豊臣秀吉知行方目録所載田数（島津家文書1，日向古文書集成所収秋月文書）	
	町		町 反 歩		町
一円庄		本　庄			
北　郷	300	北　郷	214 3 2丈		
中　郷	180	中郷内			
		破木別符	11 4 30		
		秋　永	3 6 10		
		恒　吉	3 1 20		
		綿　丸	4 4 30		
		益　光	4 4 20		
		迫　万	3 1 20		
南　郷	200	南　郷	157 4 30		
救二郷	160	救二郷	128 20	救仁郷	160
財部郷	150				
三俣院	700	三俣院	1000		
島津破	300	島津院	102 4 190		
吉田庄	30	吉田村	34 7 30		
		木野別符	8 1 40		
		世多良志村	14 2		
		早水社	13 7 180		
		中霧島	13 5 20		
寄　郡		寄　郡			
新　名	50				
浮　目	70				
伊富形	15				
大　貫	12				
新納院	120			新納院	300
宮　頸	30				
穆佐院	300			穆佐院	253
飯肥北郷	400	飯肥北郷	570 2 180	飫　肥	700
飯肥南郷	110			南　郷	300
櫛間院	300			櫛　間	400
救二院	90			救仁院	90
真幸院	320	真幸院	478 7 10	真幸院	550

と減少したものとがあり、一定しない。ただ時代の降るにつれて時に減少することはあっても漸次田数の増加していくことは一般的傾向であり、櫛間院についてみても安貞三年二月の田畠検注帳案によると水田三八七丁六反二丈、見作田三三五丁六反二丈であり、文永五年三月二五日の年貢注文によると定田三二七丁一反四丈となっているが（『鹿児島県史料　家わけ七』「野辺文書」一、天正一六年の秀吉知行方目録によれば四〇〇丁となっている如くで

ある。しかし実際に田数の増加がみられたとしても、それが直ちに図田帳、またはそれに準ずる公式帳簿に改めて記載されるとは限らず、むしろもとの数字をそのまま承認、転載する場合もかなり多かったと思われる。建久図田帳の田数と三百年も後の秀吉の朱印状の田数とが全く同じであるというような例はこれを示していると思われる。さてこの田数記載の中で手がかりを与えてくれるのは三俣院の箇処である。即ち「日向記」明応四年の島津氏より伊東氏への所領譲渡の記事に「同霜月廿五日、三俣千町、当家ニ被相渡」とあり、これは田数が合致する。しかしこの史料がどの程度まで信頼し得るか問題があるのでこれのみで直ちに史料全体の年代を推定することはできない。次に地名についてみると建久図田帳に見えないものが多くみられる。これらについて若干検討を加えてみよう。

(イ)破木別符　破木は「ワリキ」と思われる。「宮崎県史蹟調査」八（昭和六年三月）附録「北諸県郡及都城市、字地名集」によれば、中郷村、大字豊満の小字名に「割木《ワレキ》」があり、これであろう。史料としては『旧記雑録前編』二—二八六　応安八年三月二三日の島津氏久書状に「日向国富山彦五郎義弘申、島津御庄日向方中郷富山・安久名・和里木名・同秋永等之事」とある。

(ロ)秋永　同じく右の史料にみえる秋永は「日向地誌」に都城郷、上長飯村の小字名として記されている。

(ハ)恒吉　恒吉は大隅国恒吉郷のことかとも考えられるが、国を異にし、且つ若干離れていることとて疑問が残る。

(ニ)綿丸　綿丸は「字地名集」に三股村大字蓼池の小字名としてみえる。

(ホ)益光　益光は該当する字名がないが、或いは益丸の誤りではあるまいか。益丸は「字地名集」に都城市大字宮丸の小字名としてみえる。

（へ）迫万　これも該当する字名がないが、或いは迫間と同一であるかもしれない。迫間は「字地名集」に三股村大字餅原の小字名としてみえる。

以上の地名は恒吉を除き、他は悉く現在の中郷村の中か或いはその周辺近接地に求められる。恐らく中世においては全て中郷の中に含まれていたのであろう。

（ト）木野別符　該当字名なし。「都城史蹟考」（昭和八年、本田精夫）によれば山田村に木野並に牛谷の戦跡ありという。或いはここか。

（チ）世多良志村「日向地誌」に西嶽村の内に「千多羅寺」とあるのにあたるのであろう。慶長一三年、千多羅寺（世足志）六所権現再興の史料あり。

（リ）早水社　同じく「日向地誌」に都城郷内の字名として「早水」が見える。天文一二年、早水社再興の史料あり。また「島津国史」六　観応二年二月一三日条に「下文以下野三郎右衛門尉資久為日向州臼杵院地頭職、賞勲功地、復領荘内島津・樺山・早水・寺柱之地、子孫因称樺山氏」とあり、文正二年一一月の所領書状日記に「早水寺柱八丁」とある（『鹿児島県史料　家わけ五』「樺山文書」三七一）。

（ヌ）中務《（霧）》島　同じく「日向地誌」に荘内郷、中霧島村とあり、建武元年七月の島津庄地頭代道喜濫妨人注文（「諏訪文書」、『日向古文書集成』所収）に中務《（霧）》島大宮司藤内兵衛尉一類の名がみえる。

以上の地名は何れも中世における吉田庄より南、島津院またはその北辺にもとめられるようである。右の考察により本史料は南北朝・室町時代のある時点における島津庄日向方の田数を示すものであると推定する（その全てではないが）。表２は同じく大隅方に関して整理したものである。日向方の場合と同じく建久図田帳に比し田数の増減は個々において異なり、一致するものはない（表中「島津庄大隅方寄郡田数注文」の田数は建久図田帳のそれと全く変わっていない）。また建久図田帳にみえる小河院永利、曽野郡永利はその後の田数の合致により、それぞれ曽小川村、小原別符であることは明らかである。新富別符については明らかでないが、恐らくこれは後の肝付郡高山郷、新富（新留）村に当てうるであろう。「高山名勝志」によれば、新留は上古新富なりとある。

さて表により郡院郷記載の推移をみると、貞治二年の島津貞久譲状では深河院・筒羽野村は従来の本庄より寄郡に変わっている。筒羽野村はそれ以前の島津氏所領注文、延文元年の足利義詮安堵下文において寄郡より本庄に変わっているのである。その意義については別に考えねばならないが、その記載に誤りがないとすれば、一応問題の史料の年代推定の手がかりとなるように思われる。即ちそこでは深河院、筒羽野村共に本庄となっているのであるから。しかしその後の変化も考えねばならず、また記載の精確度も疑問であるから、やはり南北朝・室町時代（恐らくは前者）のある時点における島津庄大隅方の田数を示すものである（その全てではない、誤脱もありうる）と漠然と推定しておいた方が無難であろう。しかしともかく以上の推論によって本史料が恐らく日向国建久図田帳応永古写本成立の時期よりも以前に、たとえ以後であってもそれをさることあまり遠くないころに成立したものであり、前者を補正しうるに足る史料であることは認めえたと考える。しかし本史料の紹介を終わるに当たって何故長谷場文書中に見出されたかを考えねばなるまい。

長谷場氏は建久八年の薩摩国御家人交名中に鹿児島郡司とみえ（『鹿児島県史料　家わけ五』「長谷場文書」七八）、同じく図田帳に鹿児島郡本郡司とみえる平忠純の後であろう（後に藤原姓をとなえるが）。当時より長期にわたって内舎人康友及びその子孫（惟宗氏）と郡司職を争い、結局は郡司職を保持するのに成功したようである。本貫の地は鹿児

島津氏所領注文（島津家文書１）	延文１（1356）足利義詮安堵下文（島津家文書１）	貞治２（1363）島津道鑑譲状（島津家文書１）	本史料島津庄大隅方田数	
				町　反　歩
本庄				
深河院	深河院	〔寄郡〕深河院	深河院	80余
財部院	財部院	財部院	財部院	47　8　4丈
多禰島	多禰島	多禰島	多禰島	219
	岩河村	岩河村		
			新富別符	5　9　10
寄郡				
横河院			横河院	61　9　4
串良院	串良院	串良院	串良院	88　3　40
鹿屋院	鹿屋院	鹿屋院		
			肝付郡	
大禰寝院	大禰寝院	大禰寝院		
下大隅郡	下大隅郡	下大隅郡	下大隅郡	125　3　10
西俣村	西俣村	西俣村	西俣村	18　7　20
百引村		百引村	百引村	7　4　10
曽小川村	曽小川院	曽小川村	曽小河村	37　　1丈
小原別符			小原別符	40　5　30
〔本庄〕筒羽野村	〔本庄〕筒羽野村	筒羽野村	〔本庄〕筒羽野村	30　6

島郡長谷場村で矢上氏とは同族の関係にある（島津氏の菩提寺福昌寺は長谷場氏の居館のあとなりという。また「長谷場系図」によれば長谷場氏は平安時代以来日向国に所領を有すとあるもよるべき史料がない）。長谷場氏が日向国飫肥に所領をもつに至ったのは建武三年、鶴一丸（武蔵守）の時と思われる（『鹿児島県史料　家わけ五』「長谷場文書」四五　建武三年一一月八日　光明院院宣案）。康永三年に至り領家一乗院政所より飫肥北郷収納使・弁済使代官職に補任されている（同二一・二五　康永三年一〇月三日　一乗院政所下文）。また、他に南郷末弘名・門貫・末貞名田薗等を暦応二、三年頃門貫貞阿等より譲与、買得、本銭返等により入手している（同　末弘名幷門貫山本文書案）。この南郷とは『日向古文書集成』では飫肥南郷としているが、地名その他からみて諸県郡南郷と解すべきであろう。とにかく南北朝時代、長谷場氏が日向に所職、所領を有することになったため、それらに関する相伝、係争等の諸問題に対処して必要に応じて写しとったものと考えられる[2]。何れにしても本史料は

表２

建久９（1198）大隅国図田帳島津庄田数		建武２（1335）太政官符（島津家文書１）	島津庄大隅方寄郡田数注文（禰寝文書２）
新立庄	町 反 丈		
深河院	150余		
財部院	100余		
多禰島	500余		
寄郡		（中宮職領 島津貞久預所職補任）	
横河院	39 5 2	横河院	横河院（寺社寄附分）
菱刈郡	138 1		菱刈郡（他人拝領分）
串良院	90 3 2	串良院	串良院（道鑑当知行分）
鹿屋院	85 9	鹿屋院	鹿屋院（〃）
肝付郡	130 2 3		肝付郡（他人拝領分）
禰寝北俣	40 5 4	大禰寝院	大禰寝院（道鑑当知行分）
下大隅郡	95 9	下大隅郡	下大隅郡（〃）
始良西俣	24 6 2	西俣村	西俣村（〃）
小河院内 百引村	13 　4	百引村	百引村（寺社寄附分）
永利	12 6 4	曽小川村	曽小川村（道鑑知行分）
曽野郡永利	23 3 3	小原別符	小原別符（寺社寄附分）
筒羽野	48 5 1		筒羽野村（他人拝領分）

粗雑さは多々あるにしても前半では鎌倉時代初頭の、後半では南北朝・室町時代（恐らくは前者）の状況を示すという二重性を兼有する史料であるといえよう。

註

（1）しかしさらに臆測を許されるなら、「伊崎大弐公」とあるのは、（貞和三年）一〇月一七日の一乗院僧琳乗書状（『鹿児島県史料　家わけ五』「長谷場文書」八七）に「此御使大弐公南都ニ中二日逗留、下国事忩申候之間、不能一二候之上、祖賢房下向之時条々大概令申候了」とある大弐公と同一人らしく思われる。とすればこの前後に閏四月の年を求めれば、暦応四年か、延文五年となる。恐らくその後者に当たるのではあるまいか。

（2）右史料によれば、当時長谷場氏等は飫肥南郷・北郷、三俣院、救二院等の給主職について係争し、領家に訴えるところがあったようである。臆測するならば、或いはこのような事情が、同文書に図田帳写の書記されたことと関連するのかもしれない。

　また、島津庄日向方本庄分田数の中、中郷等について郷内の名記載の見えることは別名の成立を意味するとも思われるが、これらについては改めて考えてみたい。

三、田数の計算

前節まで日向国建久図田帳の諸本の紹介を行ってきたのでここでは島津本をもとにして他の諸本と比較し、田数を主として本来あるべき記載と思われるものを採り、表記しよう。一々の理由説明は繁雑となるので省略した（諸本についての個々の相違は若干を除き一々挙示しなかった）。はじめ所領別記載Ａをあげ（表３）、次に郡別記載Ｂをあげた（表４）。表中の田数は一応島津本のままを記し、その訂正すべきものについては並べて正しいと思われる田数を（　）内に併記した。Ａ・Ｂ・Ｃ・玉とあるのはその典拠、即ち既掲諸本、史料の別を示したものである。またその記載のないものは推定、または集計の結果、正しいと思われる数字である。このように（　）の数字により計算すれば図田帳の小計、合計共数字に関する不一致は消滅することになる。恐らく図田帳の数字は本来かくあるべき筈であったのであろう。末尾の連署人名筆頭の「日月大部依包」とあるのは玉里本、系図本では「日下部依包」であるが、これは恐らくＣの「目大部依包」が妥当であろう。

表3

所領別及び庄・郷・院等	田数	郡	領家（預所）	地頭	弁済使・郡司等
合田数	八〇六四				
寺領田代	二三八				
弥勒寺領	一一五				
塩見	三五	柏杵郡	八幡別当	土持太郎信綱	
富高	三〇	〃	〃	〃	
船曳	五〇	宮崎郡	〃		弁済師法印不知実名
安楽寺領	六三				
馬関田庄	五〇	諸県郡		須江太郎不知実名	
湯宮	一三	児湯郡		平五	
花蔵院御領	六〇				
国分寺田	二〇	児湯郡		土持太郎宣綱	
法元寺田	二〇	〃		〃	
尼寺田	一〇	〃		〃	
安寧寺田	一〇	〃		〃	
社領田代	C（二二一六）二二〇六				
宇佐宮領	C（一九九三）一九一三				

県庄	一三〇	柏杵郡		故勲藤原衛門尉 不知実名	
富田庄	八〇	〃		〃	
岡富庄	八〇 B・C(五〇)	〃			弁済使 土持太郎宣綱
多奴木田	一〇	〃			〃 宇佐大宮司公通宿禰俊家
田島庄	九〇	〃		故勲藤原左衛門尉 不知実名	
諸県庄	四五〇	諸県郡		〃	
浮田庄	三〇〇	宮崎郡			〃 故宇佐大宮司公通宿禰俊家
広原庄	一〇〇 C(一三〇)	那河郡			〃 七郎助綱
新名爪別符	八〇	〃			〃 土持太郎宣綱
宮崎庄	三〇〇	宮崎郡		前掃部頭殿	
調殿	一六	児湯郡		〃	
鷹居別符	四〇	那河郡			〃 宇藤二 不知実名
竹崎別符	四五	〃			〃 宇三郎 不知実名
渡別符	五〇	〃			〃 宇田四郎 不知実名
蓎生(1)野別符	一〇〇	宮崎郡			〃 貞吉
大基別符	二〇	〃			〃 〃
細江別符	二五	〃			〃 藤二 不知実名
長峯別符	三〇 B・C(一七)	〃			〃 忠助
袁田別符	三〇	諸県郡			〃 安本司 不知実名
伊佐保別符	三〇	〃			〃 僧静蓮
妻万宮領	九八				
清水社	六〇	児湯郡			郡司 国高
江田社	三〇	那河郡			弁済使 宗遠
高智尾社	八	柏杵郡			土持太郎宣綱

福野宮神田	二五	児湯郡			執印字三大夫保仲資
権門					
八条女院御領国富庄田代	一五〇二				
一円庄	一三八二				
加江田	八〇	宮崎郡		平五	
加納	二〇〇	〃		〃	
大田	一〇〇	〃		〃	
国富本郷	二四〇	〃			土持太郎宣綱
左右恒久	一〇〇	〃		平五	
隈野	八〇	〃		〃	
吉田	三〇	〃		〃	
源藤	（2）六	〃		〃	
鏡淵	C・玉（六）六〇	〃		〃	
今泉	三〇	〃		土持太郎信綱	
那河	二〇〇	那河郡		〃	
田島破（院）	四〇	〃		〃	
袋	一五	〃		〃	
佐土原	一五	児湯郡		〃	
倍木	三〇	〃		〃	
新田	八〇	〃		〃	
下富田	一三〇	〃		〃	
寄郡	一二〇				
穂北郷	七〇〇	児湯郡		土持太郎信綱	
鹿野田郷	五〇〇	〃		〃	
前斎院御領田代	二七八				

平郡庄	一〇〇	〃	地頭預所 右馬助殿広時		
藤太別符	二〇〇	〃			名主 重直
久目田	八	〃	(3)預所同人	没官領地頭 宇都宮所衆信房	
都於院	一五〇	〃	〃	(4)土持太郎信綱	
殿下御領島津庄田代	三八三七				
一円庄	二〇二〇				
北郷	三〇〇	諸県郡		前右兵衛尉忠久	
中郷	B・C（一八〇〇）	〃		〃	
C（南郷）	一〇八				
南中郷	二〇〇	〃		〃	
救二郷	一六〇	〃		〃	
財部郷	一五〇	〃		〃	
三俣院	七〇〇	〃		〃	
島津破（院）	三〇〇	〃		〃	
吉田庄	三〇	〃		〃	
寄郡	一八一七				
新名	五〇〇	柏杵郡		掃部頭殿	
浮目	七〇〇	〃		〃	
伊富形	一五	〃		前右兵衛尉忠久	
大貫	一二	〃		〃	
新納院	一二〇	児湯郡		掃部頭殿	
宮頭	三〇	〃		右兵衛殿忠久	
穆佐院	三〇〇	諸県郡		〃	
(5)飯肥北郷	四〇〇	宮崎郡		〃	
同南郷	一一〇	〃		〃	

櫛間院	三〇〇	〃		〃	
救二院	九〇	諸県郡		〃	
真幸院	三二〇	〃		〃	
没官御領田代	六八				
三宅郷	二〇	柏杵郡		(6)宇都宮所衆信綱	
三納郷	四〇	〃		〃	
間世田	八	〃		〃	
公領　右松保田代	二五	〃		土持太郎宣綱	

註（表3内）

（1）大基は玉里本・系図本では大墓とある。大墓（塚）が正しいのであろう。

（2）系図本は次の鏡淵共六〇丁宛とするが誤りで六丁宛が正しい。天正一六年の豊臣秀吉知行宛行目録（『宮崎県史　史料編　近世4』所収「伊東祐帰氏旧蔵文書」一―四）等からみても同数で疑いない。

（3）預所同人を前項の名主重直と解するか、前々項の地頭預所右馬助殿廣時と解するかにわかにきめがたい。重直は連署人の一人権介日下部重直と同じであろう。日下部（草部）氏は日向の旧族、日下部氏については西岡虎之助「古代土豪の武士家とその荘園」（『荘園史の研究　下』一、一九五六年）、日高次吉「日向荘園制の担い手」（『地方史研究』二六、一九五七年）に詳しい。

（4）没官領地頭宇都宮所衆信房が久目田にかかるか都於院にかかるか明らかでないが、恐らく後者であろう。とすると地頭が土持太郎信綱と二人になるが、これは没官領に限る。（6）も同じで宇都宮所衆、信綱共に地頭であろう。信綱は前記土持太郎信綱と同一人であろう。恐らくこの場合地頭土持氏の他に後になって宇都宮信房が補任されたものと思われ、信房は惣地頭の立場にあったものと思われる。信房は文治三年、天野遠景と共に貴海島の征討を命ぜられて鎮西に下向している（「吾妻鏡」文治三年九月二二日条）。地頭としてみえるものの中、前記土持太郎信（宣）綱の他、平五・須江太郎とあるのが在地豪族で残りの前掲宇都宮信房及び故勲藤原左衛門（伊東氏祖工藤祐経・祐時父子という）・掃部頭（大友氏祖中原親能）・前右兵衛尉忠久（島津氏祖）は何れも東国御家人である。彼等もまた惣地頭でこの下には図田帳には記されていないがそれぞれ小地頭に当たる在地領主が存在したと思われる。

（5）飯肥は玉里本・系図本とも飫肥とするが飯肥の方が古字で本来のものであろう。

表記の内容についてはさらに問題があるがこれらについては別の機会に改めて考察したい。さて図田帳の記載に精確度の乏しいことについては「日向国史」等もふれているところである。即ち柏杵郡内の富田庄とあるのは児湯郡、田島庄とあるのは那河郡にあるべきで、共に誤って混入したのではないかと考え、また誤写多く、田島破、島津破とあるのは共に院の誤りならんと述べている。後者については伊地知季安も草書体の相似により伝写の際に誤ったものとしており、このような伝写の間の誤りは尚他にも多かったと思われるが、それ以外に前者の如き疑問箇処は作成当初よりのものと考えられる。日向国図田帳の終わりには、「右、去元暦年中之比、武士乱逆之間、於譜代国之文書者、散々取失畢、雖然寺社庄公物図田、太略注進如件」とあり、これは旧稿においてもふれたように同年の薩摩国図田帳に「右件図田注文、去文治年中之比、依豊後冠者謀叛、彼乱逆之間、被引失畢、仍大略注進如件」とあるのと照応し、南九州における古代末期の動乱を示す史料である。譜代国衙の文書は既に散失してしまったが、今、寺社庄公物図田の太略を注進するというのであるから、元来この図田帳が精確なものではない訳である。

また大隅国図田帳の終わりにも図田帳作成の由来、原則を記しているが、これによると建久図田帳は幕府の要請に応じ、国衙役人が旧来の帳簿をもとに作成したもので（図田帳の作成に関しては旧稿においても掲げたが石井進「鎌倉幕府と律令制度地方行政機関との関係―諸国大田文の作成を中心として―」（『史学雑誌』六六―一一、一九五七年）に詳細な論証がある）、しかもその帳簿が散失したとあっては当初より完全なものはのぞみがたいことになろう。領主の氏名も大半が「不知実名」というのも頼りない話である。しかしかかる本来的な不確さ（原本の誤り）までを是正する事は困難であるが、その後の伝写の際における誤脱は諸史料との比較照合によってかなり補正しうる筈である。私はかかる観点にたって主として田数の計算についてその補正をこころみてきたのである。図田帳について論ずる場合、その成立の意義、内容等について述べるのが本筋ではあろうが、その前提としていささか拙い考証を行った次第である。

表4　五郡田代

郡	名称	田代
桕杵郡内	塩見	三五
	富高	三〇
	県庄	一三〇
	富田	八〇
	岡富庄	五〇
	（木脱）	
	多奴田	一〇
	田島庄	九〇
	高智尾社	八
	新名	五〇
	浮目	七〇
	伊富形	一五
	大貫	一二
	三宅郷	二〇
	三納郷	四〇
	間世田	八
	右松保	二五
已上	田代	六七三
児湯郡内	湯宮	一三
	国分寺田	二〇
	法元寺田	二〇
	尼寺田	一〇
	安寧寺田	一〇
	調殿	一六
	清水社	六〇
	福野宮神田	二五
	佐土原	一五
	倍木	三〇
	新田	八〇
	下富田	一三〇
	穂北郷	七〇
	苅野田郷	五〇
	平郡庄	一〇〇
	藤太別符	二〇
	久目田	八
	都於院	一五〇
	新納院	一二〇
	宮頸	三〇
已上	田代	九七七
那河郡内	広原社	C（一三〇）　一二〇
	新名爪別符	八〇
	鷹居別符	四〇
	A（竹崎別符）	A（四五）
	A（渡別符）	A（五〇）
	江田社	三〇
	那河	二〇〇
	田島破（院）	四〇
	袋	一五
已上	田代	六二〇　（六三〇）
諸県郡内	馬関田庄	五〇
	諸県庄	四五〇
	衾田別符	三〇
	伊佐保別符	三〇
	北郷	三〇〇
	中郷	一八〇
	C（南郷）　南中郷	二〇〇
	救二郷	一六〇
	財部郷	A（二五〇）　一一〇
	三俣院	七〇〇
	島津破（院）	三〇〇
	吉田庄	三〇
	穆佐院	三〇〇
	救二院	九〇
	真幸院	三二〇
已上	田代	三一九〇
宮崎郡内	船曳	五〇
	浮田庄	三〇〇
	宮崎庄	三〇〇
	苽生野別符	一〇〇
	大基別符	二〇
	細江別符	二五
	長嶺別符	一七
	加江田	八〇
	加納	二〇〇
	大田	一〇〇
	国富本郷	四〇
	左右恒久	二〇〇
	隈野	八〇
	吉田	三〇
	源藤	六　C・玉（六）
	鏡淵	六〇
	今泉	三〇
	飯肥北郷	四〇〇
	同南郷	一一〇
	櫛間院	三〇〇
已上	田代	二六〇〇　（二四九四）
惣		八一八〇　（八〇六四）　或は八四三〇・九

【付記】本文中にも記した如く、小論は旧稿と共に東大竹内理三教授の学恩を蒙ることなしには作成しえなかったであろう。ここに深謝の意を表し、にも拘わらず粗雑な試論に終わったことをお詫び申上げたい。

第3部　大隅国正八幡宮の研究

第一章　大隅国正八幡宮領帖佐郷小考

一、帖佐郷概観

中世の帖佐郷は古代、和名抄に、桑原郡答西郷とあるのに当たり、現在の姶良町（現・姶良市）の中に含まれている。建久八年の図田帳には、

帖佐郡二百七（二カ）十一丁大

正宮領　本家八幡　地頭掃部頭

為半不輸、正税官物者弁済於国衙也、

御供田九丁七段小

寺田廿六丁六段

小神田六十四丁九段半

大般若三丁

経講浮免十四丁二段　聖朝府国御祈禱料

国方所当弁田

万徳五丁三段大　丁別十疋
恒見八丁七段大　丁別十九疋三丈
宮吉五丁　丁別八疋
正政所十丁　丁別十五疋
権政所五丁　丁別十五疋
公田六十八丁四段半　丁別廿疋、村々十箇所

とある。(1)

またそれから約八〇年後の建治二年八月在庁、守護代連署注進の石築地役配符案によれば、(2)「帖佐西郷二百四十丁九段三百歩除貢進田五丁定二百卅七丁五段大」とあり、以下内訳の記載がある（表1）。しかしその数字ははじめの総計から既に正確ではなく伝写の際の誤脱を勘定に入れてもなおかなりの計算の開きがみられる。当初から不正確なものであったとみるべきであろう。しかし数字が不正確であっても全てが誤りであるとして捨てさるべきではなく、やはり概数は示しているものとして史料として用いるに足るものといわなければならない。そして前記図田帳の記載と比較してその内容の検討も許されるべきであろう。まず総田数については二百七十一丁大から二百四十丁九反三百歩と若干増加している。内訳は図田帳で御供田、寺田、小神田、大般若田、経講浮免田の不輸田小計百十八丁四反三百歩と国方所当弁田の万徳、恒見、宮吉、正政所、権政所、公田の応輸田小計百二丁五反三百歩とに分かれている。石築地配符案で公田百四十三丁五反とあるのには宮吉五丁幷神田寺田分が加えられており、万得七十五丁半にも神田寺田宮吉が加えられている。宮吉五丁とあるのは図田帳のそれと同じであり、公田の中恒見七丁とあるのは図田帳の八丁七段大とあるの

表１

	田　数	備　考	除貢進田	定　田	石築地	名　主
公　田	143丁5段	加宮吉5丁并神田寺田定	5丁0段	237丁5段240		
大　山	11丁9段240	加神田寺田定	5段	11丁4段（240）	11尺46	正宮留守刑部左エ門尉真用
深　見	7丁9段	〃	5段	7丁4段	7尺4	〃
中河原	9丁1段	〃	5段	（8丁6段）	8尺6	〃
山　崎	8丁3段120 （9丁21段20）	〃	5段	7丁8段120	7尺64	〃
寺　師	10丁7段	加神田寺田宮吉定	5段	9丁1段120	9尺14	〃
中津乃	12丁5段240	〃	5段	12丁　240	（12尺06）	（〃）
永　世	7丁7段120	加神田定	5段	7丁2段120	7尺（2）4	越前検校覚禅
住　吉	13丁9段180	加神田宮吉定	5段	13丁4段180	13尺45	弁済使平左近入道円仏
船　津	14丁1段300	加神田寺田定		14丁1段300	14尺15	台明寺住侶葉心房
餅　田	27丁4段120	〃	1丁0段	26丁4段120	26尺44	御家人税所義祐
神　河	9丁5段	加神田寺田宮吉定			9尺5	権政所助道
松　武	1丁5段				1尺5	郡司栄継
恒　見	7丁				7尺	留守刑部左エ門尉真用
万　得	75丁　180	加神田寺田定				
平　山	31丁8段180	加神田定			31尺85	〃
千　本	10丁7段	〃			10尺72	弁済使紀四郎右馬允貞能
豊　富	11丁9段120 （2段）	〃			11尺94	留守刑部左エ門尉真用
漆　畠	2丁6段	加宮吉定			2尺2	美濃阿闍梨
寺　田	15丁4段					
法楽寺	3丁				3尺	源八入道光仏
百　堂	9丁4段				9尺4	
新三昧	1丁				1尺	奉行権惣検校
最勝寺甑	2丁				2尺	留守刑部左エ門尉真用

に僅かに下回る。宮吉を加えるとあるのは公田の中寺師、中津乃、住吉、神河と万得の漆畠の五所である。万徳と万得とは同名で、万得とははじめ執印行賢の手によって売得寄進され、その後も付加された正八幡宮領で半不輸領である。(3) 後に掲げる南北朝期、暦応二年の正八幡宮講衆殿上等申状の中、(4)「一、百日大般若同最勝講供料麦廿四石事」に「右供料者、去保安年中奉為　大菩薩御崇敬、知足院禅定殿下以帖佐郷御寄進当宮之間」とあれば帖佐郷の正八幡宮領化は白河、鳥羽院政期に藤氏の長者として実権を握っていた関白忠実の保安（元）年間の寄進によるものであろう。したがって万得名の創始に深いかかわりをもつ執印行賢の活躍期天承、康治年間を遡ること一〇余年の頃、帖佐郷は正八幡宮に寄せられたということになろう。図田帳で五丁余の万徳が七五丁余にも増加しているのは応輸田の増加を意味するのではなく、不輸、応輸別立の記載はいちじるしく変化して地域別、名別の記載となったためであろう。貢進田とは正八幡宮貢進田のことで社家進上のこれを除き正八幡宮への負担は名別に付加された神田、寺田（御供田、経講田を含む）等に応じた賦課を各名主が勤仕したのであろう。

石築地配符案にみえる帖佐郷の村名の記載順は公田については別府川とその上流山田川の東岸大山から深見（水）、その対岸に移って中河（川）原から山崎（下名）南に下って寺師から中津野へ、西に移って永瀬から住吉に及ぶ。ついで別府川のもう一つの上流蒲生川の南岸に渉って船津から別府川の南岸餅田に及び位置の順にしたがって記載されている。また万得については別府川の東岸の南から北へ平山、千本（三拾町）、豊富（留）の順に記載されている。千本は現在の字三十町内の門名として残っている。また同じく恒見も同字内や字増田内の門名にみられる。神河と松武は不明であるが近似のものを門名に求めれば字寺師内の神之口、三十町内の松枝、東餅田内の松下等がある。

建久図田帳にみえる公田の村々一〇箇所とはどこをさすのか明らかでないが、石築地配符案にみえる公田の中の何れかに当たると考えてよいであろう。後者で貢進田五丁を分担保有しているのは各五反保有の大山、深見、中河原、山崎、寺師、中津乃、永世、住吉の八村と一町保有の餅田であるが、記載順で餅田の前にある船津を加えて以上一〇村を想定してほぼ当たっていよう。田数は一二三丁八反大で図田帳の田数六八丁余の二倍弱に当たるが、石築地配符案では神田、寺田、宮吉等がそれぞれ各名に付加されていることからみておかしくはない。他の公田神河は図田帳に権政所名とあるのに当たるかと思われ、松武は不明だが、恒見は宮吉、万得らと共に図田帳では公田以外の応輸田となっていた。

石築地配符案には正八幡宮領の約半分をしめる曽於郡、小河院、桑東郷、桑西郷（前半）について具体的記載を欠いているため全体として把握出来ないが、島津庄の記述がきわめて概括的であるのに対して、前出する桑西郷以降栗野院に至る記載は悉く正八幡宮領であり、名主等の記述また克明である。彼等は正八幡宮領の名主であり宮寺と何らかの関係をもつものといわねばならないが、その大部分は神官、供僧であったと思われる。兼帯の名主であればある程在地性は疑わしく、経営は実際に農耕に関係する名主に委ねていたのであろう。名主というより領主というのにふさわしい存在であったといえよう。その代表的例として正宮留守刑部左衛門尉真用があげられよう。彼の所領の全ては明らかでないが、石築地配符案のあげるところでは桑西郷経講田九丁二反半の中、当得二丁六反と帖佐郷公田一四三丁五反の中、大山一一丁九反大、深見七丁九反、中河原九丁、山崎八丁三反小、寺師一〇丁七反、（中津乃一二丁五反大）、恒見七丁と、万得七五丁半の中、平山三一丁八反半、豊富一一丁九反小、寺田一五丁四反の中、最勝寺領甑二丁の計一三一丁二反半である。真用の出自はその他史料がなく不明であるが、正宮留守職は現地において社務を司る重職と考えられ、執印、権執印につぐ地位と見なされる。石築地配符案にみられる限りその所領は群を抜いて多い。

この中、平山は承久二年末以来、石清水善法寺一坊領として祐清の手から栄清（朗清）―政清―了清―乗清と伝えられ、了清は弘安五年現地に下向したといわれている。(5) 建治を去ること僅か五年である。この際平山は領家了清の直務となったとしても他の村々の知行は依然真用が行っていたものか否か明らかではない。しかし平山村領家の支配が直接及んできたことが従来の支配秩序の上に大きな変化をもたらしたことは十分想像できる。

次に帖佐郷公田住吉の名主弁済使平左近入道円仏は加治木郷万得辺河四丁の名主でもあり、帖佐郷寺田法楽寺の名主源八入道光仏は同じく加治木郷寺田法楽寺一町、桑西郷寺田法楽寺一町五反の名主でもある。また帖佐郷寺田新三昧の名主奉行権惣検校房は加治木郷寺田新三昧一丁、桑西郷寺田新三昧三丁の名主でもある。このようにみてくると帖佐郷寺田百堂の名主は記載がないが、桑西郷寺田百堂一町六反の名主五師房であろう。百堂は正八幡宮付属寺堂の一つである。彼らは何れも正八幡宮寺の神官或いは坊官であろう。

「祢寝文書」弘安八年一〇月の建部定親所領注文案によると、(6)

一桑東郷武安名六丁内　半不輸国領
　正八幡宮貢進田三段
　件田地者、国司御拝任始、自国衙被切進于　正八幡宮間、下地共不相綺、名主一向社家進止也、
　同浮免経田
一丁　令弁済于国衙以段二疋所当物経講供料令勘合計也、
二丁八段　加舎弟石王丸分定　本名主定親知行
一丁四段　東郷郡司義通知行

三段　　姫木大夫入道々西知行
非御家人分
三段　　正宮所司権執印法橋永円
三段　　同所司庁検校円秀
三段　　屋加丸駿川房
六段不作　主神司恒久後家

とある。同名は建久図田帳に桑東郷、国領、公田一五丁五段の中として「武安六丁　宗（字カ）新大夫建部高清所知」とあるものの後であるが、同名を相伝した建部（佐多）定親がそれぞれ自らの知行分を含め御家人三名と非御家人四名とに分割知行されているのを一括して領知分とし、この中に正八幡宮貢進田三段と同浮免経田一丁があるように記載しているのは注意すべきである。「台明寺文書」文永三年九月一五日の僧覚意寄進状案によると[7]「奉寄進衆集院曽野郡智能名字副柳壱町内東伍段事」として「右件水田者、覚意師資相承之所領也、然為先師朗弁之忌日料田、限永代奉寄進衆集院処也、但彼田者、為米丸往古経田、雖本役等少々相残、併留本名奉寄之、但於臨時之公役出来者、准拠自余料田可為衆徒之沙汰哉」とある。「往古経田」とあれば問題の寄進田はかつて経講浮免田であったものが定免化し、やがて僧覚意の「師資相承之所領」となっていたものであろう。当時経田が正八幡宮関係の個人の所領になっていたことは同じく「台明寺文書」文永五年六月六日の正八幡宮命婦綾氏女寄進状からもうかがわれることである[8]。即ち綾氏女は「件経田者、自故覚明之手、氏女被譲与之、無妨領掌之来経田也」とある薗田三反を台明寺修寿（衆集）院に忌日料田として寄進しているのである。

註

(1) 拙稿「大隅国建久図田帳小考」(『日本歴史』一四二、一九六〇年。本書第2部第二章)参照。
(2) 『旧記雑録前編』一―七七三。
(3) 拙稿「薩摩国建久図田帳雑考―田数の計算と万得名及び本職について―」(『日本歴史』一三七、一九五九年。本書第2部第一章)参照。
(4) 拙稿「大隅国正八幡宮領吉田院小考」(『文学科論集』六、一九七〇年)所収「桑幡文書」。
(5) 『姶良町郷土誌』(一九六八年)参照。
(6) 『鹿児島県史料　旧記雑録拾遺　家わけ一』所収「祢寝文書」五四一。
(7) 『鹿児島県史料　旧記雑録前編』一―六九五。
(8) 同一―七一五。

二、地頭肥後房良西

建治の石築地配符案では地頭の記載がない。建久図田帳で帖佐郷地頭は掃部頭とあるが、同人は薩摩、日向にも地頭職をもつ中原親能で京下りの貴族出身として頼朝の信任を得た人物であり、もとより現地に下向したことはなく、代官委任の不在地頭であったと思われる。親能の地頭職は帖佐郷の他、曽野郡、小河院、桑東郷、桑西郷、蒲生院、吉田院、加治木郷、祢寝南俣、栗野院の正八幡宮領の全てに及んでおり、その内容は島津庄の惟宗忠久の如き総地頭職とよぶべきものであったらしい(1)。図田帳に祢寝南俣の地頭の記載と並んで郡本知行のものとして菱刈重俊、もとの知行人建部清重の名が記されているが、彼らの所職が別に地頭職とよばれていたことは「祢寝文書」に見えるところである。その職をめぐって菱刈、祢寝氏の相論があり、領家側の支持もあって幕府、国衙、領家から祢寝清重が地頭職に補任されたのは建仁三年八月のことであった(2)。この時には既に親能の総地頭職は失われていたと思われ、恐らく図田帳記載後間もなく正八幡宮領家の強請により廃止されたのであろう。

建久九年在庁注進の大隅国御家人交名に、国方一四名中六番目の帖佐郡司高助、宮方一九名中一七番目の肥後房良西は何れも帖佐を本貫地とする御家人である(3)。しかしその経歴については不明で、後者は「吾妻鏡」元久元年一〇月一七日条に「大隅国正八幡宮寺訴申事、被経沙汰、是故右幕下御時、掃部頭入道寂忍為正宮地頭之処、宮寺依申子細、被停止其儀訖、其後又三ヶ所被補三人地頭之間、造営之功難成之由云々、仍今日所止彼地頭職等也、帖佐郷地頭肥後坊良西、荒田庄地頭山北六郎種頼、万得名地頭馬部入道浄賢云々、広元朝臣奉行之」とあり、廃止になった中原親能の地頭職の中、回復した三ヶ所の地頭職の一つ、帖佐郷地頭となったが、やがて造営の妨げになるからといって停止されたとある。しかし良西はなお同地方の有勢名主として止まっていたと思われるが、さらに承久のころ、「依正八幡宮帖佐郷事、御家人良西奪取彼宮王面之間、関東有御沙汰之上、公家被行仗議之処、所奪取之罪当大辟之由、議奏畢」ということで糾弾をうけ没落するに至ったと思われる(4)。良西の系譜については「古城主来由記」や「帖佐氏系図」に平姓、平田氏祖とし、良西は地頭改易後、薩摩日置郡平田に住するにより、その子信宗以降平田氏を称したと伝える(5)。傍証史料を欠き明らかでないが、或いは国方御家人帖佐高助の同族ではあるまいか。石築地配符案には僅かに松武一丁五段の名主として郡司栄継の名をみるが、相互の関係等については一切不明である。一旦正八幡宮領の総地頭職が廃されたのち再び三所の地頭職が復活したのは、それらの所領がとくに正八幡宮領家にとって重要であったことの他に幕府にとっても政治経済上とくに関与すべき条件を備えていたからであろう。しかしこれについて具体的には今明らかにしえない。

註

（1）拙稿「大隅の御家人について」（『日本歴史』一三〇・一三一、一九五九年）参照。
（2）『鹿児島県史料　旧記雑録拾遺　家わけ一』所収「祢寝文書」一　建仁三年七月三日　関東下文、同三　大隅国司庁宣、同二六八　大隅国正八幡宮公文所下文。
（3）前掲拙稿「大隅の御家人について」参照。
（4）『鹿児島県史料　旧記雑録拾遺　家わけ十』所収「新田神社文書」七一　宝治元年一〇月二五日　関東下知状案。
（5）『姶良町郷土誌』（一九六八年）参照。

三、餅田村名主税所氏

栗野院の建久図田帳の記載は、

栗野院六十四丁
正宮領　　本家八幡　　地頭掃部頭
御供田四丁

ときわめて簡単であるが、これを左記建治二年の石築地配符案と比較してみれば、後者は、

公田六十丁

栗野院七十四丁内 除貢進田三丁 定七十一丁

南里四十丁 除貢進田一丁五反 定卅八丁五反 預所卿法眼

米永十六丁七段半 一丈六尺七寸 五分 郡司貞高

恒次、重武、恒山十二丁一段三百歩 一丈二尺 一寸八分 御家人大新太夫入道西善

在次九丁六段大 九尺六寸 六分 名主長三郎太夫助直

北里卅四丁 除貢進田一丁五段 定卅二丁五段 弁済使阿波房成幸 名主丹後房

とあり(1)、田数については一〇丁の増加であり、南北両里に分かれてそれぞれ四〇丁、三四丁の内、貢進田一丁五反宛を除いた残りの計七一丁の定田となっている。南里四〇丁は預所卿法眼の領所で、預所卿法眼は他に桑西郷御服所六丁六反や蒲生院の釈迦堂八丁を領知している。その名からして正八幡宮寺の要職にあったかと思われ、後者については名主職であるが、前者即ち栗野院南里に関しては預所職かと思われ、名主はその下にあり、石築地役の負担も名主で彼はこれに関与していない。その権限は上分の収取にとどまったのであろう。さらに南里は米永と恒次、重武、恒山と在次の三に分かれて名と名主の記載があるが、一番大きい米永は郡司名、一番小さい在次はその名主の名からみて正八幡宮所司息長氏一族の所領であろう(2)。建久九年の御家人交名によれば栗野院の栗野郡司守綱は御家人であったが、これは建治の石築地配符案に南里の郡司名米永名名主としてみえる郡司貞高の先であろう。そしてこの時には非御家人となっているのである。

同じく南里の恒次、重武、恒山三名の名主は御家人大新太夫入道西善であるが、この三名は一群となって相伝されたものの如くで、御家人領であり、税所氏系図によれば大隅国在庁の雄税所氏がはじめ相伝していたものらしい(3)。すなわち建久図田帳に曽野郡重富、重武、桑東郷松永名の名主としてみえ、建久九年注進の御家人交名に税所（藤原）篤用とある人物について、系図は「篤茂或敦用、重富　曽於野七郎大夫　押領使職　松永名栗野恒次重武名等御知行」と載せ、また「源平御乱之時、為右大将家御時、度々致忠節、預御判御下文、税所惣検校両職、恒次名等同給、依其勲功号税所太夫」とあり、その子で和田合戦で戦死した篤満の後を嗣いだ弟祐満については「重富、号税所兵衛、大隅国税所職、押領使職、国大専当職、止上大宮司職、曽於郡内恒次名・重武名、桑東郷松永名・重武名、栗野院恒次・恒山・重武名等、薩摩国満家院郡司職村々田畠山野等」を拝領したとあり、その後をうけて義祐も「大介兼税所」として「大隅国大介兼税所職、押領使職、曽於野郡司職、止上大宮司職、国大専当職、曽於野郡重富名・重枝名・重武名・中津川・重富・松永、栗野院恒次・恒山・重武名等、薩摩国満家院郡司職村々田畠山野、厚地座主、同国牛屎郡内田畠并金波多村」を領したとある。義祐の次は敦秀であるが、敦秀は「大介兼税所職、押領使職、曽於野郡司職、止上大宮司職、国大専当職、曽於野重富・重枝・恒次・重武、桑東郷松永・重武・中津川田畠山野等、薩摩国満家院村々山野等、厚智山座主職、同国山門院菓成河、老松御庄以下諸所田畠等」を領したとある。すなわち義祐の有した所領の大部分を敦秀は相承したが、別に敦秀の代に加えたものもあろう。また一部分は他の庶子達に分与された。信祐は帖佐郷餅田村を、祐慶は霧島座主職を、祐秀は満家院内中俣村を、童名彌陀増は同小山田村に少田を、彌陀王は桑東郷中津河に少田を、一女子は牛屎内金波多村を、二女子は満家内油須木村を、三女子も満家院内に少田畠を領したとある。義祐代に比しこれらの所領に増減はあるが、信祐の帖佐郷餅田村の例からみて何れも義祐が一旦領有したものを庶子に分与したのであろう(4)。

したがって西善は義祐より譲得したことが判明する。西善が知行するに至った時期は建治二年以降、敦秀が襲職する以前の間であろう。栗野院北里三四丁は弁済使阿波房成幸と名主丹後房の知行するところで、成幸はその他蒲生院公田今富一一丁七反小の弁済使兼名主とあり、また寺田の帖多守五丁の弁済使とある（この寺田の一方尺迦堂八丁が栗野院南里の預所卿法眼の知行である）。正八幡宮寺の職員であろう。この場合成幸を上級知行権者、丹後房を下級知行権者とすることができよう。

現在栗野町は大字木場・米永・恒次・幸田の川内川南の地区と大字北方・田尾原・稲葉崎の川北の地区とわかれている。これは常識的にいって石築地配符案の南里・北里の二地区にあてはまるであろうし、南里については米永は現大字米永に（勝栗神社＝若宮八幡の鎮座地）、恒次・重武・恒山は現大字恒次・米永の一部（通称重武とよぶ地域あり）・幸田（拠証なし）に比定し得、在次は現大字木場（有次の小字あり）に比定することができよう。[5]北里については現大字北方が中心であろうが、字栫の北側高地が南北朝期の北里城かと推定され、川内川沿い吉松境の字正階寺に阿波《あば》の名を残し梵字磨崖の古跡を残すのは、石築地配符案に北方領主としてみえる阿波房成幸の名をとどめるものかとも思われる。大字田尾原・稲葉崎も確証はないが北方の地に含まれると考えるべきであろう。同地のそれぞれ字供養塚・鬼辻に残存する尨大な数にのぼる板碑・五輪塔群は鎌倉末期の元弘元年から南北朝・室町（応永）期に至る間に造立された供養碑・墓碑であるが、それに記載された道性・妙性・道意・妙清等の法名は誰をさすか未だ明らかではない。[6]

税所氏が正八幡宮領を領知したことから在庁官人であり鎌倉御家人でもあった同氏が当然の成行きとして正八幡宮社務にも関与してくる。「台明寺文書」文永九年一〇月二五日の関東御教書はその具体的推移を示す史料であるが、正八幡宮雑掌（権執印）法橋永円幷神官所司等の訴えるところによれば税所義祐はその所領曽於郡重枝・重富名・桑東郷松永名以下講経免事について惣領なれば沽却田地は宛給されるべしといい、社家進止の神領を横妨するというのである。[7] 彼が政所名である帖佐郷餅田村をいつ手中に入れたか、これについては系図にも記載がなく不明であるが、島津他家文書中に建治三年八月の寺家政所符（正八幡宮政所職補任）・同政所下文（餅田村預所職補任）案・建治三年八月一九日付の正宮公文所宛執印某施行状（義祐の政所職補任）・同（同人の餅田村預所職補任）が残されているところから前の文永九年の相論より間もないころ義祐が領知し、弘安二年一一月には寺家政所符によって義祐の子信祐が政所職を、同じく寺家公文所によって同人が預所職に補任され、さらに寺家では翌一二月七日付二通の正宮公文所宛法眼某下文によって、それぞれ政所職・餅田村預所職に信祐が補任されたことを伝え、施行を令している。[8] この際執印伊予寺主院勝は関東に参向し不在であったとあるが、正八幡宮領と社務に関する税所氏との紛糾処理に関する問題であったかもしれない。同人は建治二年の石築地配符案に加治木郷九躰堂一五町を領知している預所伊与寺主その人であろう。同じく加治木郷公田永富二〇丁の名主御家人別府二郎長光は加治木家系図によれば光平の孫、守光の子とある。[9] 光平は建久図田帳や大番人交名にみえる加治木郷郡司大蔵吉平（親平）の子恒平の子で別府五郎大夫と号し下木田村を親平より譲得したとある。

その子守光は政所太夫を称し、同村を相伝したとある。この守光こそ税所義祐が獲得する迄正八幡宮政所職を有していた人物に他ならない。[10] 政所検校職は文治三年、建久三年の史料には源守平の名がみえ、建仁三年以降大蔵姓が現われる。建保二年の史料には同職に大蔵守光の名がみえ、貞応二年の史料にも登場する。[11] 税所義祐の同職獲得の時期、経緯については明らかでないが、同職が正八幡宮神官職でありながら御家人所帯職であったことを考慮すべきであろう。義祐の登場は天福元年以前であり、税所氏が大蔵氏と縁戚関係を有し承久の乱後没官された同氏の薩摩国満家院郡司職等を併せ薩隅両国に跨がって勢力をのばしたことはよく知られている事実である。前掲文永九年一〇月の関東御教書にも文永七年の御教書に「正八幡宮被官之輩令申子細者可尋究之、於関東御成敗之地者、非御家人幷凡下輩分可令沙汰付義（祐）由被載」とあり、就中長期間に及ぶ義祐の代に税所氏の勢威は著しかったといえる。義祐が一方で正八幡宮領栗野院の所領を手離し、他方において同宮領帖佐郷の政所名を手中に収めたことは薩摩満家院、伊集院に所領を拡げていく同氏にとって栗野院より本領とこれらの所領を結ぶ要地としての帖佐郷をより重視したのかもしれないし、神官所職中重職の一つである政所検校職を獲得することによって正八幡宮の社務にも相当の影響力をもとうとしたのかもしれないのである。しかし両者何れも御家人領としては一貫していたのである。(12)

註

(1) 拙稿「栗野町稲葉崎・田尾原供養塔群」(『鹿児島県文化財調査報告書』一三、一九六六年) 参照。
(2) 旧稿では姓名不詳としたが、通字等からみて本文の如く推定し得る。
(3) 拙稿「大隅国御家人税所氏について」(『鹿大史学』九、一九六一年) 参照。
(4) 税所氏系図には諸本あるが、最近平原政治氏によって紹介された吉田村所在の系図は詳細である。
(5) 地名の比定については栗野町誌編纂事務局の井上晴香氏らの示教をえた。謝意を表する。
(6) (1) 及び南九州古石塔研究会「鹿児島県北部の広域供養塔群精査資料―南九州の古石塔五」(一九七二年) 参照。
(7) 『鹿児島県史料　旧記雑録前編』一―七四三。一の (4) 参照。
(8) 『鹿児島県史料　旧記雑録前編』一―八一〇～八一三。
(9) (3) 所収加治木氏系図参照。
(10) 加治木氏系図は「地誌備考」・「諸氏家譜」所収のものが詳しい。加治木氏については次章参照。

(11) 塩満郁夫、鹿児島中世史研究会発表「大隅正八幡宮について」プリント。要旨は同会報八参照。
(12) 拙稿「薩摩国伊集院の在地領主と地頭」(『荘園制と武家社会』吉川弘文館、一九六九年)参照。

四、守公神々役注文

「調所氏家譜」弘安一〇年二月の守公神々役注文によれば「一守公神御侍畳事」とあり、ついで「一長畳三十二帖、小畳六十二帖、帖佐之役也、一ヶ村分三帖也、一帖分代三十文」とある。[1] これは同家譜所収の帖佐郷村名を黒丸線書で東西に配置した略図に照応する史料と思われる。即ちこの略図は守公神侍畳図でその書入はそのまま各村への配賦を示しているのであろう。今その記載順と記載（畳）数を村別に掲げれば表2の如くになる。右欄は石築地配符案記載順であるが12・13欠は松武・恒見両村の不載録を示し、空欄は平世・春毛両村が石築地配符案に記されていないことを示す。或いはこの両村が前の両村とそれぞれ同じなのかもしれないが臆測による速断はさけよう。合わせて一六村であり一村三帖宛とあるから計四八帖となる。しかし倍或いはそれ

表2

西1	餅田	8	10
2	船津	3	9
3	永世	3	7
4	平世	3	
5	深見	3	2
6	山崎	3	4
7	千本	3	15
8	住吉	6	8
東1	神河	6	11
2	寺師	5	5
3	春毛	3	
4	中津野	3	6
5	中河原	3	3
6	大山	3	1
7	豊富	3	16
8	平山	6	14
	計	64	

以上負担するところもあって計六四帖となる。「小侍六十二帖」とあるのは六四帖の誤写ではあるまいか。小畳とは半畳のことと思われ長畳の二分の一で史料の文言は長畳で三二帖、小畳で六四帖、帖佐一六村、一村三帖役ということではあるまいか。一帖分代三〇文として一村宛九〇文の負担となる。米に換算すれば一斗弱となる。

さて三帖以上を負担する村は他村に比しおおむね田数が多い。特に西側一番の餅田と東側八番の平山の田数が群をぬいている。前者は正八幡宮政所名で在庁御家人税所義祐の知行、後者は正八幡宮留守刑部左衛門尉真用の知行、間もなく石清水から下向する領家善法寺一流の拠地となるところである。「守公神々役注文」には他に帖佐之役として「一小舎人将束四具、帖佐之役也」とあり、また「一浜殿借屋分役所之事」として同所の西妻一間について曽野恒見が畳三帖等を負担するとあるのにつづいて「次中一間、帖佐恒見畳三帖、日隠萱莚一枚、簾一間」とあり、その後には中一間を蒲生久得西俣が畳三帖等を、同じく中一間を栗野北里が畳三帖等を、東妻一間を栗野（南里ヵ）が畳三帖等を負担するとある。また「一庭草分一ヶ年分四ヶ度、帖佐之役也」とある。[2] このように守公神神役について帖佐郷の果たす役割は特に著しかったようである。ここではその帖佐郷の中にあって餅田村と平山村のしめる役割の大きさと、その知行者税所氏と留守氏、平山氏との存在についてとくに強調しておきたい。

註

（1）『鹿児島県史料　旧記雑録前編』一―八八一。
（2）同『姶良町郷土誌』（一九六八年）参照。

五、平山村領家了清

「石清水文書之四」石清水皇年代記下　建保三年六月二八日条に「脩明門（院脱カ）御幸、即七ヶ日御参籠、検校賜法眼一人、法橋郎清任之、改為栄清、別当幸清賜法橋一人、阿闍梨任兼叙之、」とある。(1) ここに検校とは祐清であり、祐清が賞として法眼一人を叙することを認められ、子の法橋郎清をこれに任じ、郎清は改名して栄清を称したというのであろう。同じく「石清水文書之一」によれば承久二年一二月、石清水八幡宮検校祐清は自ら管掌する庄々幷家地等を処分したが、その目録によれば以上の中権別当棟清に「弥勒寺正八幡宮検校執行事」を、修理別当宝清に「弥勒寺正八幡宮領庄々」として「正八幡宮領三躰堂　上小河　栗野南北両村」等を、田中女房字万歳に「荒田庄正宮領　廻村同」等を、そして曼珠法眼（朗清）に「平山村正宮領」を譲与している。この終わりに掲げた曼珠法眼こそ法橋郎清改め法眼栄清のことであろう。そして栄清は父検校祐清から譲渡された正八幡宮領大隅国帖佐郷平山村を子孫に伝えていくのである。その相伝次第は同じく「石清水文書之六」、建武三年一二月の権少僧都乗清言上状写によって明らかであろう。(2) 左にこれを掲げよう。

正八幡宮領大隅国平山村領主権少僧都乗清謹言上

欲早被経御　奏聞、且依重代相伝知行、且任軍忠下賜安堵院宣、弥奉祈天長地久、全知行当国平山村領家職間

事

副進

一巻　次第手継証文等

一通　系図

右当村者、石清水検校祐清法印被分譲弟子栄清以来、栄清、政清、了清、乗清等、為五代相伝之坊領、知行無相違之地也、爰乗清為石清水所司、代々奉祈　御願之処、聖運忽開御坐、天下御安泰之条、惣為諸神之加被、別非当社之擁護哉、而今相当　明時　聖代、奉仰有道之善政、幸預厳重之鳳綸、可備後代之亀鏡之条、冥鑑之至、逢遇之秋也、就中、乗清孫子新蔵人之秀令祇候将軍(尊氏)家、於京都合戦、親類討死、孫子被疵、令供奉鎮西之上者、云公家云武家、争可被棄捐愚望乎、然早被経御奏聞、且依重代相伝、且任軍忠下賜安堵　院宣、弥欲奉祈御願、

恐々言上如件、

建武三年十二月　日

即ち栄清―政清―了清―乗清と相伝されたとある。そして乗清は同じく嘉元四年三月の科手承清契状写によって別に正八幡宮別納所大隅国三躰堂村預所職を承清から譲りうけている平山僧都御房その人なのであろう。とすれば弘安年間平山村領家職を相伝知行した人はその前の了清であるとしてよいであろう。栄清・了清・乗清の名は同じく祐清の系統、善法寺流に他にもあって鎌倉・南北朝期石清水八幡宮検校・別当・権別当の要職についている。同系統の同一人名は混乱をまねくもとになり、平山村領家職を主たるよりどころとする前掲栄清―政清―了清―乗清の系統を石清水八幡宮別当職に就任したこともあるように記載する系図上の誤りを招く因ともなったのである[3]。

伊地知季安「帖佐来歴」は最近その草稿本が発見され始良町公民館に収蔵されたが[4]、その成立の事情は左の季安自筆のあと書によって明らかである。

右ノ通名勝志調帖佐書出ニテハ、鎌倉以来是まて来歴の次第疎漏ニあれハ、季安カ愚臆に覚へたる荒増、四五日書籍を探り粗愚按を書散し、十二段に時代を分て艸輯するもの也、急卒の事にて考違ひ漏れ誤の多からん事ハ案中なれとも、本田親章の彼地に僅の日を限りて滞勤あられし内に、名所旧迹をも探遊れん枝折ともなれがしとの書状に報ふまての用意にて、聊篇帙を成すの志なし、観者笑察せは幸也、

庚寅三月潜隠舎に筆をとゝむ　平季安漫跋

庚寅年は天保元年である。季安も粗漏をおそれ、その後補訂を行っている。このことは東京大学史料編纂所所蔵の「地誌備考（姶良郡）」所収の「帖佐来歴」と比較すれば明らかとなる。一例をあげれば前者において正応年号の石塔をあげ、

此度本田親章、西餅田村ノ内雲門寺ノ山中ニ御石ト里人ノ呼ヘル大キ五輪石塔見当リシトテ、左ノ通銘ヲ写シヤラレタリ、

正応二年六月下旬顕阿弥陀　大施主乗□《知レストナン》

季安按、正応二年ハ石清水了清ノ下向セシ弘安五『四』年ノ頃ヨリハ僅八年アト也、左アリテ了清ノ子ハ乗清ト云ヒ、且了清阿弥陀寺ヲ平山城ニ建タルコトトモ考合スレハ、顕阿弥陀ハ其法号ニテ子乗清ノ施主ニテ建タル古塔ニハ非サル乎、ヨク乗ノ字ノ下ヲ清ニテハナキカ今少シ改究タク想ヘリ、

と記しているが、後者にはこれについて「正応之古塔尚又御精字拝見、乗清ニてハ無之か再考仕候ハ、（ア）乗房右三字上之梵字ハ山伏歟真言僧へ御尋候ハヽ、よめ可申候、下ノ房ハ房之草ニ可有御座、古文書ニ何々房と申候、さやう事候へく候歟、決而何乗房ニハ無相違候、左候へハ大施主顕阿弥陀ト何乗房と両施主ニ可有之、勿論両人共了清

供奉之列ニ而」云々とあり、最後に「是又先日上之古塔之部へ御張被置可被下候」とつけ加えている。即ち先に藩庁へ浄書提出したものについて訂正の貼紙方を依頼しており、不明確なもの、疑わしいものについてその都度補訂を行っており、考証史家の面目をよく示している。この正応二年の古塔は現存せず詳細を知る由もないが、季安自身も実地調査によらず写によって判読したものでなお疑問が残る。(5) しかし季安が後には否定したが、はじめ乗□を乗清と読んだことについては傍証史料によってかなりの自信を抱いていたものと思われる。そしてこの推定は的中しなくても大体の方向を把握しているといってよいであろう。同書にのせる平山氏略系図を次にあげよう。

系図で栄清を「一本宮清子」とするのは先述の如く別に宮清の子として弘安年間権別当栄清が存在するのと混同したのであろう。系図の栄清は初名郎清、永久二年祐清から平山村領家職のみを譲りうけこれを政清・了清・乗清へと

【平山氏略系図】

祐清　別当法印石清水検（マヽ）権大僧都、弥勒寺正八幡検校元久三年宣下、承久三年卒、

宝清　号家田、正八幡検校職、善法寺祐清四男、

宮清　家田法印猶子、実亀山院廃子也、

栄清　平山祖法橋法眼少別当宝清弟、一本宮清子、栄清者祐清弟子受正宮領平山村領家職、

- 政清　法橋法院(マヽ)大僧都
- 了清　石清水法橋法眼、居平山城号平山、勧請熊野三所権現曰平山権現、於今三拾町村、又営八流寺、於帖佐建九社、於帖佐卒、崇若宮八幡、在三拾町村、
- 乗清　大蔵卿僧都号平山、
  - 義清　或能清、号平山民部少輔、薩摩守
    - 武矩　平山左京左近将監
      - 武一　左京亮
        - 武実　左京亮
      - 武頼　小川氏祖
    - 武秀（二男）　居帖佐内甑城号甑三郎五郎、越後守
      - 武貞　三郎五郎　明徳二死
        - 武義　美作守
          - 武真　越後守
            - 武豊　三郎五郎　隈城合戦
              - 武徳　右京助　宝徳ノ比
                - 武重　三郎五郎　文明比
                  - 武英　下野守　住帖佐
    - 忠武　島津又二郎　氏久養子
      - 武久　島津又次郎　久豊養子
        - 忠国　平山ニ改　越後守武豊、平山源六、弥左エ門　島津季久平山氏ヲ伐テ帖佐ヲ領スト　忠国ニ当ルカ

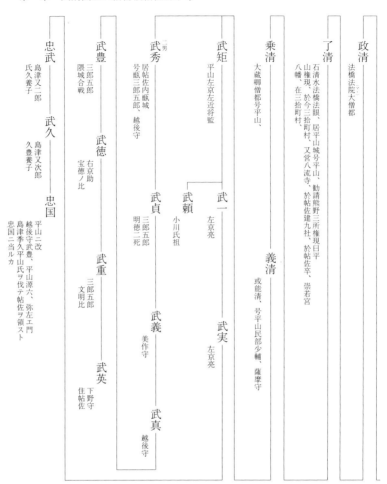

伝えたのである。

平山村を相伝した石清水社家善法寺一流が何時如何なる理由によって現地に下向し直接支配を行うようになったか明確には知ることができない。

「帖佐来歴」には「季安按、右ノ通蒙古襲来ノ説アリテ、筑前筥崎ニ築地シテ役所ヲ建ラル時、夫々領分ノ町段ニ応シテ寸尺ヲ賦リ、御手伝ヲ仰付ラレシ頃迄ハ、平山卅一丁ハ正宮留守ノ領ナリシニ左ノ通相替レリ、弘安年中城州石清水善法寺了清下向して八幡領の所司且平山村領家職と為り、神領を掌れり」と記している。そして季安は了清下向のことを「名勝志調」によって紹介しているのである。即ち「新正八幡社　平山城中本丸ノ東ニ鎮座、是則了清石清水ノ神輿ヲ守下て勧請す」、「船津村　右船の着きし所とそ」とあり、また「阿弥陀寺址　亦平山城内ニあり、了清建立と云へり」として、

奉施入大隅国平山阿弥陀寺撞鐘一口四十八貫鋳之　弘安五年五月　日　石清水了清　金師慈蓮

今此鐘、八幡別当寺ノ八流寺増長院ニアリ、本尊釈迦・阿弥陀・観音を安スト云へリ、又城内ニ観音寺ト云ヒシ了清建立ノ寺址モアルトナン、左アレハ初メニ尊別々ニ寺ヲ建テオケルニ、後世阿弥陀観音ノ両寺衰壊ノ時ニ至テ、合セテ此ヲ八流寺ニ安置スル乎、又蒲生八幡迄モ了清カ時ハ祀レルニヤ、嘉慶二年戊辰三月、蒲生清寛ノ置レシ鐘銘云、隅州蒲生院　正若宮鐘銘、浄刹置鐘其制尚矣、以故石清水了清施焉、然而形小声微、貞和丁亥年今政府清寛六代祖清茂季子玄清改易、爾来撞之云々、

とある。先述の如く石清水了清は鎌倉期・南北朝期に各々別人として存在しているので前の平山八幡の鐘銘の了清と後の蒲生八幡の鐘銘の了清とは同一人物か否か判明しない。しかし前者の鐘銘とすれば弘安五年五月の時点で平山村

領家職を有する石清水了清はその居所の如何にかかわらず自己領有の大隅平山村の支配に強い関心を抱いていたと観ることができよう。そしてこのことが了清下向に関する種々の説話を生む原因ともなったのであろう。また「台明寺文書」弘安一〇年八月の台明寺衆徒申状案は寺側がかつて多大の料田の寄進をうけた正八幡宮執印行賢の例をひき、それにならって再び料田の寄進を期待した申状であるが[6]、同文書の口裏に「平山殿御社務時望料田申状案」とあるのによれば平山殿＝善法寺了清が下向してきて帖佐平山に居をかまえ、正八幡宮の社務を執行することになったのに則応して台明寺が往古の嘉事を持出し正八幡宮側の料田寄進を望んだのであろう。これによれば了清の正八幡宮社務への関与は弘安一〇年を遡ることそれ程遠くない時点であったといえよう。文永の役後、幕府の異国警固に関する熱意は並々ならぬものがあったが神祇に対する報賽にもとくにこの関係で意を用いている。左記の文書は著名な「島津家文書」の中の大隅正八幡宮に対する地頭職寄進の旨を管内官人にふれるべきことを宰府守護に示達した関東御教書案である[7]。

豊前国上毛郡勤原村地頭職事、御寄進状遣之、可送進正八幡宮也、御願成就、異国降伏之由、可啓御宝前之旨、可令相触当宮総官之状、依仰執達如件、

弘安七年二月廿八日　　駿河守（業時）在判

相模守（時宗）在判

大宰少弐（経資）殿

また幕府は弘安七年九月一〇日には鎮西神領名主職の事を沙汰せしめんがため、大友頼泰・安達盛宗・少弐経資の鎮西在住守護と、明石行宗・長田教経・兵庫助三郎政行の鎌倉より下向の奉行人の各一人宛を組合わせ、それぞれ肥

前・筑前・薩摩、豊後・豊前・日向、肥後・筑後・大隅の三国宛を分担奉行せしめて、博多において尋沙汰せしめている(8)。

前述の如く平山領家の下向の理由を直接明瞭に示す史料はない。しかし上掲の一、二の史料から下向の素地は弘安の役以降醸成されつつあったとみてよさそうである。

註

（1）大日本古文書家わけ四。
（2）同。
（3）「古城主来由記」その他の記述。
（4）本書は逆瀬川三男氏らによって発見紹介された。現在は姶良市歴史民俗資料館蔵。『鹿児島県史料　旧記雑録拾遺　伊地知季安著作史料集五』所収。
（5）現在建昌城（豊州家島津氏居城瓜生野城の後名）跡の東麓に雲門寺跡を残すが幕末明治初年の廃仏毀釈で廃墟と化している。
（6）『鹿児島県史料　旧記雑録前編』一―八八三。
（7）『大宰府史料』中世編三。
（8）『中世法制史料集』一　新編追加　弘安七年六月二五日　条々、同九年一〇月　尚時書状。

六、了清その後

伊地知季安編の「両院古雑徴」の中に菱刈郡馬越黒坂寺関係史料が収録されている。[1] 黒坂寺は建久六年郡司菱刈氏の祖僧相印（重妙）が開創した寺と伝えるが、「六世住持大法師永乗住職弘安十年丁亥ヨリ已下住持平山家之住僧之由也」とある。これは次の文書によって説くところであるが、一見無関係と思われる菱刈郡（島津庄寄郡）郡司菱刈氏の氏寺の別当職が正八幡宮領平山領家の取得するところとなった点、また年次が弘安一〇年と平山村領家了清下向の年と伝えられる弘安五年の直後である点等興味深い。

譲与　平山領家所
大隅国菱刈郡内　黒坂寺四至堺者見本券
右件寺、永乗重代相伝之所領也、然間相副本証文幷手継等、限永代、所奉譲与平山領家実也、但云前、云後、縁者中、他人中譲状無之、縦雖有、更々不可有叙用、有限寺内恒例勤、任先例、無懈怠、可被勤行候、仍譲状如件、
弘安十年歳次丁亥正月廿八日
大法師永乗在判

元応三年正月二八日の守部氏女田地売券は曽野郡重枝名正八幡宮大般若経田字袴田五段の沽券であるが、その副書目録には「一通　平山領家了清与隈本大夫房幸明相博状、一通　幸明沽券状、一通　止上宗十郎検校貞光譲状案、一通　守部氏女沽券状、一通　寄進状、以上五通」とあり、[2] また、「台明寺文書」康永四年九月一五日の法眼栄快寄

進状案には正八幡宮経田として相伝の袴田五反を台明寺衆集院阿弥陀如来料田として寄進するとあり(3)、この文書は右掲目録後尾の寄進状に当たるものかと考えられる。そして前出元応三年の文書は目録の守部氏沽券状に当たるのであろう。これら五通の文書は正八幡宮から台明寺領に移った袴田五段の相伝の経緯を示しているが、はじめ平山領家了清が隈本大夫房幸明と交換し、幸明が領有しているから、平山了清が当初の領主であったことは疑いない。隈本幸明は隈本氏とあるから正八幡宮社家の一と思われ、また石築地配符案の一本に正宮修理検校兼順の名の下にクマモト殿とあるところからこの兼順の後かと考えられる。

さて、前出乗清言上状にみえるように、建武三年一二月の時点で乗清が平山村領家職の安堵を請うているのは北朝＝足利政権の誕生に期待してのことであろう。乗清がとくに孫新蔵人之秀が尊氏について京都合戦に加わりさらに鎮西にまで供奉した功を強調しているのは意味深い。平山氏系図によれば乗清の孫に武秀があり、帖佐内甑城に居て甑三郎五郎越後守と号したとあるが、之秀と秀の字を同じくし兄弟かと思われる。系図にみえる他の一子、武矩も平山左京左近将監とあって乗清の孫の代には領家としての存在より在地領主、地方武士化した存在としてとらえることができそうである。乗清の後義清は「或能清号平山民部少輔、薩摩守」とあるが暦応二年の正八幡宮講衆殿上等申状の中で「一当宮御宝前毎月御仏聖米不法事」として「右仏聖米者、数部経王読誦転読之時、奉備　当宮神前、令祈精誠之御願之処、於神敵能清以下押領之所々者、神供仏聖以下諸供料米等、皆以所令退転也」云々とあり、正八幡宮社家の攻撃の対象となっている(4)。また「一、御宝前正月修正檀供不法事」として「右勤行者、為年始最初之御祈禱、自正月元日一七ヶ夜不断殷懃之勤行也、而於帖佐彼檀供者、往古以来依被除御米内、為村々役所令進宮之也、爰於帖佐十余ヶ村之外神敵押領所々者、恐彼等悪行濫妨、不及催役、其外傜丁之村々対捍之条、争可遁其科哉、任先規、可進宮之由欲被仰下焉」とある。ここに「帖佐十余ヶ村之外神敵押領所々」とある神敵とは後段にみえる（平山）能清のことと思われ、平山村を中心に帖佐の十余村を支配している状況をうかがい知ることができる。恐らくこのころ平山氏が帖佐郷の大半を領有していたのであろう。

そして右文書の奥書によるとこの講衆殿上等の訴状が本家御使の帰洛に際して渡される時に留守親道が挙状を出すことになったとあるのは興味深い。即ち在地における正八幡宮社家の代表者としての留守氏の存在と、平山村領家職として石清水八幡宮より下向し土着した勢力の併立と衝突の事実を思わせる。そしてそれから二〇余年後の康安二年一〇月八日の沙弥観宗奉書に「一平山方和談事、於今無為無事、目出候、相構令合力、可被致社家興行沙汰候」とあることや(5)、一〇余年後の文和年間と推定される「大隅国佐殿御方凶徒等交名注文」に「平山因幡前司入道一族正八幡宮先社務弥勒寺執当房道慶　同舎弟九郎左衛門尉　同舎弟十郎三郎　正八幡宮神官所司分」とあり(6)、また上記畠山直顕方に加担したものとは別に氏久方に味方した側の交名の中に「平山左京亮」の名をみる。平山氏系図によれば義清(能)の後武矩―武一―武実は何れも左京亮とあるから恐らく年代的にみて武一あたりが該当するのであろう。「平山因幡前司一族」とは同じ平山氏の中でこれより先一時正八幡宮社務を担当した者ということになるから、「因幡前司」は或いは能清その人をさすものかもしれない。能清がさらに一〇年後の文書に神敵として記されたことは一時正八幡宮社務に関与し旧来の社家の反発を蒙り退けられた事を示しているものではあるまいか。

その後、「祢寝文書」応永三年の京都不審条々事書に国地頭御家人の中、御所奉公名字の者として抜書された九州の武士の中「日向ニハ、伊東大和・宮崎薩摩・守永入道・土持財部・和田・高木、薩摩ニハ、渋谷・牛屎・和泉・谷山・阿多・ゑ(頴娃)、大隅ニハ、税所・加治木・平山・祢寝と見えて候」とあり(7)、平山氏が税所・加治木・祢寝氏らと並んで大隅国人領主層の代表的存在となっていたことを知るのである。

註

（1）拙稿「大隅国御家人菱刈・曽木氏について」（『史学科報告』一三、一九六四年）参照。「両院古雑徴」は『大口市誌資料集第四集　両院古雑徴写』（大口市郷土誌編さん委員会、一九七七年）に掲載。
（2）『鹿児島県史料　旧記雑録前編』一―一二八五。
（3）同一―一二〇七。
（4）一の（4）。
（5）『鹿児島県史料　旧記雑録前編』一―一一〇。
（6）同一―二五〇九。
（7）『鹿児島県史料　旧記雑録拾遺　家わけ一』所収「祢寝文書」四〇五。

第二章　正八幡宮領加治木郷について

一、加治木郷と大蔵氏・酒井氏

建久八年注進の大隅国図田帳に加治木郷については左の如く記されている。

加治木郷百廿一丁七段半

正宮新御領　　本家八幡　地頭掃部頭

公田永用百六丁二段半　郡司大蔵吉平妻所知

件名雖為社領分、号府別府以数百余丁宛五十丁、所当准千疋、残六十余丁不弁済府国両方、恣私用也、動不随国務也、

鍋倉村三丁　　　　僧忠覚所知

宮永八丁　　　　正宮修理所酒井為宗所知

万徳四丁五段

即ち加治木郷一二一丁七反半は正宮新御領とあるから、他の正宮領よりもおくれて正八幡宮の社領となったと思われるが、全郷あげて社領となっている点伝統的在地支配者たる郡司（郷司）大蔵氏の社領寄進に果たした役割の大き

さを無視することは出来まい。この中、主体をなす公田永用は郡司大蔵氏の知行するところで「号府別府以数百余丁宛五十丁、所当准千疋、残六十余丁不弁済府国両方、恣私用也」とあるから大宰府の別府の地と称し一〇〇余丁の中五〇丁分、反別二〇疋として所当一〇〇〇疋のみ負担し、他の六〇余丁分については大宰府にも国衙にも弁済せず私用とし、とかく国務にも従わぬというのである。加治木郷の場合、正宮領といっても悉く不輸田ではなく応輸田であり、反別絹二〇疋以下（万徳は一〇疋）の国衙への貢納を義務づけられていたのである。しかし正八幡宮と加治木郷との関係はさらに一層古く遡る。

保延元年二月一日の宮永社役支配状によれば武内宮御修理役支配事として「加治木郷内　宮永　一同宮御修理御遷時菓子注文事　合菓子伍合　白米五升　拾町別分米　九合九夕八才（略）一加治木郷内　宮永　崎守　八合」とあり、また「一同御修理御遷時御酒注文事　合御酒壱升代三升　拾町別分米　四合二夕七才（略）一加治木郷　宮永　崎守一合六夕」とあり、また「一同御遷時莚支配注文事　合莚壱枚代用途弐拾文（略）加治木郷内　宮永　崎守　二文」の如く記されている。これは桑東郷・桑西郷宮永の名別配賦に併せて記されているものである。同じく保延元年二月二日の宮永社役支配状写にも「早風御修理支配事　漆尺間壱間　町別一寸九分（略）加治木内　宮永　用丸捌町四分」の記載がある。用丸は後掲建治石築地配符案に宮永崎守の内としてみえる。このように正八幡宮社役勤仕の名として宮永の存在が十二世紀のはじめごろ確認される。そして同じ頃万得名の成立に密接な関係があると推定される正八幡宮執印行賢の活躍がみられるのである。宮永については古来修理所検校酒井氏の世襲するところ。この酒井氏の後は石築地配符案では加治木郷宮永の他に同じく正宮領桑西郷石水寺一反・石上一反を領知しているが前者が本領に他ならない。鎌倉時代を通じて数少ない宮方御家人の一人である。同じ酒井氏でも建久図田帳に小河院正宮領国方所当弁田用富四五丁を領知するとある小河郡司酒井宗房や桑西郷正宮領国方所当弁田万徳一四丁四段・溝部在河を領知するとある酒井末能は国方御家人として記載されている。本来同姓の一族であり、また国衙・正八幡宮に両属の形ながら基本的には国衙に所属する者が国方御家人、正八幡宮に所属する者が宮方御家人とされたのであろう。前記酒井末能は「石清水文書」五、宮寺縁事抄所収、天承二年四月二五日の大隅国司解に連署している正六位上行目酒井忠末の後ではあるまいか。加治木郡司吉平が正八幡宮領の郡司であり自らも正八幡宮御馬所検校の職につきながら、なお御家人交名では宮方御家人としてではなく国方御家人の中に記されていることの意味は実にそこにあろう。

二、加治木氏（経平～資平）

諸家系図所収「古加治木家系図」によれば、藤原（小野宮）実頼の子関白頼忠の三子は一条天皇の寛弘三年罪をえて、経遠は肥後菊池に、顕経は駿河池上に、経平は大隅加治木郷にそれぞれ配流になったとある。史的事実を証明する材料もなく人名も尊卑分脈等に見当たらぬから疑わしいとしなければなるまい。系図はつづけて経平について「于時加治木本領主大蔵良長依無男女子息、後家号肥喜山女房当郷郡司及国方検非違所惣官職兼帯之間、受取流人経平卿令警固之時、彼後家女与経平為夫婦所生之後胤也、此時依為氏社春日大明神始奉崇当郷」とある。経平と肥喜山女房との間に生まれた子藤大夫経頼は「同諸職得経平譲」、その子頼長は「大隅大拯」であり、その子頼光また「大隅大拯」である。その子資光も「大隅大拯」、弟の資頼は「号小山田、然者無子上、向背資光之間、奉譲小山田村於執印行賢之間成神領」とある。資光の子資房は「擬神崎別当、依成給宮御勘当云々」とあり、その子資平は「大隅守」とある。文意必ずしも明らかではなく、かつ史実をそのまま示しているとはいい難いが、正八幡宮執印として万得名の創始と神領の拡大に功のあった行賢との関連等可能性もあながち否定できない。頼光は「祢寝文書」治暦五年正月二九日の所領配分帳案の藤原頼光と同名で年代的にもほぼ一致し、或いは同一人かとも考えられる。しかし一般に頼光は祢寝氏の先祖とみられており、子頼貞の子頼清は保安二年一〇月一一日の大隅国司庁宣に権大掾建部とあり、天養二年三月一二日の処分状を発し子の清貞に所領を分与している。頼清はまた保安二年六月一一日の正八幡宮政所下文に御馬所検校とみえ、その職は文治三年一一月、建久三年九月の正八幡宮神官等解によれば大蔵吉（良）平の帯するところとなっている。藤原より建部への移姓は藤原より大蔵への移姓と同じく冒姓から本姓への復帰と考えられ、その縁戚関係から或いは建部を或いは大蔵を称したのであろう。

三、加治木郷内の名

建治二年八月の石築地役配符案で加治木郷については、

加治木郷百四十五段除貢進田五丁 定百四十丁五段半

公田百九丁二段半除貢進田五段

永用百六十丁一反半除貢進田五丁 定百一丁二反半二尺二寸五分

本名永用五十丁五丈　御家人郡司氏平
久永廿丁二丈　御家人木田三郎探(掾)通平
永富廿丁二反一丈二寸五分　御家人別府二郎長光
吉原十丁一丈　御家人又二郎俊平
鍋倉三丁三丈　大輔法橋勝印
宮永崎守八丁八尺
本名用丸五丁三尺加悪定　御家人修理所検校丸
永谷三丁三尺
万得五丁三反内
郡本一丁二反内
二段八寸　御家人郡司氏平
五段五寸　台明寺学頭栄源
辺河四丁四尺　弁済使平左近入道西仏
寺田二十丁
九躰堂十五丁一丈五尺　預所伊与寺主
法楽寺一丁一尺　源八入道光仏
新三昧一丁一尺　奉行権惣検校

肥喜寺三丁三尺　　阿闍梨良幸
若宮田三丁三尺　　大輔法橋勝印

とある。

右の如く加治木郷においては、建久図田帳記載分とその内容を詳しく記したほぼ同一の建治石築地配符案とがあるが、田数において後者が一四五丁五反と、二〇余丁増加しているのは前者に記載のみられなかった寺田・神田の記載があるからである。即ら寺田二〇丁と若宮田三丁である。寺田二〇丁の中、九躰堂一五丁・法楽寺一丁・新三昧一丁・肥喜寺三丁についてそれぞれ預所伊与寺主・源八入道光仏・奉行権惣検校・阿闍梨良幸の名主の記載があり、若宮田の名主は鍋倉三丁の名主でもある大輔法橋勝印とある。源八入道光仏は桑西郷法楽寺一丁五反、帖佐西郷法楽寺三丁の名主でもあり、奉行権惣検校は桑西郷新三昧三丁、帖佐西郷新三昧一丁の名主でもある。また阿闍梨良幸は後掲加治木系図に加治木親平の二子木田信経の子の一人としてみえる式部阿闍梨、比喜山別当良平とあるのに当たるのであろう。これら寺田・神田はその寺社名から正八幡宮管下にあることは明らかで、名主も正八幡宮寺の社人坊官が補任されたのであろう。

建久図田帳と比較して公田永用一〇六丁二反半は、石築地配符案では一〇六丁一反半とあり全く変わらない。その内容について図田帳に記載はないが、後者には本名永用五〇丁・久永二〇丁・永富二〇丁二反・吉原一〇丁の記載があり、それぞれ名主として御家人郡司氏平・同木田三郎掾通平・同別府二郎長光・同又二郎俊平の名があげられている。彼らは何れも大蔵姓加治木郡司一族であり、図田帳の公田永用の名主郡司大蔵吉平妻の後に違いない。

図田帳で鍋倉村三丁・宮永八丁とあるのは石築地配符案でも鍋倉三丁・宮永崎守八丁と全く変わらず、名主も前者が僧忠覚・正宮修理所酒井為宗所知とあったのが後者では大輔法橋勝印・御家人修理所検校丸（宮永崎守の中、本名用丸五丁について記載、永谷三丁については記載なし）と相伝している。鍋倉は現在姶良町（現・姶良市）帖佐の東端に入っており、宮永崎守の崎森は現在溝辺町（現・霧島市溝辺町）西端の加治木町に接する箇処に位置している。また図田帳で万徳四丁五反とあるのは石築地配符案に万得五丁三反とあり、その内訳は郡本一丁三反（この中八反は御家人郡司氏平の、五反は台明寺学頭栄源の領知）と辺河四丁とからなっている。辺河は現在加治木町（現・姶良市加治木町）北部の大字名である。かくして郡本は加治木郡衙の所在地であり、本名永用の中心地区に比定されうるのではあるまいか。永用の中、久永・永富・吉原は本名から離れそれぞれ郡司庶家の領知するところであった。久永のそれが木田、永富のそれが別府とあるのは庶家木田氏・別府氏の祖がその仮名を惣領家から割分領知した田地に付したものであろう。吉原についても同様の事がいえよう。かくみる時、加治木郷諸名の位置は中心に万得郡本・公田本名永用、西に公田永用久永・同永富、さらに鍋倉を、東に公田永用吉原・宮永崎守を北に万得辺河を配していたことを知るのである。

四、加治木氏（親平～久平）

同じく「古加治木家系図」によれば、初代親平は「改吉平」とあり、また「号加治木八郎、改藤原氏為大蔵氏、以後勤仕御家人所役、祇候関東、大隅国検非違所幷加治木郷文治四年戊申、建久六年六月廿二日給　右大将家御下文、薩州満家院、文治・建仁二通、同給　御下文也」とあるが建久八年の図田帳には「吉平妻」の知行とあるから、何らかの理由で一旦知行を妻に委ねたのであろう。恐らく国務に従わず云々の記載に関係するのであろう。

しかし建久九年の御家人交名注進には加治木郡司吉平とある。次の二代恒平については「六郎法名安明、母（吉平妻）万歳女、法名尽阿、安貞二年死」、「大隅国加治木郷建保二年九月四日給　右大臣家御下文、薩州満家院ノ内郡山村内給御下文」、「建暦元年四月廿八日得親平之譲畢、承久三年死」とある。三代実平は恒平の子で「新六、法名真観」「大隅国検非違所惣官職幷加治木別府地頭職、建保七年四月十日得恒平譲、同国所職、貞応元年五月十三日・同十八日給陸奥守平義時御下知」とある。実平の弟に良平があり「号郡山弥三郎、土与王丸、法名座禅」、「加治木郷内吉原、満家院内郡山村、得建保恒平譲、同給御下知也、郡山村安貞二年相伝兄実平畢、自安貞二年至于建治元年、実平・用平・氏平三代知行畢」とある。良平の次が俊平であり、「又次郎、法名願仏」、「母田多四郎盛俊女、加治木郷内吉原村相伝、筑前国七隈郷比伊郷長淵庄、弘安四年蒙古合戦恩賞仁給畢」とあり、その子種平は「杢助、法名無辺」、「吉原村幷恩賞地頭職等相伝之、正中二年給御下知畢」とある。薩摩国満家院郡山名主、加治木郷吉原村名主職を相伝したそれぞれ郡山氏、吉原氏の祖である。

さて四代用平は実平の子で「改忠平、大三郎　童名二万才、母信山入道女」「天福元年十月二日実平知行分相伝、宝治元四月九日同給　将軍家御下文、法名寂念」とある。五代氏平は用平の子「又六、法名覚誉」「建長三八月三日用平知行分相伝、文永二十一月廿二日同給　将軍家御下文也」とある。氏平は石築地役配符案で「本名永用五十丁五丈御家人郡司氏平」とみえる。氏平の子、貞平は「彦六、先父死去畢」とあり、その子六代政平は「彦次郎　左衛門尉、法名通覚」「大隅国所職幷加治木郷地頭職等、文保三六月廿日得祖父譲、貞和七五月七日同給　将軍家御下文」

とある。政平の子七代里平は「左衛門尉、法名覚全」「政平知行分相伝、文和五年八月三日得譲」とある。里平の子八代氏平は「応安三年任近江守、左衛門尉、童名吉万歳、法名覚順」「母木田新三郎親長女、貞治二七月二日里平知行分得譲畢、又木田村知行」とある。氏平の子九代忠平は「応永十七年六月廿七日任能登守、左衛門尉」とある。忠平の子十代氏平は「号加治木三郎、法名覚鎮、道号安世、母肝付仲顕兼女」「改大蔵氏為元藤原氏、於隅州帖佐院二月十六日為　忠国公御方季久ニ被討、四十八」とある。氏平の子十一代実平は「三郎　法名覚誾、道号大誾、母栗野女」、「三月四日死、三十六」とあり、十二代満久は「右衛門佐、実ハ島津豊後守季久三男也、実平養子、法名道隠、道号密山」とあり、島津氏から入って跡を継いだことを知る。これはその子十三代久平が「大和守、母実平女、刑部少輔」、「法名道忠、道号功岳、明応四七月二日反忠昌公攻之、翌年二月落城、移阿多」とあることからも明らかであるが、同時に加治木氏の加治木郷の支配も久平の代を以て終わりをつげたのである。

五、加治木氏庶流木田氏

木田氏は加治木郷司親平（吉平）の子、右の加治木氏二代恒平の弟信経にはじまる。加治木古系図には信経について「号木田三郎、童名薬童房、出家長幸、母同（万歳女、法名尽阿、安貞二年死）、加治木郷内上木田村、同郷竹子村内久木別府、井上原、永原、比喜山寺、岩屋寺別当職、高井田、薩州日置庄、承元四年五月日得親平之譲、同給関東之御下知畢」とあり、信経の弟に顕平があり、「七郎、母同、先父母死去畢」とある。その子家平は「号平田左衛門尉、童名鬼丸」「上木田村内平田・曲田・岩崎田、承元四年得長幸譲」とある。また別の弟に光平があり、「号別府五郎大夫、母同」「下木田村得親平譲畢」とある。その子が守光で「政所太夫、同村相伝」とある。この同村とは下木田村をさすのであろう。その後は長光、光茂、光実と続くが、何れも同村相伝とある。長光は石築地配符案に永富二〇丁二反の名主としてみえる御家人別府二郎長光である。信経の子は近平で「三郎、童名虎王、元名幸平、左兵衛尉」「長幸知行之分相伝、同給御下文也」とあり、その弟長順は「上野房、岩屋寺別当」とあり、もう一人の弟良幸は「式部　阿闍梨、比喜山別当」とある。近平の子が道平で「大三郎　拯」「近平知行分相伝、弘安八二月廿日給関東御教書也」とある。道平は石築地配符案に久永名二〇丁の名主としてみえる御家人木田三郎掾通平のことであろう。道平の弟に清平があり、「又三郎、童名得人丸」「枝次畠屋敷、弘安二十一月日得近平譲畢」とある。道平の後が師平で「弥三郎、木田村内田畠屋敷三ヶ所高井田、得道平譲、正和五年三月給関東御下文、母尭光女」とある。

これは信経の弟資平の子尭光の女子として「木田大三郎通平妻高（井田）村領主法名真阿」とあるのに応ずる。資平は満家左近将監、「満家院内東俣・小山田・比志島・河田・西俣得親平之譲、同給将軍家御下文也」とあり、尭光は「同村々、得資宗譲、知行多年之後」「尭光承久三年為　院御方致合戦、落失跡、税所兵衛尉祐満給之」、「承久元年七月廿四日給御下文」とある。満家院の院司職が大蔵氏より税所氏の手に移り、院内比志島村他五村が大蔵氏より源氏の手に移ったのはここにもとづく。師平の弟親長については「新三郎、法名法智」「木田村・薩州日置庄、得道平譲畢、元弘三年七月十日令旨拝領、嘉元元年十一月廿二日将軍家従御下文也」とある。師平の子種平は「八郎、童名長寿丸、法名覚源、母清平女」、「師平知行分相伝、又枝次田畠屋敷等、元弘元年十月一日得伊平譲、同給御教書畢」とあり、その子盛平は「号枝次八郎、童名鶴一丸、法名永源」「改大蔵氏為元藤原氏、種平知行分、永和元年八月四日得譲畢」とあり、その子武平は「太郎三郎、童名鬼鶴丸、法名覚貞、法号松峯」「母満家河田左衛門太郎源資清女、応永廿五年八月四日得盛平譲畢」とある。以下保平・吉平・貞平・隆平とつづく。正応二年八月二一日の「守護狩左右手書上」に右一番に加治木郡司、二番に上木田大掾、三番に下木田大掾とあり、同守護所狩路馬の負担者としてそれぞれ一〇疋、五疋、五疋の割宛てが記されており、元亨三年七月一一日の来たる二五日の守護狩歩兵狩人の割宛ては二五人、一〇人、一〇人に、同四年正月二七日の来たる二月五日の守護狩歩兵狩人の割宛ては二〇人、一〇人、一〇人となっている。このように木田氏は上・下木田を分有して加治木郷内にあって惣領郡司家につぐ有力庶子家であった。恐らく石築地配符案の久永二〇丁、木田三郎掾通平が上木田を、永富二〇丁二反、別府二郎長光が下木田を知行したのであろう。

終わりに中世加治木郷の遺跡として大字木田、中福良の山ふところにかつての繁栄を想像することすら難しい閑寂境として岩屋寺の廃墟があり、また大字日木山の里部落山王の森近くに二基の大石塔のあることを記しておこう。

前者にはかつて観音堂の棟木に「奉造立大岩屋寺内宮殿一宇嘉暦四年己巳正月十六日願主権律師金剛位永慶大工佐伯国満」の書付があったと『地誌備考』に記載があり、後者には一基に「寛元元年癸卯七月」、一基に「仁治三年壬寅三月廿五日」の銘刻がかすかによみとれるという。何れも鎌倉時代加治木郡司大蔵氏一族の存在を物語る資料となしえよう。以上中世山城の遺構を残す加治木古城の左右につづく木田、日木山の遺蹟付近が長年にわたり加治木郷を支配した加治木郡司一族の拠地であったと考えられるのである。

第三章　大隅国正八幡宮社家小考

一、執印行賢

中世、大隅国正八幡宮領は建久八年（一一九七）注進の図田帳によれば、大隅国総田数三〇一七丁五反大の中、一二九六丁三反小とその半ば近くをしめ、島津庄と共にその圧倒的な大きさは注目に値しよう。[1]さらにはじめは総地頭掃部頭（中原親能）が補任されていたにもかかわらず、正八幡宮側の訴えにより廃止され、そのあと設置された三ヶ所の地頭（帖佐郷肥後房良西・荒田庄山北六郎種頼・万得名馬入道浄賢）も元久元年（一二〇四）廃止されるに至ったこと。また早く社領の社司神人（一九名）は、御家人列に入りながら宮方御家人とよばれ、やがてその多くは非御家人に転じていること等から、石清水八幡宮を本家とする正八幡宮の社領支配体制の強さ等が承知されよう。[2]この大隅正八幡宮の神威並びに社領の発展に重要な役割を演じた人物として執印行賢の存在を無視することはできまい。[3]

史料にみられる行賢の活躍時期は一一世紀末から一二世紀の半ばに至っている。その生没年を明示する文書はないが、応保二年（一一六二）五月一五日の台明寺住僧解に「任正八幡宮執印故行賢寄文状」とあり、[4]また同文書に「正八幡宮執印故行賢大徳、為紹隆仏法、買取篤房之祖父篤定幷檜前篤季之田地、在当山牓（示）至内、相副本券、当山毎年二季彼岸之勤幷燈油料、寄進弐町陸段田地、又以年来伝領戒勢之田薗、当山三箇日夜不断常行三昧料、薗壱所幷田地陸段、同以寄進畢、其後七十余箇年之間、敢無他沙汰、随代代国司被加免判畢」とあるから、この年よりだいぶ以前に死去したものと考えられる。行賢の売得寄進が七十余年前のことになると、これは彼が父の在任中下向した寛治元年（一〇八七）から間もないころのことになる。行賢の執印就任は下向後それほど隔たらぬ時期であったと考えられる。没年はむしろ康治元年（一一四二）九月二〇日の行賢寄進状の存在からみてその後間もない頃かと推測される。[5]行賢はその寄進状の中で自らその履歴を語っている。すなわち「去寛治元年親父惟宗朝臣在任之時、下向当国」とある。親父在任の時とは、父が大隅国司在任中とみるのが自然であろう。とすれば行賢の執印在任期間は寛治元年以後、康治元年以前の間ということになろう。この間天承二年（一一三二）四月二三日、正宮御殿の艮方に八幡御名の石体二基が顕現したとして報告している神官連署の最奥に執印大法師の署判があるが、これも行賢その人であろう。[6]以後、正八幡宮の地位は高まり、その勢威と並んで社領も増大する。そしてこの動きの中心に執印行賢は位置していたと思われる。

行賢が青葉の笛竹の貢納で名高い台明寺の復興に寄与したことは、島津家文書中の「台明寺文書」によって著名の事実であるが、同寺に多数の田地を寄進した行賢は、後代まで同寺の尊崇をうけたことはいうまでもない。文永元年（一二六四）一二月二四日の台明寺公験文書等目録案の中で、「一、念仏田　一巻九通在行賢御寄進状」「一、日吉田　一巻五通国司并行賢御寄進状」「一、温鍋施入状　一通行賢御施入」等の如く、敬称が用いられていることからもうかがえる。[7]なお、この文書の口裏には「注進正八幡宮御領内台明寺料田等事」とあり、正八幡宮と台明寺との関係を知ることができよう。また正応四年（一二九一）一一月の台明寺田注文案は台明寺領の規模と構造を示している。[8]これによれば全部で二七丁五反、そのほとんどが正八幡宮執印行賢をはじめとする社僧らの寄進によって成立している。執印行賢寄進の万得御名ははじめ六丁九反、次に衆集院燈油田一丁三反、日吉田一丁一反、仏聖田七反で計一丁八反、万得名は計一〇丁ということになる。

さて執印行賢時代の正八幡宮領拡張の状況を広く諸史料の中にもとめてみよう。「本藩郷里史」の蒲生八幡宮条には「鳥羽院の御宇執印行賢領地(知)の時、従三位通基の嫡孫上総介藤原順(舜)清下大隅に下向して行賢女に内縁あり《を娶り》一男を生む、行賢無男故順(舜)清を養ふて子とし、吉田・蒲生を譲る、順(舜)清若宮八幡宮を保安四年癸卯閏二月廿一日蒲生院に勧請す」とある。[9] これによれば蒲生院ははじめ行賢の領するところで、後これを女婿蒲生氏祖舜清に譲ったというのである。「古城主来由記」蒲生城条によれば蒲生太郎大夫清直をあげ、「従三位通基乃息男に教清といひし人あり、豊前の国に下向して宇佐八幡宮乃留主職を勤む、彼大宮司の女に内縁有て一子を生す、上総介舜清と号す、如何なる事はしらす、此人初て大隅の府に下向ありて垂水の城を安堵す、保安四年癸卯閏二月に大隅の国蒲生・吉田の領主と成て蒲生の城ニ居住す、舜清真光房ともいふ一子八郎太夫種清、其子太郎太夫清直なり」とある。[10] 後者では行賢との関係にはふれていないが、保安四年下大隅（垂水）から、蒲生に入部したとするのは共通している。後者に蒲生と共に領したとする吉田は、蒲生に隣接し正八幡宮領として社家で御供所職を相伝する息長氏が、その領主となっていたところである。[11]「雲遊雑記伝」吉田条には「上古ヨリ大蔵氏世々此ニ郡司セシトテ三位大蔵行忠テフ者ニ至テ沽却セシヲ、大隅正八幡宮ノ執印行賢ナルモノ、天仁三年正月十九日此ヲ買取リ、同二月二十五日国司ノ免許ヲ得テ始テ神領トナシ、鎮西八郎為朝ノ次子源為重ニ与ヘケルニ、為重又其外孫長太夫息長清道ニ与ヘシトテ、清道吉田ニ移リ、代々正宮ノ御供所検校ヲ領シテ此ニ居城セリ、其先ハ日本尊ノ第六王子息長田別王ヨリ出タリ、父ハ助清ト云ヒ、王ヨリ四十余世ノ裔胤ニテ正宮ノ神官タリ」とある。[12]「桑幡氏系図」では助清について「正八幡宮神官神事奉行、従三位豊後守、行賢、長大夫、執印」と記しており、[13]執印行賢との関係のあることを暗示している如くである。「蒲生氏系図」には舜清の子種清の兄に助清をおき「七郎太夫、先父死」と記しているが、これまた前条桑幡氏系図の助清との関係のあることを暗示している如くである。[14]

　蒲生氏は藤姓を称し、吉田氏は息長姓を称えるが、「清」を通字とするなど、その親縁性は濃いと推測される。しかし行賢の在世はまず天養元年までと考えられるから、[15]源為朝が九州で活躍した時期はその後であって、行賢が為朝及びその子為重と直接関係があったとは考えられない。行賢から舜清が蒲生・吉田共譲渡をうけ、舜清が吉田を助清に、蒲生を種清に譲与したと考えれば矛盾なく納得できそうである。為朝・為重の介在は行賢死去後、国衙をおさえ、大隅地方にまで威勢をふるった阿多忠景との関連で混入されてきた説ではあるまいか。[16]何れにしても蒲生院・吉田院とも行賢の執印在職時代に正八幡宮領となり、その後につながる者が両院の院（郡）司となったことは認めてよいのではあるまいか。

　次にやはり正八幡宮領となっている加治木郷についても行賢との関係がうかがわれる。「古加治木家系図」によれば、忠平─実頼─頼忠とし、[17]その子経遠については「藤大納言、一条院御宇寛弘三年丙午依御諍咎小野宮関白殿君達三人被配流国々、経遠ハ肥後国菊池」とあり、その弟顕経については「権中納言、移河内池上」とし、その弟経平（加治木氏祖）については、「藤宰相、配流大隅国加治木郷、于時加治木本領主大蔵良長依無男女子息後家号肥喜山女房当郷郡司及国方検非違所惣官職兼帯之間、多取流人経平卿令警固之時、彼後家女子経平為夫婦所世之後胤也」として、以下二代経頼・三代頼長（大隅大拯）・四代頼光（大隅大拯）・五代資光（大隅大拯）とする。そして資光の弟として資頼をあげ、その説明に「号小山田、然者無子上、向背資光之間、奉譲小山田村於執印行賢之間、成神領」とある。資光の後を六代資房・七代資平がつぎ、その後を八代親平（改吉平）とするのであるが、この人物が建久図田帳や、御家人交名に加治木郡司として、また御馬所検校として登場する同人に他ならない[18]。とすればその曾祖父の弟に当たる資頼が、小山田村を行賢に譲渡したというのも年代的にはほぼ当たるといえるであろう。なお同系図によれば、親平の女子は前掲蒲生太郎大夫清直の妻となっている。

また「惟宗姓市来系図」によれば[19]、行賢の末弟に国行があり、「被補任始良庄預所職畢、保安四年癸卯二月五日死去畢」と記されている。始良庄は万寿三年（一〇二六）、島津庄を開創した平季基の弟平判官良宗を開発領主とし、良宗は長久四年（一〇四三）同地に八幡宮を建立したという[20]。その後、同庄は良宗の子孫らが分領したところで、建久八年の図田帳では「始良庄五十余丁、正宮大般若庄内沙汰　元吉門・高信・宗清所知」とある。「管窺愚考」附録、得丸氏古系図によれば、吉門は宗清の祖父に当たり、恐らくその後に当たる御家人交名にみえる始良平大夫良門であろう。宗清は始良庄末次名領主で、その子新大夫宗房は右の御家人交名に宮方の一人として記載されている[21]。

次に祢寝院南俣がいつ正八幡宮領となったか明示する史料はないが、保安二年（一一二一）正月一〇日の権大掾建部親助解によれば[22]、親助は父頼親の天永三年（一一一二）四月一八日の死去後、嫡男として相続したが、頼親存生時の年々官物の負累にたえかね、証文をそえて伯父掾頼清に売渡したとある。その時親助の妹の夫薩摩国住人平行道は自分が譲りうけたとして知行を主張したが、親助はこれを国衙に訴え、国裁も「行道之所企尤謀反之至也」として、行道の妨げの停止を令したのである。この時親助は「もし自分が行道が沙汰すべしというようなことをいったとしたなら、去年の十二月を以て国衙並びに正宮政所に於て祭文由《（申）》口を進上するようなことがあろうか」と述べている。とすれば保安元年末には、祢寝院南俣はすでに国領であると共に、正八幡宮領となっていたのであろう。さらに前掾建部親助は久安三年（一一四七）七月一五日なお解文を呈し、父頼親より相続後、伯父頼清に売渡した旨を証し、薩摩国頴娃郡住人忠家（平行道の子）が母領と称し、非道の妨げを行うことの当たらざる旨を陳じている。[23]また文治三年（一一八七）一一月の正八幡宮神官等解によると、「件南俣地頭職者、大隅国在庁頼清先祖相伝所帯也、彼頼清死去之刻、処分数子、領掌之間、敢無他妨、而以先年之比、寄進当宮畢、随則勒子細、言上大府之日、任寄文状、所被成進宮大府宣幷府国施行等也」とあり、[24]正八幡宮領として正式に公認されたのは頼清以後のこととしている。そして頼清の後、清貞らの知行に異議をとなえ、菱刈高平らが謀計をかまえて大府宣を得、押領をはかったのは承安三年（一一七三）のころのこととする。そしてその際これを退けた先例に従い、今度もその甥重信の押妨を停め、本地頭である祢寝氏の知行を認められたいというのである。祢寝氏は在庁官人であると共に、頼清が御馬所検校であったことでも知られるように正八幡宮神人であり、正八幡宮社家の支持があったといえよう。祢寝氏が菱刈氏と争ってついにその支配権の奪回に成功し得たのには、正八幡宮の勢力の後援があったことを無視できない。そして幕府の支持をとりつけながら、ついに菱刈氏の敗退した理由も、同氏が正八幡宮勢力の支持を得ることができなかったことに一つは求められるであろう。[25]

以上の経過から推測すれば、祢寝院南俣が正八幡宮半不輸領となったのは、やはりこの行賢の執印時代で、行賢の働きかけもあったものと推定できよう。親父との縁故もあって彼は在庁官人との結びつきを強め、彼らの私領である郡院の田畠を半不輸の形で正八幡宮領として寄進せしめるべくつとめたのであろう。行賢の社領拡大の努力は彼が大隅国司の子で、早くから国衙と関係の深かったことも有利に作用したであろう。正八幡宮領の増大といってもその多くは、国司の配慮にまたねばならなかったわけで、前掲の始良庄の場合も「去長久年中、国司以始良庄奉寄御宝前四季転読大般若経供料所之処」とあり、[26]行賢の代について一例をあげれば「万善村経田漆町加仏性灯油田一丁定分（中略）供料米料所之条、天承二年国司御寄進状」の如きことからもうかがわれるところである。[27]

このように行賢の社領拡大が活発に進められたと考えられる時期は、白河院政の後期から鳥羽院政の前期にかかっている。この時期は関白藤原忠実が摂関家荘園の整備・拡大に熱意を示した時期であり、全般的にも再び荘園は拡大の方向を辿りつつあったといえよう。[28]それは荘園領主の要望でもあり、また在地領主の側の国衙支配を脱して私権拡大をのぞむ動きとも関連していたといえよう。そしてここ大隅国にあっても島津庄と正八幡宮領の増大は顕著であったと推測される。「桑幡文書」暦応二年（一三三九）の正八幡宮講衆殿上等申状の中の一節に「一、百日大般若同最勝講供料麦廿四石事、右供料者、去保安年中奉為　大菩薩御崇敬、　知足院禅定天（ママ）下以帖佐郷御寄進当宮之間、以供料米廿七石五斗、無退転被下行衆徒畢、（後略）」とあり、保安年中関白忠実の取計いで帖佐郷は正八幡宮領になったとあるのもその一証となろう。そして帖佐郷の場合、建久八年の図田帳では「帖佐郷二百七十（二カ）一丁大　正宮領　本家八幡　地頭掃部頭　為半不輸、正税官物者弁済於国衙也」とあり、不輸田は一〇四丁二反三〇〇歩であるが、他に応輸田として一〇二丁五反三〇〇歩があり、これらには万徳・恒見・宮吉等の他「公田六十八丁四段半丁別廿疋　村々十箇所」が含まれているのである。[29]これら半不輸領の出現は前述の忠実の寄進、或いは執印行賢らの社領増大策の成果ではなかったかと考えられる。

註

（1）拙稿「大隅国建久図田帳小考」（『日本歴史』一四二、一九六〇年。本書第2部第二章）参照。

（2）同「大隅の御家人について」（『日本歴史』一三〇・一三一、一九五九年）参照。本稿ではとくにふれないが、鎌倉時代正八幡宮側が修造役の賦課をめぐって島津庄と争い、神輿の動座等によって幕府にはたらきかけ、要求を通そうとした事実にも注目すべきであろう。

（3）同「薩摩国建久図田帳雑考—田数の計算と万得名及び本職について—」（『日本歴史』一三七、一九五九年。本書第2部第一章）参照。

（4）「島津家文書」（大日本古文書）一—一七七号。

（5）『鹿児島県史料　旧記雑録前編』一—二四号。

（6）「石清水文書」（大日本古文書）五、宮寺縁事抄一二。

（7）『鹿児島県史料　旧記雑録前編』一—六七七号。

（8）同一—九四六号。万得領については森本正憲「薩隅の万得領について」（『大分高専研究報告』一一、一九七四年）参照。

（9）鹿児島県立図書館所蔵写本。

（10）同「薩隅日三州他家古城主来由記」宝暦三年序。

（11）拙稿「大隅国正八幡宮領吉田院小考」（『文学科論集』六、一九七〇年）参照。

（12）「管窺愚考・雲遊雑記伝」一二〇頁（『鹿児島県史料集』XI）。

（13）桑幡公秀氏現蔵。同氏所蔵系図並びに文書の閲覧調査に際して御協力いただいた。記して謝意を表す。

（14）『蒲生郷土誌』（一九六九年）所収。

（15）「備忘抄」中（『鹿児島県史料集』XV）所収市来八左衛門系図によれば、

惟宗親王——慶頼王——保　頼——師　頼——┬師　保
　　　　　　　　　　　　　　　　　　　├師　貞　寛治二年戊辰大隅国々司初任十月十三日下着
　　　　　　　　　　　　　　　　　　　└師　行　正二位中納言——国　時　正四下大隅守——師　国　正四下——時　広　四下——┬行　賢　中納言　父相共大隅守下着　生年廿四歳　大隅国被補正宮執印　天養元年甲子十一月十五日入滅
　　　└

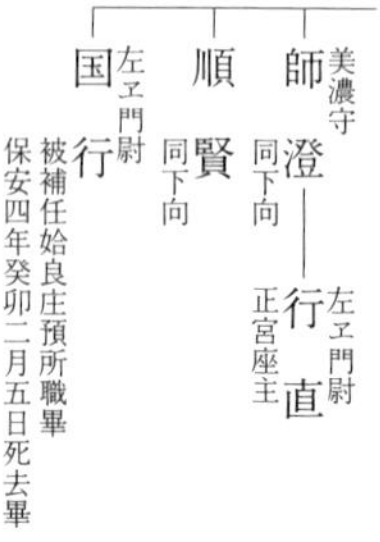

とある。二月五日は後述の如く行賢の忌日であるから、天養元年を没年とみてもよいのではあるまいか。

(16) 拙稿「平安末・鎌倉初期の南薩平氏覚書」(『文学科論集』九、一九七三年）参照。
(17) 同「大隅国正八幡宮領加治木郷について」(『鹿児島中世史研究会報』三一、一九七二年。本書第３部第二章）参照。
(18) 同「薩摩国御家人比志島氏について」(『鹿大史学』八、一九六〇年）参照。同じく前掲「大隅の御家人について」において親平・吉平を別人として取扱ったが、これは同一人であることが明らかとなった。
(19) 前掲註（15）参照。
(20)『吾平町誌』(一九六〇年)・『三国名勝図会』巻四八参照。
(21) 前掲拙稿「大隅の御家人について」参照。
(22)『鹿児島県史料　旧記雑録拾遺　家わけ二』所収「祢寝文書」六三八号。
(23) 同五三七号。
(24) 同六四五号。
(25) 拙稿「大隅国御家人菱刈・曾木氏について」(『史学科報告』一三、一九六四年）・義江彰夫「在地領主における所領所有とその歴史的性格」(『歴史学研究』三四三、一九六八年）参照。
(26)「桑幡文書」暦応二年一一月　正八幡宮講衆殿上等申状（前掲拙稿「大隅国正八幡宮領吉田院小考」所収）。

（27）右同。
（28）郡山良光「寄郡制成立の社会的背景」（『鹿児島短大研究紀要』一、一九六八年）・同「島津荘と郡院郷の成立をめぐる諸問題」（『鹿児島中世史研究会報』三三、一九七四年）。
（29）拙稿「大隅国正八幡宮領帖佐郷小考」（『文学科論集』八、一九七二年。本書第3部第一章）参照。

二、社家（執印・留守・権執印）

大隅国正八幡宮の場合、最高位の神官たる執印は世襲ではない。これは薩摩国新田八幡宮の場合と異なる。同宮でもはじめは執印職は世襲ではなかったようであるが、鎌倉時代のはじめ惟宗康友が就任して以来、執印職は同氏の世襲するところとなっており、権執印についてもそれ以前より紀姓宮里氏一族の世襲するところで、執印が俗姓であったのに対して僧名を称えていた(1)。大隅正八幡宮の場合も権執印については早くより一部社家の世襲するところであったが、執印が世襲でなく、本家石清水八幡宮より差遣わされる例もみられるとなると、次職たる権執印の立場は相対的に重かったといえる。しかしここには留守職がおかれていた。留守氏については後述するが、その設置されたゆえんは執印職の非常置・非世襲に関係するものと考えられる。勿論執印と留守が併存する場合もあったが、現存の神官社司連署解状等によれば、執印・権執印署名の文書には留守の署名はみえず、留守所署名の文書には両者何れの署名も記されていない。正八幡宮の神官社司の中、主たるものには執印・留守・権執印の他に御前検校・政所検校・修理所検校・御供所検校・御馬所検校・田所検校・権政所検校等があるが、これらについて平安末から鎌倉前期にかけて

表１

職名＼年月日・文書名	保安 2.6.11 （祢寝文書） 正宮政所下文	天承 1.9.17 （旧記雑録） 行賢寄進状	天承 2.4.23 （石清水文書） 八幡正宮牒	長承 4.5.27 （旧記雑録） 田地売券	康治 1.9.20 （同） 行賢寄進状
執印	伝灯大法師	僧行賢	大法師		僧行賢
留守					
権執印	息長朝臣		○		
御前検校	大法師		○	僧禅厳	
政所検校			○		
修理所検校	酒井		酒井		
御供所検校	平朝臣		平朝臣		
御馬所検校	藤原		藤原		
田所検校					
権政所検校	息長		息長		

職名＼年月日・文書名	応保 2.5.15 （島津家文書） 台明寺僧解状	養和 1.11.7 （鹿児島神宮文書） 正宮補任状	文治 3.11 （祢寝文書） 正宮神宮等解	文治 4.1.12 （旧記雑録） 正宮政所下文	建久 3.9 （祢寝文書） 正宮神宮等解
執印	故行賢				
留守		藤原朝臣	藤原朝臣実平		
権執印					
御前検校					
政所検校		源朝臣	源朝臣守平		源守平
修理所検校		酒井宿禰	道守宿禰助宗		酒井助宗
御供所検校			息長宿禰清道		息長清道
御馬所検校		大蔵	大蔵吉平		大蔵良平
田所検校				僧永燿	
権政所検校					息長能清

職名＼年月日・文書名	建仁 3.10.3 （同） 正宮公文所下文	建仁 4.3 （旧記雑録） 正宮公文所下文	建永 2.5.17 （祢寝文書） 正宮公文所下文	建保 2.6.15 （同） 正宮神官等解	貞応 2.11 （同） 正宮神官等解
執印					
留守					
権執印	息長	息長	息長宿禰	息長清道	息長宿禰道弘
御前検校			大法師		
政所検校	大蔵	大蔵	大蔵	大蔵守光	大蔵朝臣守光
修理所検校		為宗		酒井為宗	酒井宿禰為宗
御供所検校	息長	息長	息長	息長吉清	息長宿禰守清
御馬所検校				大蔵親平	大蔵朝臣実睿
田所検校			僧		
権政所検校	息長	息長	息長	息長栄道	息長栄道

註　○は職名のみ記載。

誰が在任しているかを、神官社司連署解状等から抽出し、表記すれば表1の如くになる。(2)

そしてそれらの史料から、連署署判の順番を年代順に上位と思われるものより示せば、表2の如くになる。これによれば建保二年（一二一四）の一例を除いてはじめの中、その順位は一定しているように思われる。

勿論神官社司の数はこれにとどまらないが、とくに主要なもののみをえらんで列挙したものである。中世末期に及んで正八幡宮の社家はようやく固定し、これらが主要な神官社司職を分有世襲するに至ったのである。下って明治維新当時「鹿児島神宮旧社家」の中、最上位の四社家の記述を引用すれば、左の如くである。(3)

表2

	保安二	天承二	養和一	文治三	建久三	建仁三	建仁四	建永二	建保二	貞応二
執印	1	1	×	×	×	×	×	1	×	×
留守	×	×	1	1	×	×	×	×	×	×
権執印	2	2	×	×	×	1	1	2	1	1
御前検校	3	3	×	×	×	×	×	3	×	×
政所検校	7	4	2	2	1	2	2	4	3	2
修理所検校	4	5	3	3	2	×	×	×	4	3
御供所検校	5	6	×	4	3	3	3	5	2	4
御馬所検校	6	7	4	5	4	×	×	×	5	5
田所検校	×	×	×	×	×	×	×	6	×	×
権政所検校	8	8	5	6	5	4	4	7	6	6

註　×は記載のないことを示す。

維新当時禄高	家職	家系大綱	現在戸主
百七十石	執印留守	貞治二年岩清水善法寺ヨリ下向、姓紀朝臣	留守景意
百六十石	神主	火闌降命ヨリ出ツ、欽明天皇御宇息長姓ヲ賜	桑幡公幸
七十石	田所	嵯峨天皇ヨリ出ツ、中納言永承和九年下向、姓源朝臣	沢　俊雄
二十五石	別当	九条右相丞師輔ヨリ出、六代孫道宗寛治年間下向、姓藤原朝臣	最勝寺仁右衛門

すなわち禄高・格式順では留守・桑幡・沢・最勝寺の順であるが、史料的には社家として古い順にあげれば桑幡・沢・留守・最勝寺の順となり、中世末になってあらわれる最勝寺を除けば、他氏は何れ

も中世文書にしばしば登場する。以下、桑幡・沢・留守の順に些少の考察を進めよう。

註

（1）「新田神社文書」（『川内市史料集』一・五）・『川内市史（上）』（一九七五年）・野崎道雄『新田神社の研究』（一九七六年）参照。

（2）もとより神官社司の職名をすべて網羅したものではない。座主・権座主・宮主・祝等はぶいたものも少なくない。

（3）『鹿児島県史料　家わけ十』所収「桑幡家文書」九―12・『隼人町郷土誌』参照。

三、桑幡氏

社家の中でもっとも古い由緒をもつのは桑幡家である。前出家系書出には「火闌降命《ホスソリノ》ヨリ出ツ、欽明天皇御宇息長姓ヲ賜」とあり、現存する桑幡氏系図の初代、公清は「従二位、大隅国司桑幡郷、神亀五戊辰年九月十二日葬」の記載がある。[1] 以後、公光・光翁・泰翁・泰元・助泰・公秀・公安・公定・公半・公義・公通・通昌・信昌・信重とつづき、信重については「従五位下、執印、永観二四月十二日葬、年六十六」の記載があり、その弟信武について「権執印、治部太夫」と記す。信重の後は重家、その弟重堅は「権執印、寛弘七年八月廿九日葬、年六十七」と記す。重家の後は重頼、「従三位、執印、長久二年三月廿二日葬、年八一」と記す。その後、頼春も「執印、永承六年六月十七日葬、年七十四」と記す。その後、頼元・頼康・頼吉・頼紘・助頼とつづく。助頼については、「権執印、康平六年五月十七日生、至十三乙卯年元服《ママ》、保安二年六月十日葬、歳五拾九」とある。その後、助良、その後、助清である。

助清については「正八幡宮神官神事奉行、神川・楠原・別苻分田薗等加治也」とあり、また「従三位、豊後守、行賢、長太夫、執印三別当是也」とある。(2) その後について略系図にて示せば系図①の如くになる。

【系図①】

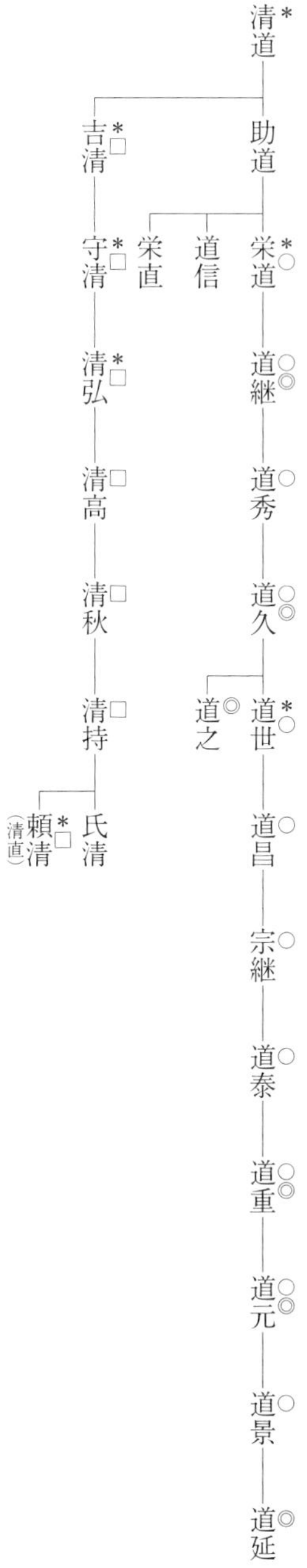

＊は史料に見えるもの、○は政所、◎は権執印、□は御供所検校の記載のあるものを示す。

清道については「長門本平家物語」五、少将成経の配流及び赦免の条に記載がある。(3) それによれば配流の成経は、途次正八幡宮に無事帰洛の宿願をこめ、その願望成就して赦免にあい、上洛するに際しては再び正八幡宮に参詣、「宮(内)中の馬場執印清道と申がもとにやどせられたり」とあり、また同人について「清道は入道殿御気色よきものにて、都へ上りたる時は入道殿の内にはえて振舞ひけり」とある。ここでは清道は執印であったとするが、鎌倉時代の文書には執印在任の記載はない。前掲系図の如く、清道のあと政所・権政所を継承する家（桑幡）と、御供所を継承する家（吉田院院司でもある）とに分かれている如くであるが、御供所職は清持のあと頼清（清直）の代を以て改任されるに至った。しかし正八幡宮神官社家の中、息長姓を称するものは多く、一族は中世末に及ぶまで繁衍していた如くである。桑幡の名は桑幡宮におこるといい、同社は火闌降命《ホスソリノミコト》を祀る末社。鹿児島神社に祀る火出見命《ホデミノミコト》の神体守護の役により、その麓に宮居したのによるとし、この桑幡宮を中心に東西南北に分かち、近郷を桑原郷というのはその音通なりとある。(4) 暦応二年（一三三九）一一月の講衆殿上等申状の一項に、

一桑幡若宮阿弥陀経供料米壱石未下事、
右件御勤者、毎年十一月十五日、為伝灯行賢上人御忌日之間、於若宮御宝前令読誦阿弥陀経四十八巻之条、于今不令断絶、而於彼供料米壱石者、為執印御沙汰被下行之処、近年無沙汰之条、無供勤行難儀之間、所令言上也、早任先例欲被全下行矣、

とある如く、桑幡若宮の存在と、そこで毎年一一月一五日の行賢の忌日に行われる阿弥陀経供勤行のことを知るのである。(5)

註

（1）宮内社家桑幡公秀氏所蔵、古代より近世に至る間の長巻の系図。
（2）前掲拙稿「大隅国正八幡宮領吉田院小考」にも桑幡氏系図の一部（中世）を紹介説明している。坂口忠智氏所蔵「小松家文書」中の古系図に佐多親高の三女として正八幡宮権執印弥与後家、四女同御供所清弘後家尼をあげる。清弘は本文系図にみえ、弥与は同系図の道継に当たるかと考えられる。
（3）「長門本平家物語」五　伯耆局事。白石一美「長門本平家物語伯耆局説話の形成とその享受」（『中世文芸』五〇号後集、一九七二年）参照。清道と成経の関係、「西遊記」「三暁庵主談話」との関係、説話成立の経緯等についての論証がある。
（4）「寺社調」（東大史料編纂所現蔵島津家旧蔵史料）一八冊ノ内九。

（5）一の註（15）（26）参照。

四、沢氏

沢家は前掲家系書上に「嵯峨天皇ヨリ出ツ、中納言永承和九年下向、姓源朝臣」とあるが、そのよりどころは、承和九年八月綸旨と称する桑幡家所蔵文書写中の源々永の如来御前法橋職補任状であろう（1）。しかし右文書は形式・内容等からみて、承和九年の文書とは考えられず、もっと後代のものか、作為の文書かとみなされる。沢氏所帯の社司職は田所検校であるが、別に御前検校にも任じていたことは前掲表によっても明らかなところである。ただ初任の時期については明らかではなく、天承二年（一一三二）の御前検校大法師、長承四年（一一三五）五月二七日の田地売券の御前検校僧禅厳が沢氏か否かは不明である（2）。御前検校の呼称・職掌、田所検校との関係等については、年代は下るが文正二年（一四六七）五月の権執印法橋大和尚位某申状の中に「爰号神官者、法躰俗仁皆以社司之惣官也、一度出世之法躰、越神官位、如来御前法橋幷執印・権執印是出世之衆也、不出世之間惣名神官也、其証跡家々各明白也、為執印者八幡御代官一社惣官職之由被成御教書、御前法橋、仍奉尊敬執印之躰、社国無紛候哉」とあって、如来御前法橋とも呼ばれ、執印・権執印につぐ職で、在職者は法躰たるべきこととされていたことがわかる（3）。

次に田所検校との関係については応永三一年（一四二四）二月一一日の権執印兼御前法橋大和尚位永穏譲状の中で「右、本職御前検校事、依無力、永穏不取御下知、以幸□（範）折紙為其職、永万任　神慮可申給彼職也、田所職者彼職代官、職也、雖有永算申旨、於残本職者、自永算可為御前検校進上上者、永万一家一円管領勿論也」とあるように[4]、田所検校は御前検校の代官職とされ、田所検校から御前検校に転ずる慣例となっていたようにうけとられる。「沢氏文書」の中で信憑性のある一番古いものとしては、文治四年（一一八八）正月一二日の公文所宛下文案で僧永耀を田所職に補任するというものである[5]。同じく二番目に古いのも正応元年（一二八八）一〇月二日、田所検校永兼宛の検断具官職補任状案である[6]。次の嘉元二年（一三〇四）三月の執印兼石清水前権都維那法橋上人某下文案も、当宮公文所評定衆の事と御領検断代官職の事についての本家の下知公文を伝え、廉直奉公を令した文書であり[7]、次の徳治三年（一三〇八）二月八日の田所法橋宛法眼某御教書によれば、新講免勘庄園年貢について先執印の時請文を進め置いたのに任せ、その年より去年分まで怠りなく進済すべきことを令せられている[8]。先執印とは前出嘉元二年三月下文を発している石清水前権都維那法橋上人のことであろう。そして鎌倉時代も末の元徳三年（一三三一）九月二一日、預所光然は正宮田所検校に宛て栗野若宮政所職を申付け、先例に任せ沙汰あるべきことを令している[9]。

建長六年（一二五四）九月の寺家公文所下文により小浜村弁済使職に補任されている御前検校永明がある[10]。永明は翌七年八月二六日、建長六年分の年貢米として米一二石三斗九升七合七勺を綱丁末弘に付して上納している[11]。田所検校で正応元年一〇月二日検断具官職に補任された永兼は、正安四年（一三〇二）八月二日の正八幡宮執印法橋御房宛法眼尚祐奉書によると、当宮領惣検断に関係し[12]、執印より同月二八日沙汰を令せられている田所法橋御房その人かと考えられる[13]。惣検断は撫民の儀を存して預所の沙汰とされ、代官が担当したらしい。先の検断具官職と代官職とが合致するものか否か疑問は残るが、田所検校職たる沢氏の関与したことは疑いあるまい。嘉元二年三月、同検断代官職について執印兼石清水前権都維那法橋上人宛令せられることがあった。また嘉暦三年（一三二八）八月一六日沙弥某奉書で田所検校職は正宮去年検断物について誓状の詞をのせ注進すべきことを令せられている[14]。

さて南北朝時代に入り、暦応四年（一三四一）一〇月二〇日の留守左衛門入道宛沙弥尚順・道延連署の本家御教書案によれば、「坂越保事、任先例、田所等相向彼所、遂実検、云下地、云土貢、任実正載起請之詞、可注進之由可被下知候旨、依長吏仰執達如件」とあり、田所検校永弥は所司執当長澄とともに同年一二月五日同所にのぞみ、実検をとげ、検注帳を進上した旨注進している。もって田所の任務の一つが下地と年貢の調査報告にあったことを示している[15]。貞和三年御前検校法橋永賢は不出仕のため、七月六日御教書が発せられてその理由について陳弁を求められたが、八月一八日請文を提出して持病の再発を訴えている[16]。この永賢には次の年未詳二月二六日付の綸旨が下付されている[17]。

沢田所検校永賢加官軍、可致軍忠候、天気如此、悉之、

二月廿六日　右少弁□

旧記雑録の編者は後醍醐天皇綸旨とするが確証はない。しかし永賢が御前検校に転出する元弘の乱後、南北朝争乱期の貞和以前であることは間違いなく、彼が軍事面でも活躍し得る存在であり、且つ沢の名を冠していたことが判明する。永賢が御前検校に転じたあと田所検校に就任したのは永琮とみられるが、永琮は文和三年（一三五四）八月一三日、敷禰(根)仮屋における祭馬毛検見の行事に参会し、奉行人の役を勤めている。また「四所若宮政所祭馬事」として「姶良・栗野・蒲生之分三疋者、定使等請取之、荒田庄分者、依不相従神役等、被留奉行方畢」とあり、さらに「支配余残之祭馬者、任先例、称奉行得分、永琮被請取之」とある[18]。なお永賢は延文三年（一三五八）九月四日、正八幡宮執印法橋宛沙弥道順の奉書に「御供所職事、清直任雅意、依令質券沽却、彼料田御供闕怠之間、被収公其職畢、若買得之輩等有申子細事者、可令注進交名、可有厳密之御沙汰之由可令承知、永賢給之旨所候也、仍執達如件」とあり[19]、

御供所職は従来相伝し来たった息長（吉田）氏から沢氏の手に移ったことがわかる。これをうけて執印は、同一〇日正宮留守左衛門入道に宛て「御供所職事、就質券沽却地事、所被成御教書也、早任被仰下候旨、相触権執印、若有申子細候輩者、可令注進交名之由可被下知也、仍執達如件」とあり[20]、永賢は当時御前検校から権執印の職に移っていたことを知る。その間の事情をさらに具体的に示す史料は、次の延文五年三月一八日の権執印宛少別当朝実奉書である[21]。

御供所職事、為闕所之間、就器量可奉行之由、被仰下之処被領状、仍質券沽却之地事、於申子細之輩者、可被注進交名之由、被仰下之処、依令彼御教書到来之前後、参差令上表之条以外也、早任延文三年九月四日御教書之旨、居其職可全御供之由、依長吏仰執達如件、

あたかも大隅国の実力支配をめぐって畠山氏と島津氏（氏久）側の抗争は島津氏側の優勢が決定的となった段階であり、とくに国衙周辺地区の反島津氏久勢力は急速に力を失いつつあった。御供所職を有した吉田氏は早くより氏久側であったが、それ以外の社領領有の在地領主も氏久側につき、御供田よりの供料の徴収が円滑に進まなかったことは想像にかたくない。御供所職の交迭、新任の御供所への領家よりの督励等は右のような事情の下で行われたのであろう。問題の永賢ははじめ御前検校、のち権執印となり、延文三年清直に代わり御供所検校となり、両職を兼帯していた。そのことは貞治三年（一三六四）七月一七日御供所奉行につき度々辞意を表していたが、留守職から慰留されている文書があることによって知られる[22]。そして貞治五年正月二六日の尚順・朝実の留守職宛文書では、前権執印永賢が御供所職を管領しながら任料を無沙汰しているので厳しく催促すべしと述べている[23]。この時すでに権執印職は退いていたことがわかる。貞治六年一〇月二七日の文書「守公神講師隆幸申請当屋敷同古河田薗以下所々崩渡堺事」によれば、隆幸分の所領書上の中で「一所　故安慶薗内」をあげ、肩書に「当知行人前権執印法橋永賢」とあることか

らも知られる。[24] なおこの書上の中には「一所香丸講免沢薗内東者限東郷内之畠、南者限開発井宮主免之畠」があり、沢薗の位置が推定される。沢氏の氏名が薗名から出たことは十分推測できよう。永賢の後の永万が沢殿と呼ばれているのはここに由来するのであろう。[25]

さて御供所職の座が息長（吉田）氏から沢氏に移ったころ、正八幡宮の社家についてさらにもう一つの変化があった。それは留守職の座をめぐる争いと固定、すなわち紀姓留守氏の誕生である。

註

（1）『鹿児島県史料　旧記雑録拾遺　家わけ十』所収「桑幡家文書」一―3。本文を引用すれば左の如くである。
補源々永如来御前法橋職、任符立宮柱、奉祭日月星宿、鎮一天四海、応懇祈天下、仍諸官並座主経官等補器用輩、可進止、肯被令仏神事奉行、耀神皇宝前之由天気如是、悉之、

（2）『鹿児島県史料　旧記雑録前編』一―二一一号。

（3）『鹿児島県史料　旧記雑録前編』二―一四四一号。中野幡能『八幡信仰史の研究』（吉川弘文館、一九六七年）によれば、御前検校は石清水になく、宇佐弥勒寺にある職で、所職においては石清水よりは宇佐宮の構成を模しているとの指摘がある（六六一頁）。

（4）『鹿児島県史料　旧記雑録前編』二―一〇二六号（「沢氏文書」）。

（5）『鹿児島県史料　旧記雑録前編』一―一二五号（同）。

（6）同一―九〇四号（同）。

（7）同一―一〇七五号（同）。

（8）同一―一一一一号。

（9）同一―五九二号（「沢氏文書」）。

（10）同一―五二五号（同）。

(11) 同一―五二九号（同）。

(12) 同一―一〇六四号（同）。

(13) 同一―一〇六五号。

(14) 同一―一五〇一号（「沢氏文書」）・同一―一〇七七号（同）。

(15) 同一―二一三一・二一三八号（同）。なお坂越保は同一―一八六七号（同）によれば、建武三年六月一八日島津貞久によって寄郡内中津河坂越村が正八幡宮に寄進されたものである。

(16) 同一―二二六〇号。

(17) 同一―一一一二号（「沢氏文書」）。

(18) 同一―二五五二号（同）。

(19) 同二―四一号（「権執印文書」）。

(20) 同二―四二号。

(21) 同二―五八号。

(22) 同二―一四五号。

(23) 同二―一五六号。

(24) 同二―一八三号、古河田薗堺実検帳（「調所文書」）。

(25) 同一―八三五号（「沢氏文書」）弘安五年正月　名主覚順処分帳。宮寺年貢分の明細をあげている中に「又沢居薗并北小薗石体宮、毎月三ヶ日仁王講勤免可勤丁寧也」の記載がある。現在社家沢氏の居宅はないが、沢馬場の地名が残り、沢家墓地には板碑をめぐらした古墓が残り、その一つに延応の年記銘刻を有するものがある。

五、留守氏

留守氏は前出家系書上によれば「貞治二年岩清水善法寺ヨリ下向、姓紀朝臣」とある。しかし正八幡宮社司の中、留守職の存在は古く遡り、保安二年（一一二一）六月一一日の正宮政所下文が留守神人等所に宛てて発出されているところから推測されるが(1)、職名及び氏名の初見は養和元年（一一八一）一一月七日の正八幡宮一命婦職補任状で、連署の最奥に留守散位藤原朝臣とあり(2)、文治三年（一一八七）一一月の正八幡宮神官等解にも連署の最奥に同人の署名があり、実平の名が記されている(3)。この名前からみれば同じころ御馬所検校の職についていた加治木（藤姓・後大蔵姓となる）氏、或いは税所（藤姓、本来は檜前姓）氏の同族ではないかと思われる。以来留守職の職名・氏名とも建治二年（一二七六）の石築地配符案に至るまで史料にあらわれない。

石築地配符案には留守刑部左衛門尉真用の名が登場する。すなわち帖佐西郷公田一四三丁五段の中、大山に一一丁九段大、深見七丁九段、中河良九丁一段、山崎八丁三段小、寺師一〇丁七段、中津乃一二丁五段大、恒見七丁を領知し、万得七五丁半の中、平山三一丁八段半、豊富一一丁九段小、寺田一五丁四段の中、最勝寺領甑二丁を領知しており、計一一三丁二反半に上り、その所領は群を抜いて大きい(4)。しかし真用の出自については明らかでなく、或いは前記藤原氏の後か、或いは他姓のものか推定できない。その後も嘉暦二年三月の正宮公文所下文に署判を加えている留守沙弥があり(5)、南北朝期に入って暦応二年（一三三九）一一月の講衆殿上等申状のあと書に、「于時留守観道可出挙状云々、十八日竪義結願以後以亥時、御前入寺祐笑与山上執行祐慶為両人、上公文所了、留守有対合、不審等問答云々」とあって、留守観道の存在を知る。[6] ついで暦応四年一〇月二〇日の沙弥尚順・道延連署奉書の宛名に「正八幡宮留守左衛門入道[7]」、康永二年（一三四三）一二月七日の同様奉書の宛名に同人の名がある。[8] また延文三年（一三五八）九月一〇日の執印施行状の宛書には「正宮留守左衛門入道」とある。[9] 彼らの出自についても明らかにしえない。留守家文書は何れも戦国期以降のものであり、「善法寺紀姓留守系図」にしたがえば、系図②の如くで、南北朝期以前の記載はない。[10]

【系図②】

景信（左衛門尉）──幸範（伊勢少別当・執印）──景延（執印・左衛門尉）──景俊（左衛門尉）──景照（伊勢守・執印）

景信の項に「城州石清水善法寺ヨリ貞治二年四月三日大隅国桑西郷江下向シ、恒例仕置等ヲ相勤者也、康安元年自本家為使節留守康俊・大隅守忠貞下向、然ニ康俊奢ヲキハメナスニヨリ、康俊留守職ヲ被改追放セラル、ナリ」の説明がある。ここにみえる康俊は史料にしばしばあらわれるので、今それらによってしばらく考察を加えてみよう。

嘉慶二年（一三八八）二月一一日の康俊譲状によれば、「そのつねみ（曾恒見）、ならひしんかう（新講・真孝）の事、もとより景本にゆつ（譲）りたるところにて、当知行相違なしといへとも、すてに死去の上ハ、其子ふくら丸ニ永代ゆつりあたふるところなり、但康俊らうもう（老耄）によて、しよ（爾余）の子孫等にゆつるといふとも、此状を本として、右のさまたけなくちきやう（知行）すへきなり、よて譲状如件[11]」とあり、康俊は当時老年にて子の景本に譲渡していた所領を、その死去により孫のふくら丸に譲与しているのである。そしてこれにつづく史料が、応永十八年（一四一一）二月一一日の左衛門尉満範証状である。[12] 左にこれを掲げよう。

しんかうならひにそのつねミの事、本知行の由御申候、八幡ニ一左右うけ給ハるへく候、但まきれなき本領御事にて候うへは、それかし御子にて候、よて康俊より永代にゆつられ候文書に一筆をそへ候て被進候、そのつねミの内、一期ゆつりの文書さへとりかへし候てそへ候、両所之事他のさまたけあるましく候、本よりゆつり状それに進おかれ候といへとも、それかし一筆のようけ給候、留守殿と申談候趣、康俊のゆつり状分明之間、沢殿永代けいやくしかるへきよし申定候て、為後日証文進之所如件、

文意必ずしも明らかではないが、問題の所領は康俊からふくら丸に譲与されていたもので、その知行をさらに確認するために、沢氏とも永代契約をすることとして作成したというのであろう。これと関連して永徳三年（一三八三）五月三日の康俊譲状にも注目する必要がある。(13)

ゆつりあたふつねみのほんミやうのうちはんふんの事

一つほつけ《坪付》以下別紙にこれあり、

右件のミやう田ハ、康俊かまこほてい丸にゆつりあたふるところなり、しかるに永代りやうしゆ《領掌》の文なとをのすへしといへとも、本家の御りやうたるうゑハ、そのきなし、あに四らうかしよめい《所命》にしたかひて、をんふんとして彼地をちきやうせしめ、四らうにほうこう《奉公》をいたすへし、若ふちう《不忠》はらくろ《腹黒》のきあらん時ハ、一期の丶ちたりといふとも、彼所をめしはなち《召放》、四らうかはからひたるへきなり、但康俊か一期の後ハ、御ねんく其外のなし物以下、せんれい《先例》にまかせて、其さたをいたし、下地においてハ、ちきやうすへきなり、若此しやうをそむかんともからあらは、康俊か子孫のきあるへからす、仍為後日一期のゆつり状如件、

これは康俊が恒見の本名の半分を孫ほてい丸に譲与した。しかし兄四郎を惣領としてその命に従い、所役を勤めるよう令したもので、一期分の譲与であり、前出の文書に「一期ゆつりの文書」とあるのがこれに当たろう。とすれば

四郎に当たるのが満範かと考えられ、満範はふくら丸の跡をついだ子にとり戻した所領を併せ譲渡したものかと考えられる。推定の一案を示せば、先の文書について文中留守殿とみえるのは幸範で、ふくら丸に当たるのではあるまいか。満範はその従父兄弟でその子が幸範の養子となったのではあるまいか。系図では幸範の父を景信としている。景信は左衛門尉とあり、前述但し書によれば、問題の康俊とこの景信との間には直接の関係はないようであるが、文書に康俊の子は景本とあり、通字景を用いる留守氏との関係の存在を推測させる。康俊の追放後子の景信（本）がこれに代わったとみることもできよう。

康俊の史料上の初見は康安二年（一三六二）一〇月八日の正八幡宮所司神官等に宛てた沙弥観宗の奉書で、五項目に亘って記されており、その第一項に「執印間事、已下向上者、重不可及御沙汰候、下着候者、社家事等、可有其沙汰候、次康俊留守職事、旁依有不儀子細、被改之候畢」とあるものである[14]。とすれば康安二年一〇月八日以前に留守職を改任されたということになり、系図の如く、その前年本家（石清水八幡宮）より使節として下向し懸案の処理に当たっていたが、その行動が本家の意に反したとして追放されたのであろう。貞治二年（一三六三）四月二〇日の同じく正八幡宮所司神官等宛の沙弥観宗・法橋朝実の奉書には、「執印下向之間、則可被入部之処、康俊致敵対于本所、及異儀之条、甚以狼籍也、早相催諸座神人等、不日康俊以下輩令追放神境、執印入部任先例、可致其沙汰之由、厳密被仰下候也、仍執達如件」とある[15]。これによれば康俊は本家からの解任の命に従わず、下向入部しようとする執印に敵対・抵抗の姿勢を示したという。年未詳だがこのころのものと思われる四月二二日付、正八幡宮権執印法橋宛、沙弥観宗・法橋朝実連署奉書にも「執印下向之処、康俊敵対于本所、依現不忠、入部遅々之処、抽忠節之由被聞食之条、殊被感思食候之由所被仰下也、仍執達如件」とあり[16]、康俊の執印下向への抵抗の事実を示し、またこの時権執印が康俊とは別に本所側に立った事情を示している。新任の執印は中納言法眼坊であり、そのことは康安二年六月一五日の沙弥観宗・少別当朝実連署奉書により判明する。すなわち、「当宮執印職事、中納言法眼坊補其職所被下向也、存其旨、仏神事以下社家興行守旧例、可抽忠節之由、依長吏仰、執達如件」とある[17]。この時康俊が何故本所に抵抗し、解任されたのか具体的によくわからないが、前掲康安二年一〇月八日の沙弥観宗奉書の他の項をみれば大体の想像はつく。左にこれを掲げよう。

一、修理亮氏久押妨間事、如注進者、被驚思食候、但不可依其歟、社家以同心合力之儀、可被致厳密沙汰候、

一、延文以来神領押妨間、将軍家之御教書以下雖被下遣、尚以不承引、氏久弥令違乱之条、言語道断次第候、所詮重御教書事、急速可被申下候、

一、神輿御動座事、適執印下向上者、諸事令談合可有沙汰候、

一、平山方和談事、於今無為無事目出候、相構令合力、可被致社家興行沙汰候、

すなわち、はじめの二条は大隅国守護代島津氏久（貞治二年、守護襲職）が延文以来神領を押妨してきたことへの対策である。氏久は貞久から大隅国経営の権限を委ねられ、文和年間頃の劣勢から漸次情勢を好転させ、延文元・二年の加治木岩屋城の戦を契機に畠山氏の勢力を大隅国から駆逐する立場にかわってきていたのである[18]。当時大隅の在地領主層への所領給付、安堵状も幾つか発出されており、その領国経営に積極的にとりくみはじめたころに当たっていた。大隅国内に散在している正八幡宮領が氏久側により押領され、押妨されたのも、社領を知行する在地領主層の氏久側への帰属と相まって当然おこり得べくしておこった事態であったといえよう。三番目は正八幡宮神輿動座の件で、執印下向の上は万事、執印を頭に合議すべきこととしている。そして四番目の平山方の和談というのは、鎌倉後

期弘安五～一〇年頃、石清水八幡宮善法寺より下向して帖佐平山村の領主となり、ここに正八幡宮を勧請して新正八幡宮を祀った了清の後と、旧来の正八幡宮社家との間の和談のことで、今後は両者協力して興行沙汰をすべきことを令しているのである。[19]

以上の件が当時正八幡宮社家の処理すべき案件としてあったのであるが、執印より一足早く下向してきた康俊もそれらの問題の処理が任務であったことは当然想像される。しかし康俊が罷免されたというのにはこれらの処理が難航し、本所側が守護勢力との対応の仕方などに関して留守職への一任を不安と判断したからであろう。しかし一旦解任された康俊も間もなく復職している。貞治六年一〇月二七日の「守公神講師隆幸申請当屋敷同古河田薗以下所々崩渡堺」注文に実検使として連署している顔ぶれは次の如くである。

留守沙弥康俊　権執印兼大検校法橋道与　田所検校法橋永琮　御前検校兼秀　政所検校道世

これによれば康俊は当時既に留守職に復任していることがわかる。[20]そして翌応安元年五月二〇日には御供所検校宛に任料取継用途一〇貫文の請取を発出しており、[21]翌二年一二月四日にも同職任料取継分として五貫文の請取を発出している。[22]留守職康俊の存在は疑いをいれない。とすれば、応安三年（一三七〇）三月一一日の法眼朝実奉書の宛名「留守左衛門入道」とあるのも康俊であろう。同文書には「正八幡宮領帖佐・加治木・吉田・栗野・小河院内散在御供田等事、御供所即令知行下地、宛行器用之百姓、令直納御供米、召仕公事定之処、去延文以後、彼郷院郡司名主等、寄事於左右、乍令押作下地、不弁済御供米之間、式日有限□御節年々大略退転云々、事実者、神慮尤難測、早以所下遣之坪付注文相尋之、所申無相違者、於下地者　沙汰付于奉行人、至多年抑留之御供米者、任員数厳密責立之、可被全御供也、凡彼郡司名主等、神用米以下済物等年々対捍事、追可被経御沙汰之由、依　長吏仰、執達如件」とある。[23]

先に康俊の解任の原因の一つとして推測した守護島津氏側の延文以来の神領対捍は、神領の郡司名主等の下地押作・御供米対捍をもつつみこんだ問題であることがこれによって明らかとなった。

さらに永和元年（一三七五）七月一八日の法眼朝実等連署奉書の宛名で、正宮留守左衛門入道や永和四年一二月一三日の田所検校兼御供所検校永穏を惣四至内検断具官職に任命した際の正宮公文所補任状の署判者留守沙弥も康俊であろう。(24) 前者は田所永穏が万善・曾恒見・東恒見三ヶ所を已に知行しておりながら年貢を抑留しているのを咎め、厳密な催促を行っている文書である。また遡って貞治五年正月二六日、大和守尚直・法橋朝実連署奉書の宛名「正宮留守左衛門入道」とあるのも康俊であろう。(25) この文書は御供所職を前権執印永賢が管領しながら今に任料を無沙汰しているのを咎め、厳重に納付の催促を命じている文書である。前掲の応安元年御供所職任料取継料の請取等はこの関係史料となろう。さらに貞治三年七月一七日、権執印宛御供所奉行辞任の申請に対し本所への注進を約し、一年分の御供米当納分のみ結解すべき旨伝達している康賀とは、留守の任にあったものと考えられ、その名からみて康俊の親近者と思われ、康俊に代わって一旦その任についたものであろう。(26)

前出留守氏系図にみえる人名の中で、現在史料の上にあらわれるのは幸範と景照である。幸範については応永六年一二月一九日の契状に「右旨趣者、沢殿与幸範間事、自元御殿人一分候上者、不可存疎略不忠之儀候、於自今以後弥成一味同心之思、付大小事心底不残可申承候、就中世上忩劇時分、自何方云所領之事、云非分佗傺之事、一身浮沈出来時者、相互身存大事、可支頼申候、此中若有凶害仁、讒言承候ハん時者、直仁不審可散候、深奉憑神慮候、聊正路之儀自他可申談候、此条々偽申候者、正八幡三所大菩薩　若宮・武内・早風雨社等御罰ぉ可罷蒙候、仍状如件」とあり、(27) 沢氏と協力を約している。これとほぼ同様、やや簡潔な契状が翌年三月五日付で了阿なるものから沢氏に宛られている[28]。あたかも大隅国守護島津元久と薩摩国守護島津伊久との関係が悪化し、緊張の度を強めていた時であったから、このような国内状勢の変動を予測して一致協力を約したものかもしれない。

なお応永三二年一〇月二一日の沢氏宛善範書下に執印紀朝臣の注が付してある[29]。文書の内容が沢氏の守護島津氏よりの判物受領を承認するものである点、発出者が執印であることは適当であり、善範の名も幸範・満範等との関連から納得できる。次に留守氏の名のみえるのは寛正二年（一四六一）四月一三日の正宮公文所下文であり、内容は永観を御供所職に補任するものであるが、発出者として署名しているのは「留守従五位下行伊勢守紀朝臣景照」である[30]。景照は系図によれば幸範の子景延、その子景俊の子となっており、「伊勢守執印従五位下行」とある。そして文明一四年（一四八二）一二月一八日の御供所職補任状に署名している執印紀朝臣景照の存在を知る[31]。景照は留守職から執印職に至ったのであろう。なお文明二年二月三〇日の権執印法橋永万の譲状の中に「義天（久豊）　貴久（忠国）の御判、守護代判、社家執印養範（善）の御判、先日の　綸旨・御教書・種々文書等一紙も不残、永観ニ手次ニ譲渡候」とあるのは前出の文書をさすのであろう[32]。

以上みてきたところを要約すれば、康俊は康安元年から嘉慶二年頃までの間、はじめの一時期を除き留守職に任じ、その後は孫に当たると思われる幸範が応永六年頃就任、同人の後善範が応永三二年頃執印職に任じている。そして寛正二年には幸範の曾孫に当たると考えられる景照が留守職に在任しており、同人は文明一四年には執印職に任じている。以後、留守氏が執印職に任ずる慣例となったのであろう。

註

（1）『鹿児島県史料　旧記雑録拾遺　家わけ一』「祢寝文書」六三九号。
（2）『平安遺文』九―四八八六号、鹿児島神宮現蔵文書。
（3）『鹿児島県史料　旧記雑録拾遺　家わけ一』「祢寝文書」六四五号。
（4）前掲拙稿「大隅国正八幡宮領帖佐郷小考」参照。
（5）『鹿児島県史料　旧記雑録前編』一―一四七八号（「沢氏文書」）。
（6）前掲「桑幡家文書」。既述の如く拙稿「大隅国正八幡宮領吉田院小考」に全文掲載したが、若干誤写誤読があった。この掲載部分についても誤りを訂正した。たとえば親道を観道と訂正した如きである。
（7）『鹿児島県史料　旧記雑録前編』一―二一三二号（「沢氏文書」）。
（8）三ツ石友三郎「桑幡文書（続）」（『隼人町郷土史研究会誌』三）一九号。
（9）『鹿児島県史料　旧記雑録前編』二―四二号。
（10）宮内社家留守景広氏所蔵系図並びに文書。拙稿「留守文書写」（『鹿児島中世史研究会報』二四、一九六九年）参照。
（11）『鹿児島県史料　旧記雑録前編』二―四六六号（「沢氏文書」）。
（12）同二―八一二号（同）。
（13）同二―四一九号。
（14）同二―一一〇号（「執印文書」）。
（15）同二―一三三号（同）。
（16）同二―一三四号。
（17）同二―一〇二号（「執印文書」）。
（18）「山田聖栄自記」（『鹿児島県史料集』Ⅶ）氏久代には、当時のこととして氏久の軍が畠山方の将のこもる帖佐萩峯城を囲み、直顕の軍が氏久方の将本田氏のこもる溝辺城を囲んでいたが、社家のはたらきで両軍兵を撤したとある。

(19) 前掲拙稿「大隅国正八幡宮領帖佐郷小考」参照。
(20)『鹿児島県史料　旧記雑録前編』二―一八三号（「調所文書」）。
(21) 同二―一八八号。
(22) 同二―一一一号。
(23) 同二―一一二号。
(24)『鹿児島県史料　旧記雑録前編』二―三九九号（「沢氏文書」）。
(25)『鹿児島県史料　旧記雑録前編』二―一五六号（「執印文書」）。
(26) 同二―一四五号（同）。
(27)『鹿児島県史料　旧記雑録前編』二―六三六号（「沢氏文書」）。
(28) 同二―六四九号（同）。
(29) 同二―一〇五三号。
(30) 同二―一三九七号（「沢氏文書」）。
(31) 同二―一五五〇（同）。
(32) 同二―一四六〇号（同）。

六、最勝寺氏・平山氏・酒井氏・税所氏

四社家の中、最勝寺家についてはとくに明らかではない。前掲家系書上によれば「九条右相丞師輔ヨリ出、六代孫

道宗寛治年間下向、姓藤原朝臣」とあり、他に税所氏の一族とする説もある。もっとも最勝寺家が社家の中の一つとして登場するのは中世も末のようで、文書の上でも「沢文書」文明一九年（一四八七）九月九日の永観契状に「俊道・俊久両代覚悟（格護）之所領之事」とみえるのが初見の如くであり、[1]その後、天文一七年（一五四八）四月四日の伊集院忠朗の証状も留守・桑幡・沢の三社家に宛てられており、[2]なおその処遇に格差が存在したのであろう。

承久二年（一二二〇）一二月、石清水八幡宮検校祐清は諸子に「弥勒寺正八幡宮領庄々」等を処分したが、曼珠法眼（朗清）に「平山村正宮領」を譲与している。[3]朗清は栄清と改名、安貞二年（一二二八）に没している。その後政清―了清と平山村領家職を相伝、了清は弘安年中下向して正八幡宮社務を司る一方、帖佐平山に居をかまえ、新正八幡宮を造立したという。了清の後を乗清が相続、その後を義清が相伝した。乗清は建武三年（一三三六）一二月、孫子新蔵人之秀が足利尊氏に属して軍功のあったことを述べ、平山村領家職安堵の院宣を請うている。[4]義清は能清ともいい、平山民部少輔を称した。暦応二年（一三三九）一一月の講衆殿上等申状によれば「一、当宮御宝前毎月御仏聖米不法事、右仏聖米者、数部経王読誦転読之時、奉備　当宮神前、令祈精誠之御願之処、於神敵能清以下押領之所々者、神供仏聖以下諸供料米等、皆以所令退転也、此事被経御　奏聞最中也、至于其外傜丁之村々等者、又名主弁済使等依令対捍之、不備仏聖致無供御勤之条、奉為本所、為社家不可不申、然早被下御下知欲全仏聖矣」とあり、正八幡宮神官らより神敵能清とよばれていることを知る。[5]はじめ下向した平山了清が正八幡宮の社務を司ったことは、弘安一〇年（一二八七）八月の台明寺衆徒等申状案の口裏に「平山殿御社務時望料田申状案」とあることからもうかがわれ、[6]これは台明寺が古代末期、万得領を寄進してその復興に尽力してくれた正八幡宮執印行賢の先例にならって、新来の石清水善法寺家平山了清の寄与を期待している事情を承知しえよう。しかし了清の孫能清の代になると、正八幡宮側から神敵とよばれるに至っているのであり、旧来の社家と新来の平山家との間にぬきがたい対立が生じたことを知るのである。

留守文書平山氏系譜に従えば、「康永年中本所御曖依一旦雖和睦、猶有遺恨乎、触時、触事及違乱争論之儀」ということで、石清水八幡宮は使節として留主康俊・大隅前司忠貞を派遣し、康永の和睦の契状を守り、合体すべき旨を康安元年（一三六一）四月八日命じて重ねて契約を結ばせたという。(7) 康安二年一〇月八日の沙弥観宗奉書はその具体的成果を示している。(8) それに先立つ八年前の文和二年頃、当地方で武家方が二つに分裂して畠山直顕（佐殿方）と島津氏久（将軍方、守護方）と争う状勢となっていたが、「大隅国佐殿御方凶徒等交名注文」に佐殿方＝直顕方として「平山因幡前司入道同一族正八幡宮先社務」、御方＝氏久方として「平山左京亮」の名がみえ、平山氏が両派に分裂して争っていることがわかる。(9) 後者こそ能清の後の左京亮を称した武矩―武一―武実らかと思われ、新正八幡宮を創立した平山氏が守護島津氏と結んで正八幡宮社家の羈絆から離れ、独立化の道を歩みはじめたことを示しているといってよいであろう。そして「祢寝文書」応永二年（一三九五）の「京都不審条々事書」に御所奉公名字の者として選抜された九州の武士として、大隅国では「税所・加治木・平山・禰寝と見えて候」とあり、平山氏が大隅国人領主層の代表的存在となっていたことを知るのである。(10)

建仁四年（一二〇四）二月の正八幡宮公文所下文(11)によれば、今年正月一九日到来の去年一一月寺家下文には、修理所検校酒井為宗は本所の下知を用いぬということである。これは貫首酒井道吉と所領溝部村の領有をめぐって争い、公文所において召決の結果、文書の道理にまかせ道吉を勝訴としたところ、為宗は守護所の威をかりて全くその命に従わず、なお不当行為を重ねている。このため為宗は社家進退の神官であるから本所に訴え、その裁判をうけさせようとしたところ、理がないのを知って屈服した、守護所でも国衙でも道吉の方に理ありとし、為宗の押領と解してこれを斥け、道吉に領知せしめ、なお下知に背かば神人の職を召放つとまで述べている。このように神官御家人の処遇に配慮していることがわかる。正八幡宮神官社司は建久九年の交名では、御家人に名を列ねたものが大部分であったが、その後御家人としてとどまったものは修理所検校と御馬所検校ぐらいであり、彼らについては鎌倉幕府・鎮西探題・守護等との関係が緊密であったといえよう。[12]

建久九年（一一九八）の交名で国方御家人としてみえ、後に神官職を帯するに至ったものとして、税所氏の存在に注目すべきであろう。税所氏は、古来大隅国の在庁官人中の有力者であり、かつ曾於郡郡司職その他の所職を世襲してぬきがたい勢力を保持していた。[13]文永九年（一二七二）一〇月二五日の関東御教書案は、正八幡宮雑掌法橋永円並びに神官所司らが訴えた大隅国曾於郡の重枝・重富名・桑東郷松永名以下の講経免田のことについて裁決している。[14]これは大隅国御家人税所義祐がこれらの地については惣領の立場にあり、本主の状を帯しているのだから、沽却田地については義祐に宛給わるべきであると主張し、これについて文永七年下された御教書では「正八幡宮被官之輩令申子細者、可尋究之、於関東御成敗之地者、非御家人幷凡下輩分、可令沙汰付義祐」とあったから、問題の地は社家が進止していたにも拘わらず、この御教書をよりどころに神領を押妨したのは非法であると今度は逆に社家側が訴え出たのである。これについて幕府は承久・宝治の安堵下文並びに本主の状を義祐が帯するといっても、これをもって直に神領押妨をしてよいとはいえぬと判断を下し、反対に社家所進の建久・嘉禎・建長の下文によれば、社家成敗たるべしとあるとし、これによって有限神領は社家の進止たるべしと裁決を下したのであった。これは文永九年という時点における幕府の政治的判断を示した裁許といえるであろう。しかし在庁官人の有力者でかつ曾於郡・桑東郷等に勢威を有する税所義祐に対する社家側の配慮は、建治三年八月の正八幡宮政所職補任となってあらわれ、同職と餅田村預所職は義祐の後信祐・観音丸と相伝されたのであった[15]。なお弘安二年一一月、信祐の補任状の発出された際には、施行すべき任にあった執印伊与寺主院勝はあたかも関東に参向しており、一二月七日寺家では正宮公文所に対し代わって施行すべき旨を令している[16]。

税所氏の政所職がいつまで保持されていたか明らかではない。しかし南北朝期、大隅国の経営に当たった島津氏久が反対勢力中の有力者としての税所氏に注目、その圧服をはかったことは明らかである[17]。一体平安末期から鎌倉前期にかけては在地領主の擡頭により、正八幡宮の神領はその寄進をうけて増大したともいえるのであるが、鎌倉後期からは逆にその侵害をうけて名目的には神領田数は維持されながらも、不知行となって実質的に減少する傾向もあらわれてきた。南北朝期に入ってそれは一層促進されたことであろう[18]。島津氏久が大隅国の支配に専心努力を重ねるようになって以来、国内在地領主・名主の島津氏への服属は進み、室町期に入ると蒲生・吉田氏の如く、神官系の在地領主が島津氏の有力家臣となるものも出現した[19]。前掲桑幡氏以下の四社家の如きは、なお神威を擁して独立性を保持していたものの、戦国期争乱の渦中にあって社殿は焼失、その復興には島津氏の権力に依拠せざるを得なくなった[20]。中世末・近世初頭にかけて正八幡宮の社領は島津氏の庇護下に整理・統合され、社家の地位もまた固定するに至ったのである。

註

（1）『鹿児島県史料　旧記雑録前編』二―一六六九号（一沢氏文書」）。

(2)同二―二五七〇号（同）。
(3)「石清水文書」一―一六九号。
(4)同六―四四三号。
(5)前掲拙稿「大隅国正八幡宮領吉田院小考」所収。
(6)『鹿児島県史料　旧記雑録前編』一―八八三号（「台明寺文書」）。
(7)『姶良町郷土誌』（一九六八年）所収帖佐平山氏系譜。
(8)『鹿児島県史料　旧記雑録前編』二―一一〇号（「執印文書」）。
(9)同二―二四九八・二四九九・二五〇八・二五〇九号。なお同二―二二二二号の貞和二年九月四日　伊作道恵・二階堂行仲連署注進状の中に「大隅国平山左近将監号社家仁、不向谷山城上者云々」とある。
(10)『鹿児島県史料　旧記雑録拾遺　家わけ一』所収「祢寝文書」四〇五号。
(11)『鹿児島県史料　旧記雑録前編』一―二二一号（「沢氏文書」）。
(12)前掲拙稿「大隅の御家人について」参照。
(13)拙稿「大隅国御家人税所氏について」（『鹿大史学』九、一九六一年）・小園公雄「大隅国止上神社の中世的性格の発掘と考察（一）」（『九州史学』五五、一九七四年）参照。
(14)『鹿児島県史料　旧記雑録前編』一―七四三号（「台明寺文書」）。
(15)同二―七八四号。
(16)同二―八一二号（「他家文書」）。
(17)同二―七九号、島津氏久書状。
(18)やや年代は下るが『鹿児島県史料　旧記雑録前編』二―一三八九号　長禄四年閏九月二六日　神領坪付（「沢氏文書」）は社領について詳細に記している。この中御供田三〇丁五反内当知行一二丁六反とあり、大半不知行となっていたことを知る。
(19)前掲拙稿「大隅国正八幡宮領吉田院小考」。なお氏久の大隅国経営に関しては山口隼正「南北朝期の大隅国守護について（中）」

（『九州史学』三六、一九六六年）に詳しい。

(20)『鹿児島県史料　旧記雑録前編』二―二一一〇号　大永七年一二月二日　新納忠勝寄進状。

【初出一覧】

第1部　鎌倉幕府の御家人制

第一章　鎌倉御家人の番役勤仕について（『史学雑誌』第六三編第九、一〇号、一九五四年）

第二章　鎌倉幕府の番衆と供奉人について（『鹿児島大学文理学部　文科報告』七号―史学編四集、一九五八年）

第三章　鎌倉幕府の御家人体制―京都大番役の統制を中心に―（『歴史教育』第一一巻第七号、一九六三年）

第四章　在京人と篝屋（『金沢文庫研究』九三、九四号、一九六三年）

第五章　薩摩国御家人の大番役勤仕について―付、宮里郷の地頭・郡司・名主等について―（『川内市史』上巻、一九七六年）

第六章　中世社会と御家人―惣領制と御家人制、薩摩国の場合を中心として―（『歴史教育』第八巻第七号、一九六〇年）

第七章　東国武士西遷の契機―薩摩国の場合―（『歴史教育』第一六巻第一二号、一九六八年）

第2部　建久図田帳の研究

第一章　薩摩国建久図田帳雑考―田数の計算と万得名及び「本」職について―（『日本歴史』第一三七号、一九五九年）

第二章　大隅国建久図田帳小考―諸本の校合と田数の計算について―（『日本歴史』第一四二号、一九六〇年）

第三章　日向国建久図田帳小考―諸本の校合と田数の計算―（『日本歴史』第一四八号、一九六〇年）

第3部　大隅国正八幡宮の研究

第一章　大隅国正八幡宮領帖佐郷小考（『鹿児島大学法文学部紀要　文学科論集』第八号、一九七三年）

第二章　正八幡宮領加治木郷について（『鹿児島中世史研究会報』第三一号、一九七二年）

第三章　大隅国正八幡宮社家小考（竹内理三博士古稀記念会編『続荘園制と武家社会』吉川弘文館、一九七八年）

あとがき

この度、私たちの敬愛する五味克夫先生の著作集の第一巻が刊行された。第一巻は「鎌倉御家人の番役勤仕について」や「薩摩国建久図田帳雑考―田数の計算と万得名及び『本』職について―」など御家人や図田帳・大隅正八幡宮に関する御著作を収録している。引き続き、「薩摩国御家人について」や「島津庄日向方救二院と救二郷」など薩摩・大隅・日向国の御家人に関する御著作を収録した第二巻、「島津家物語―日我上人自記について―」や「鹿児島城の沿革」など島津家・島津家文書・近世薩摩藩関係の御著作を収録した第三巻が刊行される予定である。

刊行に当たっては、戎光祥出版から『薩摩島津氏』を出した新名一仁が出版社との連絡・調整に当たり、鹿児島県歴史資料センター黎明館で中世史を担当している栗林文夫がこれを補佐した。そして先生の御著作のなかに近世史に関するものがあるため尚古集成館の松尾千歳が加わった。この三人の教え子で、これまで先生がお書きになったものをリストアップし、五味先生の御意向をうかがいつつ収録するものを選ばせていただいた次第である。

刊行の準備を進めている中で、改めて先生の御著作の多さに驚くとともに、これらが先生ご自身の研究の歩みだけでなく、鹿児島の歴史研究の環境・状況を物語っていることに気付いた。先生は、昭和十九年に京都大学に入学されたが、戦局の悪化で歴史研究どころではなく、京都大学に通われることもないまま豊橋の陸軍予備士官学校に入られ、しばらく軍務に服されている。そして、昭和二十二年に東京大学に入り直され、坂本太郎先生・宝月圭吾先生・板沢武雄先生・岩生成一先生・佐藤進一先生・竹内理三先生らに師事された。その中で佐藤進一先生の講義に惹かれ、中世史を専門にされるようになられたという。初期の御著作に御家人関係のものが多いのはこのためである。東京大学御卒業後は、学友の網野善彦先生とともに常民文化研究所で漁業史に関する史料の収集・調査に当たられ、その後、開成高校で教鞭をとられ、昭和三十一年に鹿児島大学に赴任された。先生は鹿児島大学は七高の後身だから研究に必要な史料は揃っていると思われていたそうだが、いざ赴任してみると戦災もあってほとんど研究史料が無い状態でこれに愕然とされたという。こうした状況を改善すべく、先生はまず史料発掘・翻刻に力を注がれた。過去に出版社や研究者の方々が先生に著作集の刊行をと申し出ても、先生が「私のは主に史料紹介で、その多くは新たに刊行された書籍に収録されているから必要ない」とお断りになっていたのはこのためである。昭和四十年頃から、明治百年記念事業として『鹿児島県史料』の刊行や記念館（現黎明館）の建設準備、それに伴う鹿児島城跡の発掘調査などがはじまり、先生も鹿児島の歴史研究の重鎮としてこれらに関わられるようになった。さらに鹿児島大学が購入した玉里文庫（島津久光の蔵書など）の整理、鹿児島県文化財保護審議委員として様々な文化財の調査などにも関わられている。先生の御著作にはこうした状況が反映されているのである。

折しも、去る五月二十八日、有志が集まって五味先生を囲む会を催した。想い出話に花が咲くなか、先生が佐藤先生・竹内先生・網野先生からのお手紙を披露されたが、網野先生からのお手紙に「（御著作を）まとめていただけると、大変、大きな意義があると思います」とあった。このお手紙を拝見し、著作集の刊行を大勢の方が待ち望んでいたこと、そしてようやくこれを刊行することができた喜びを改めて感じた次第である。

平成二十八年六月吉日

栗林文夫
新名一仁
松尾千歳

【著者略歴】

五味克夫（ごみ・よしお）

1924 年、愛知県生まれ。
1950 年、東京大学文学部卒業。
1955 年、（旧制）東京大学大学院。

常民文化研究所、開成学園高等学校、鹿児島大学文理学部助教授、同大学法文学部助教授・教授、鹿児島女子大学教授を経て、現在、鹿児島大学名誉教授・鹿児島県史料編さん顧問。

主要編著書に、『日本歴史地名大系 47　鹿児島県の地名』（平凡社、1998 年、共監修）がある。また、『鹿児島県史料』『鹿児島県史料集』『鹿児島県史料拾遺』等の史料翻刻や編纂に多く携わる。他論文多数。

装丁：川本　要

戎光祥研究叢書　第9巻
鎌倉幕府《かまくらばくふ》の御家人制《ごけにんせい》と南九州《みなみきゅうしゅう》
二〇一六年八月一日　初版初刷発行
著　者　五味克夫
発行者　伊藤光祥
発行所　戎光祥出版株式会社
東京都千代田区麹町一－七
相互半蔵門ビル八階
電　話　〇三－五二七五－三三六一㈹
FAX　〇三－五二七五－三三六五
編集・制作　株式会社イズシエ・コーポレーション
印刷・製本　モリモト印刷株式会社

http://www.ebisukosyo.co.jp
info@ebisukosyo.co.jp

ISBN978-4-86403-205-6

人名索引（50音順）

（あ）

（い）

（う）

（き）

（く）

（こ）

（す）

（せ）

（そ）

（た）

（ぬ）

（ね）

（の）

（は）

（ひ）

（ふ）

（へ）

（ほ）

（ま）

（み）

（む）

（や）

地名・寺社名索引（50音順）

（あ）

（い）

（う）

（え）

（お）

（か）

（き）

（く）

（け）

（こ）

（さ）

（し）

（ひ）

（ふ）

（へ）

（ほ）

（ま）